羊城学术文库·文化传承与创新专题

诗性林语堂及其
跨文化传播

Poetic Lin Yutang and His Intercultural
Communication

刘奕华　著

社会科学文献出版社
SOCIAL SCIENCES ACADEMIC PRESS (CHINA)

羊城学术文库
总　序

　　学术文化作为文化的一个门类，是其他文化的核心、灵魂和根基。纵观国际上的知名城市，大多离不开发达的学术文化的支撑——高等院校众多、科研机构林立、学术成果丰厚、学术人才济济，有的还产生了特有的学术派别，对所在城市乃至世界的发展都产生了重要的影响。学术文化的主要价值在于其社会价值、人文价值和精神价值，学术文化对于推动社会进步、提高人的素质、提升社会文明水平具有重要的意义和影响。但是，学术文化难以产生直接的经济效益，因此，发展学术文化主要靠政府的资助和社会的支持。

　　广州作为岭南文化的中心地，以其得天独厚的地理环境和人文环境，其文化博采众家之长，汲中原之精粹，纳四海之新风，内涵丰富，特色鲜明，独树一帜，在中华文化之林中占有重要的地位。改革开放以来，广州成为我国改革开放的试验区和前沿地，岭南文化也以一种崭新的姿态出现在世人面前，新思想、新观念、新理论层出不穷。我国改革开放的许多理论和经验就出自岭南，特别是广州。

　　在广州建设国家中心城市、培育世界文化名城的新的历史进程中，在"文化论输赢"的城市未来发展竞争中，需要学术文化发挥应有的重要作用。为推动广州的文化特别是学术文化的繁荣发展，广州市社会科学界联合会组织出版了《羊城学术文库》。

《羊城学术文库》是资助广州地区社会科学工作者的理论性学术著作出版的一个系列出版项目，每年都将通过作者申报和专家评审程序出版若干部优秀学术著作。《羊城学术文库》的著作涵盖整个人文社会科学，将按内容分为经济与管理类，文史哲类，政治、法律、社会、教育及其他等三个系列，要求进入文库的学术著作具有较高的学术品位，以期通过我们持之以恒的组织出版，将《羊城学术文库》打造成既在学界有一定影响力的学术品牌，推动广州地区学术文化的繁荣发展，也能为广州增强文化软实力、培育世界文化名城发挥社会科学界的积极作用。

广州市社会科学界联合会

2016 年 6 月 13 日

摘　要

　　本书研究诗性林语堂及其跨文化传播，属于比较文化中的传播研究。林语堂是中国现代文学一道独特的风景，在西学东渐的大潮中，他却逆潮流而动，热衷于东学西渐，并取得了前无古人的成功。作为跨文化传播的成功个案，林语堂自身的人格魅力在文化传播中起到了决定性的作用。以林语堂的人格特点作为切入点，研究林语堂的跨文化传播，是目前林语堂研究当中一个崭新的视角。

　　本书创新点之一，是剖析林语堂人格中的诗性特点，这主要体现在第二章。林语堂是一个立体、多面的人，他的人格非常复杂，他曾自称是"一团矛盾"。不同的人可能会关注到林语堂人格的不同侧面，然而，他的人格具有一些突出之处，这在他的作品和跨文化传播中有着鲜明的体现，那就是——诗性。这种诗性人格具体表现为率性自由的性格、自然真挚的情感、温和闲适的气质、矛盾和谐的思维。林语堂的诗性人格既是天生的，也是后天中西文化融合的结果，受到了西方的人文主义、个人主义、基督教思想，中国传统的儒道释思想，还有乡土文化的影响。他的诗性人格影响了他的创作，进而对其跨文化传播产生非常重要的影响。林语堂在创作前期主要以边缘人的心态，自由化地进行写作，在国内倡导"幽默、性灵、闲适"的小品文，不仅创办若干杂志，还身体力行写下了大量散文作品，成为中国现代散文大家之一。在创作中后期，林语堂作为一个多元文化人，以全球化心态在国外用英文进行创作，向西方传播中国传统文化。

　　本书创新点之二，是从林语堂诗性人格出发，研究林语堂如何向西方读者诗性地演绎中国传统文化并进行文化融合，这主要体现在第三章至第七章。林语堂的诗性人格是独特的，他的文化传播也独具特色、自成一统。无论是在国内还是在国外，面对不同的文化，受其诗性人格的影响，林语堂对文化的选择、吸收、融合、解读都带有极为明显的主观性，他偏好于吸纳东西方传统文化中颇具诗性的部分。在林语堂的跨文化传播过程中，无论采取哪种体裁和表现形式，其作品都饱含诗意、亲切可人，而且深入浅出、通俗易懂。这一特点使得他的作品个人印记非常明显，也获得了读者的接受和喜爱。林语堂诗性人格中那种率性自由、追求自然的天性使得他具有强大的心理调适能力，进而脱胎换骨成为一个多元文化人。在跨文化传播中，文化整合是应对文化多样性的强有力的工具，它体现出传播者的文化理解和文化能力。作为跨越东西方文化的传播者，林语堂超越文化整合，进行着文化融合的尝试。从开始时的下意识，到后来的有意为之，这种由潜而显的文化融合意识，不仅影响着林语堂的思想、文化观，也影响了他的创作，不同时期的作品会流露出他不同阶段的思想痕迹，他的全部作品就是一部林语堂的文化融合思想史。林语堂秉持着"以长补长"的原则，即融合不同文化的优长处来面对、处理东西方文化，此过程艰难而漫长，他的思想受此影响出现过波动和变化，如其信仰的变更，其作品也因此呈现出一些矛盾性的表达和困惑状态。但这些并不能削减林氏作品的魅力，反而为其作品增添了异样的风采，吸引人去揣摩文本、探究原因。晚年林语堂修正了他的文化融合思想，其作品呈现出强烈的乡土情结，文化传播关注点也由传统文化转而为闽南文化。

本书创新点之三，是通过深入分析林语堂这一跨文化传播的成功个案，指出感性在文化传播中的重要作用，这主要体现在结语部分。林语堂的诗性人格、文化传播中的诗性演绎以及不同文化间的融会贯通，其实都与感性息息相关。在文化传播中，我们不能割裂传统，更不能忽视受众的需求，要对受众进行定位传播。面对大众化的受众，文化传播不能走纯学术性的"高大上"路线；而要以感性为主、理性为辅，即使有理性的成分，也要让它感性化，走平易近人的通俗化道路。允许传播者对中国传统文化进行合理的个人阐释，也允许传播者在吸收不同文化的优长处之后，做新的发挥和建构。文化传播要融入日常生活，要全民动员，雅俗共赏。

时势造英雄，林语堂所处的时代环境不可再得；然而，英雄也造时势，在世界"全球化"的今天，借鉴林语堂在跨文化传播中取得的成功经验，集众人的智慧，或许能开创中国文化向外输出的崭新局面。

关键词　林语堂；诗性；人格；文化融合；跨文化传播

Abstract

In this book, the poetic personality and intercultural communication in Lin Yutang's works are studied. It's a kind of communication study in comparative culture. Lin Yutang is a unique landscape in Chinese modern literature. In the eastward transmission of western sciences, he has gone against the tide and been keen to introduce the East to the West and achieved unprecedented success. As a successful case of intercultural communication, Lin's own charisma played a decisive role in the cultural communication. Taking Lin's personal characteristics as the entry point to study his intercultural communication is a new perspective in the study of Lin Yutang.

The first innovation point of this paper is analyzing Lin's poetic personality characteristics, which is mainly reflected in Chapter 2. Lin Yutang is a three-dimensional, multi-faceted person, his personality is very complex, which he claimed to be "a group of contradiction". Different people may concern about the different aspects of Lin's personality. His personality has some prominent place, which has a distinctive reflected in his works and intercultural communication, which is poetic personality. This poetic personality manifested straight forward and free character, natural and sincere emotion, gentle and leisure temperament, contradictory and harmonious thinking. Lin Yutang's poetic personality was innate and also the results of acquired fusion of Chinese and Western culture. It was influenced by the Western humanism, individualism, Christian thought, Confucianism, Taoism and Buddhism traditional Chinese thinking, the impact of local culture as well. His poetic personal influenced his creations and it also produced a very significant impact on the spread

of the intercultural communication. Under the influence of poetic person-
ality, early in the creation, Lin had marginal mentality and wrote in lib-
eralization. He promoted "humor, spirit, and leisure" in China, not
only founded several magazines, but also personally wrote a lot of prose
work. Lin became one of the famous modern Chinese prose writers. In
the late of his creation, as a multi-cultural people, Lin Yutang wrote in
English to introduce the traditional Chinese culture to the West with glo-
balization mentality.

The second innovation point of this paper is studying how Lin intro-
duced Chinese traditional culture to Western readers in the poetic way
and how to integrate different cultures, which is mainly reflected in
Chapter 3 to Chapter 7. Lin Yutang's poetic personality is unique and his
cultural transmission was also unique, self-contained system. When Lin
faced the different cultures, he was always influenced by his poetic per-
sonality whether at home or abroad. As a result, his choice, absorbtion,
integration and interpreting of cultures are all with very obvious subjectiv-
ity. He preferred to absorb the poetic parts of the East and West tradi-
tional cultures. In the intercultural communication, no matter Lin Yutang
took what kind of genre and expression, his works was full of poetic,
kind, pleasant, and easy to understand. This feature made the imprint of
his personal work very obvious, and also got the reader's acceptance and
love. The straightforward and free character, and the pursuit of natural
instinct made Lin have a powerful psychological adaptability, and then he
become a multi-cultural person. In intercultural communication, cultural
integration is a powerful tool to deal with cultural diversity, which reflects
the cultural understanding and cultural competence of the communica-
tors. As a communicator across Eastern and Western cultures, Lin tran-
scended cultural integration, carried out cultural mergence. From poten-
tially to obviously, Cultural mergence not only affected Lin's thinking and
culture perspective, but also affected his creation. His works of different
periods revealed the traces of his thoughts in the different stages. All his
works were a history of idea about cultural mergence. Lin Yutang upheld
the principle of "long fill long", which means merging the advantages of

different cultures to face and deal with Eastern and Western cultures. This was a difficult and lengthy process. Due to the impact, his ideas appeared fluctuations and changes, such as the change of his belief, which caused his works reflecting some contradictory and confused expression status. But these did not reduce the charm of Lin's works, but for the works to add a unique style. In his later years, Lin Yutang modified his ideas of cultural mergence, which showed a strong native complex. His cultural transmission focused from the traditional culture to Minnan culture.

The third innovation point is pointing out the important role of sensibility in the cultural transmission through in-depth analysis of Lin successful intercultural communication, which is mainly reflected in the conclusion. Lin Yutang's poetic personality, the poetic way of cultural transmission and the mergence of different cultures, in fact, were closely linked with sensibility. In cultural transmission, we can not separate traditions and not ignore the needs of the audience; we should locate the audience to spread. To the common audiences, cultural transmission cannot go purely academic noble large routes. The communication should be sensibility, with the help of logos, even if there is a rational component, it should be sentimentality. The communicators' reasonable personal interpretation of Chinese traditional culture should be allowed, and it also should allow communicators making new play and constructivism after the absorbing the advantages of different cultures. Culture communication should integrate into daily life of the people with elegance and popularization, and all of the people should be mobilized.

The era Lin lived has gone and will never come back. In the world of globalization, with the help of Lin Yutang's successful experience gained in intercultural communication and the set of all wisdom, we might be able to create a new situation of Chinese culture output.

Kedwords: Lin Yutang; Poetic; Personality; Culture Mergence; Intercultural Communication

目 录
CONTENTS

第一章
绪　论

　　面对席卷而来的全球化浪潮，已习惯于向西方世界看齐的中国学界，如何在西学东渐的大环境中开创中华文化对外传播的新局面，正是我辈学人亟须思考、探索其有效途径的重大课题。回顾中华文明史，中华文化的输出总是在国力强盛的时候。然而，也有例外，在距今不远的 20 世纪 30 年代，曾有一个名字享誉海外，他就是——林语堂。"两脚踏东西文化，一心评宇宙文章"的林语堂是一个独特的存在。母语是汉语的林语堂，其英文著作的数量远超过他的中文作品，他在国外的影响力也远胜于国内。诚如林语堂次女林太乙所言："将我中华文化介绍于西方者，则除了有利玛窦、汤若望等等外国人曾经从事身此道的中国学人，林语堂虽非惟一人，却是极少数人中最成功的一人。"① 中国现代作家、作品，能够穿越时光抵达当代生活的并不多，能够跨越空间被另一文化背景的广大读者所了解、接受的更少，而林语堂却能二者兼得。基于此，对林语堂其人其作品的研究，便有着十分重要的文学价值和文化意义。

第一节　本书的研究基础及现状

　　林语堂的挚友徐訏曾评价林语堂说："我相信他在中国文学史有一定的地位，但他在文学史中也许是最不容易写的一章。"② 确如徐訏所评，林语堂是中国现代文学一道独特的风景，在他的生

---

① 林太乙：《〈语堂文选〉序》，《林语堂全集》（上册），时代文艺出版社，1995，第 2 页。
② 徐訏：《追思林语堂先生》，《林语堂评说七十年》，中国华侨出版社，2003，第 155 页。

前，他引发了多次文化论战与思想交锋；待他身后，国内外呈现出两种不同的评价和研究状况。在国际文坛上，林语堂的知名度很高，1975 年 4 月他当选国际笔会总会的副会长，是该组织自成立以来第三个担任此职务的亚洲人。林语堂旅居美国多年，在美国有很大的影响力，曾被美国文化界列为"二十世纪智慧人物"之一，当时的美国读者最为熟悉的两个中国人，一个是孔夫子，另一个就是林语堂。林语堂晚年定居台湾，台湾文坛对他评价甚高，认为林语堂是"幽默大师""语言大师""文学大师""一代文豪"，他为中外文化交流做出了不可磨灭的贡献。在台湾，林语堂著作的中文版也因此得到了较为完整的整理、翻译和出版，为今日林语堂研究保留了大量珍贵的史料（相关资料可参看施建伟的《林语堂在海外》，天津百花文艺出版社，1992）。相较而言，中国大陆对林语堂的关注是滞后的，声音是驳杂的：一开始是骂声一片，而后是毁誉参半，如今是颂扬声四起。

为了叙述的方便，本书从时间上把国内 80 年来的林语堂研究划分为三个阶段。第一个阶段是 1979 年以前，这段时期国内实际上不存在严格意义上的林语堂研究。第二个阶段是 1979 年以后至1995 年，这个阶段以资料发掘为主，研究重点落在林语堂的散文和思想研究上。第三个阶段是 20 世纪 90 年代中期至今，这段时间，林语堂研究发展最快，研究角度广泛，可谓遍地开花，成果辈出。

（一）1979 年以前

林语堂在国内写作的作品以散文为主。1926 年前后，身为"语丝派"重要一员的林语堂，曾以"打狗运动的急先锋"这一身份蜚声文坛，那时他是鲁迅的亲密战友。但从 20 世纪 30 年代林语堂创刊《论语》杂志起，他提倡的"幽默""性灵""闲适"等主张收获了主要来自左翼阵营的骂声无数，如胡风的《林语堂论》和以鲁迅为代表的左翼作家写作的一批杂文。胡风的《林语堂论》（作于 1934 年 12 月 11 日，发表于《文学》1935 年新年特大号）全文一万五千字，详细地分析了林语堂思想和创作的发展变化。但该文的本旨并不是为了赞扬林语堂在《语丝》时期的"战绩"，而主要是批评他在 30 年代提倡的"幽默、性灵、闲适"小品文。鲁迅的《从讽刺到幽默》《从幽默到正经》《二丑艺术》《帮闲法发隐》

《"论语一年"》《小品文的危机》《骂杀与捧杀》《病后杂谈》《隐士》《论俗人应避雅人》《"招贴即扯"》《"题未定"草（1 至 3）》《逃名》《杂谈小品文》等；以及周木斋的《小品文杂说》、聂绀弩的《我对于小品文的意见》、洪为法的《我对于小品文的偏见》等文章，其主要内容都是批评林语堂及其倡导的幽默闲适小品文，认为他脱离严峻的社会现实，其幽默会消磨人的斗志，使人丧失抗争精神，变得麻木顺从。

鲁迅虽然出于当时特殊政治形势的需要，从文化斗争视角批评林语堂及"论语派"，但并不因此否定身为作家的林语堂曾做出的贡献。鲁迅在斯诺提问当时中国"最优秀的杂文作家"时答复说："周作人、林语堂、周树人（鲁迅）、陈独秀、梁启超。"其实就是肯定了林语堂在散文创作上的成就。同样肯定林语堂散文成就的还有阿英（即钱杏邨）和郁达夫。在阿英 1934 年底编校的《现代十六家小品》中，林语堂就是其中一家；阿英还在文选前撰写了《林语堂小品序》，介绍林语堂小品创作的风格特色。郁达夫编校的《中国新文学大系·散文二集》也收录了林语堂的作品，同时在《导言》中对林语堂的小品文也做了较为客观的评价。二人都认为幽默既是林语堂小品的特色，同时也是他的局限；林语堂走幽默之途虽有不得已而为之的苦衷，但林氏幽默中确实也包含了逃避、无聊、故作风雅的成分。

林语堂于 1936 年 8 月迁居美国，身居异国他乡，国内对他的评论不多。1940 年和 1943 年，林语堂因关心抗战，曾两次举家回国，短暂逗留后又返回美国。后一次由于林语堂在大庭广众之下阐述了一些不合时宜的观点，又受到左翼作家的猛烈批评。郭沫若的《啼笑皆是》、田汉的《伊卡拉斯的颠落——读林语堂先生〈论东西文化与心理建设〉》、秦牧的《恭贺林语堂博士》等文章，代表了当时左翼文艺界对林语堂的评价。然而，从理论深度上看，这些文章并没有超越胡风那篇《林语堂论》。

1949 年以后，因为政治意识形态原因，在将近 30 年的时间里，林语堂的著作未在国内出版，林语堂研究无人问津；在研究中国现代文学史时，林语堂的名字通常是作为反面形象出现在"鲁迅对'论语派'的批判"之中。

（二）1979 ~ 1995 年

1979 年以后，随着思想解放运动的深入发展，"百花齐放，百家争鸣"的方针得以重新贯彻执行，一些学者以其严谨的学术研究态度突破了林语堂研究的禁区。首先是陈金淦在《徐州师范学院学报》1979 年第 3 期发表了《评"论语派"》一文。该文选择从散文流派研究角度突破禁区，以史实为依据，大胆否定"论语派"是"反动的文学派别"，从而推翻"林语堂是反动文人"这一定论，翻开了林语堂研究的新篇章。之后如施建伟的《试谈前期的〈论语〉半月刊》（《天津社会科学》1983 年第 4 期）、《论语派与〈论语〉的矛盾性和复杂性》（《中国现代文学研究丛刊》1984 年第 3 期）、万平近的《老舍与林语堂及其论语派》（《新文学论丛》1984 年第 4 期）等文章，以一分为二的态度对"论语派"的复杂性作了实事求是的分析，在肯定"论语派"的同时也给了林语堂本人不同程度的肯定。其次，有部分研究者在关注鲁迅的同时，渐渐把更多的目光投放到林语堂身上，从林语堂与鲁迅交往的角度开启了另一扇林语堂研究的窗子。如张梁的《林语堂论——兼论鲁迅和他的交往与斗争》（《文学评论丛刊》1980 年第 6 期）、康咏秋的《论鲁迅和林语堂》[《湘潭师范学院学报》（社会科学版）1981 年第 3 期]、曹文彬的《从〈论"费厄泼赖"应该缓行〉谈到林语堂》[《重庆师范学院学报》（哲学社会科学版）1981 年第 4 期]、秦志希的《鲁迅和林语堂》（《江汉论坛》1981 年第 5 期）、温祖荫的《鲁迅与林语堂》[《福建论坛》（文史哲版）1984 年第 3 期]等文章，在探讨鲁迅与林语堂关系的同时，把《语丝》时期的林语堂从"反动文人"的标签中解救出来。

这个阶段的林语堂研究，其重点主要落在林语堂在国内创作的散文上；尤其是伴随着 20 世纪 80 年代末散文体裁的不断升温，研究林语堂小品文风格特点的论文日渐增多，林语堂提倡的"幽默、性灵、闲适"获得了新的评价，不断有学者重新肯定这些主张在当下的价值。如彭立的《三十年代林语堂文艺思想论析》（《文学评论》1989 年第 5 期），施建伟的《幽默：林语堂和鲁迅的比较》（《鲁迅研究动态》1989 年第 10 期）、《论林语堂的幽默观》（《社会科学》1989 年第 11 期）、《林语堂幽默观的发展轨迹》（《文艺研究》1989 年第 6 期），阎广林的《林语堂幽默观论略》[《西北大学学报》（哲学社会科学版）1989 年第 3 期]，王惠廷的《林语堂三十年代幽默文学漫议》（《福建学刊》1990 年第 4 期），沈栖的《林语堂散文创作简论》（《中国现代文学研究丛刊》1991 年第 4 期），等等。身为"幽默大师"的林语堂，他的幽默观和幽默闲适小品一直是研究热点，直到现在仍备受关注。

随着关注林语堂研究的学者越来越多，对林语堂史料的发掘和整理的需求就越来越大。万平近和施建伟这两位学者在这方面取得的成绩值得重视。1984 年，万平近在《新文学史料》第 3、4 期连载了长达 4 万字的《林语堂生活之路——兼评林语堂的〈八十自叙〉》，文章以林语堂的《八十自叙》为载体，比较系统、翔实地评介了林语堂的家庭环境、成长道路、人生经历、思想性格、政治态度、文学成就以及功过得失，在发掘史料的基础上努力还原真实历史语境中的林语堂。1987 年，万平近出版专著《林语堂论》（陕西人民出版社），该书的史料价值明显高于作者对林语堂进行的理论研究。作者对林语堂是非功过的价值判断渗透在字里行间，但这些判断尚未完全跳出人们受政治意识形态影响所形成的思维定式，不过较之单纯的史料发掘，该书还是深入了一步，标志着林语堂研究从资料发掘层次进入资料发掘和理论思考并重的新阶段。1936年 8 月林语堂举家迁居美国，林语堂在国外的经历及他的后半生是如何度过的，国人知之甚少，甚至绝大部分人根本就是一无所知。相关史料的缺乏，不仅不利于林语堂研究，还容易造成误解，施建伟弥补了这一缺陷。1991 年、1992 年，施建伟的《林语堂在大陆》（北京十月文艺出版社）、《林语堂在海外》（百花文艺出版社）两部著作相继问世，较好地完善了林语堂的相关史料。

总的看来，1995 年以前的林语堂研究虽然获得了突破，但大体上还处于浅层次的、局部的探讨阶段，而且基本上忽略了对林语堂在国外创作的作品的研究。这里值得一提的是学者陈平原、万平近对林语堂复杂文化观的重视和分析，如陈平原的《林语堂与东西方文化》（《中国现代文学研究丛刊》1985 年第 3 期）、《林语堂的审美观与东西文化》（《文艺研究》1986 年第 3 期），万平近的《从文化视角看林语堂》（《福建学刊》1988 年第 6 期）、《林语堂论中西文化》（上海社会科学院出版社，1989），这些论文、著作都极为重视东西方文化对林语堂思想、创作产生的影响，而且观点独到。如今，林语堂的文化观成为当下最热门的研究课题之一。

（三）20 世纪 90 年代中期至今

1995 年以后，林语堂研究进入了一个快速发展时期。这个"快"不仅表现为研究者数量的增多，成果迅速且大量地出现，更重要的是研究质量的提高。无论在研究面的广度或理论的深度上，林语堂研究较前一阶段都有了新的拓展。首先以中国知网（CNKI）查找的论文数据为依据进行分析（查询时间：2014 年 1 月 3 日①）。以关键词为检索项，输入中文检索词"林语堂"进行检索，数据显示自 1995 年以后，每年公开发表的林语堂研究论文有上百篇，而且一直呈上升趋势；2007 年之后再次上升，每年增加四五百篇；2000 年以后，以林语堂为研究对象的高校学子越来越多，其中硕士学位论文有 377 篇，博士学位论文有 32 篇，这都是之前不曾有过的繁荣景象②。对林语堂研究论文进行分析和归类，它们主要是从以下 15 个方面着手研究的。

1. "散文"主题方面：尽管以前对林语堂的散文创作褒贬不一，现下大家都认可了林语堂在中国现代散文流派中占有重要的一席之地。因此，林语堂"幽默、性灵、闲适"格调的小品文风格一直是研究热点，而且基本上是正面评价。学者们不仅从美学价值、修辞艺术、社会功用、幽默感等方面进行论述，还运用比较研究的方法，将林语堂与梁实秋、周作人、鲁迅等散文大家进行对比以突出各自的风格特点。也有学者尝试运用国外的新文艺理论进行解读，如李勇的《边缘的文化叙事——林语堂散文的解构性》（《江淮论坛》1997 年第 6 期）；还有学者从文体模式的新角度评价林语堂的作品属于与读者对话式的"闲谈体"，是一种比较随意性的文体，如王兆胜的《心灵的对语——论林语堂的文体模式》（《海南师院学报》1999 年第 1 期）。随着时代的变化，现代人评判标准的日益多样化，该主题论文量仍将平稳发展。

2. "幽默"主题方面：对于林语堂幽默观的研究，渐渐从散文

---

① 笔者多次在中国知网（CNKI）查找相关最新数据，最近一次是 2016 年 10 月 14 日，发现中国知网数据变化异常，相关记录不是增多而是减少，因此保留最初写作时查找的数据记录。

② 中国知网（查询时间：2016 年 10 月 14 日）提示 2014 年至今，以林语堂为研究对象的硕士学位论文新增 52 篇，博士学位论文新增 1 篇。这与笔者从其他途径了解的数据有所出入，故仍保留当初查找的数据。

研究中独立出来，从审美角度上升至哲学思想、人生观角度进行评判。身为"幽默大师"，林语堂第一次将 Humor 作为美学概念引入国内，是我国现代幽默文学的拓荒者，对于我国幽默理论的建设和文学多元化的发展功不可没。鉴于此概念提出的历史背景，有的学者认为林语堂当年提倡幽默观的时机太过于不合时宜，但学术界基本上赞同幽默对个体精神、社会发展的积极作用。该主题未来的论文量也将处于平稳发展的趋势。

3. "人生哲学"主题方面：1995 年以后，因幽默观而关注林语堂人生哲学的研究者越来越多，如王兆胜的《紧紧贴近人生本相——林语堂的人生哲学》（《中国文学研究》1997 年第 3 期）、《林语堂人生哲学的价值意义及其缺憾》（《东岳论丛》1998 年第 1 期）是其中的代表。林语堂的人生哲学是属于快乐的享乐主义哲学还是具有悲剧情结的超脱人生观，研究者们提出了各自不同的看法。林语堂说自己是"一团矛盾"，要将他的思想进行非此即彼的归类并非易事，也不科学。可以预计，该主题研究将持续获得研究者的关注。

4. "文化"主题方面：林语堂复杂矛盾的思想源自他深受东西方不同文化的影响，在陈平原、万平近之后，更多的学者关注该主题的研究。这一主题的研究又可分为两个方面，一方面专注于林语堂的文化观；另一方面专注于林语堂在文化交流中所做出的独特贡献。林语堂从小就接受中西两种不同文化的教育，因他能融会贯通，所以形成极具个性的文化观。近几年来，"文化"成为全球瞩目的热点词汇，水涨船高，研究林语堂文化观的论文喷涌而出，但总体质量不高，未能超越之前代表性的论文。除了陈平原、万平近的文章，值得重视的还有陈旋波、谢友祥、王兆胜、周仁政、施萍等学者的文章，如陈旋波的《尼采与林语堂的文化思想》［《华侨大学学报》（社会科学版）1996 年第 3 期］、《汉学心态：林语堂文化思想透视》［《华侨大学学报》（社会科学版）1997 年第 4 期］、《科学与人文：林语堂的两个文化世界》（《江海学刊》1997 年第 5 期），谢友祥的《林语堂论中国文化的阴柔品格》（《北方论丛》2000 年第 5 期）、《林语堂的文化批判和文化选择》（《文学评论》2001 年第 3 期），等等论文，里面都有很精彩的论述。1996 年学者廖小云撰文《林语堂与中西文化交流》［《西北第二民族学院学报》

（哲学社会科学版）1996 年第 3 期］，自此以后，越来越多的论文从这个角度评论林语堂在中西文化交流上发挥的重要作用，不仅弘扬了中华文化，还促进了中西文化的整合。遗憾的是，这方面的论文泛泛而谈的多，深入论述的少，后文有这方面的详细分析。关于"文化"主题方面的研究将成为持续的热点。

5. "宗教思想"主题方面：林语堂不仅文化观复杂，他的宗教思想也极为复杂。林语堂早年信仰基督教；青年时代背离基督教寻求新的信仰，相信人文主义；晚年又重新皈依基督教。辗转的信仰历程颇值得学者研究，代表文章有王兆胜的《林语堂宗教文化思想论》（《中国文学研究》1998 年第 4 期），杜玲的《林语堂宗教观述略》（《北方论丛》2004 年第 6 期），刘勇、杨志的《论林语堂的宗教文化思想与文学创作》（《中国现代文学研究丛刊》2008 年第 4 期）。也有学者专研林语堂的基督教思想，如陈旋波的《论林语堂的基督教思想与中国传统文化的联系》［《华侨大学学报》（社会科学版）1992 年第 1 期］、李立平的《从基督教看林语堂的文化认同与文化选择》（《哈尔滨学院学报》2004 年第 7 期）、施萍的《本色化与现代化：再论林语堂的基督教思想》（《宗教学研究》2005 年第 1 期）等。这一主题虽然不是热点，但仍有值得研究的内容。

6. "小说"主题方面：1979～1995 年的林语堂研究偏重于林语堂在国内写作的散文，随着国内出版社开始陆续出版林语堂英文著作的中文版①，对林语堂小说作品的研究成为这一阶段的研究热点，其论文量居各主题之首。从研究范围来看，该主题研究可再细分为宏观研究和微观研究。宏观研究是对林语堂所有小说作品的整体研读和评价，如文本的描写手法、审美风格、叙事模式、文化思想及价值等内容。微观研究是对单部作品的研究，从论文数量看，《京华烟云》是大家的研究重点，可见该作品内涵丰富、意蕴深刻，可供研究的角度较多。"小说"主题属于成熟的主题，目前宏观研究的成果远逊色于单部作品的研究，估计这方面的论文量也将处于

---

① 中国国家图书馆的中文及特藏数据库的资料显示，1991 年和 1994 年分别由石家庄的河北人民出版社、长春的东北师范大学出版社引发了两次林语堂著作的出版热潮。影响更大的是西安的陕西师范大学出版社，从 2002 年起，该出版社成为出版林语堂著作的核心力量，有系统地陆续出版林语堂的所有作品，为更全面地推介林语堂著作立下了汗马功劳。

平稳的态势。

7. "翻译"主题方面：林语堂是中国现代作家中屈指可数的优秀中英双语作家之一，然而一直以来，对林语堂的翻译理论及其翻译行为的研究却远远滞后。1996 年，贾文浩的一篇会议论文《文学翻译中的一个特殊现象——林语堂散文自译和古文小品英译对文学翻译的启示》算是开启了这一主题的研究大门；1997 年，陈荣东的《一篇不该忽视的译论——从〈论翻译〉一文看林语堂的翻译思想》（《中国翻译》1997 年第 4 期）开始关注林语堂的翻译理论。进入 21 世纪后，该主题越发引起重视，近几年来成果辈出，连林语堂的审美取向、翻译技巧、翻译观等方面都有不同程度的涉足。在林语堂的翻译作品中，对林语堂英译《浮生六记》的研究最多，有重复研究的弊端。利用国外翻译理论研究林语堂译著的论文明显增多，可预计，该主题在未来仍是研究热点。

8. "语言"主题方面：林语堂是"语言大师"，在德国莱比锡大学获得语言学博士学位，在语言学方面造诣深厚。林语堂学成归国后曾编写多部十分畅销的英语教材，社会影响巨大；晚年还完成《当代汉英词典》的编著工作。目前，该主题的研究经常与"翻译"主题纠结在一起，独立研究的论文不多，主要着力于白话、方言、音韵学、语言文化、英语语言等方面，代表文章如陈旋波的《林语堂的文化思想与维特根斯坦的语言哲学》[《华侨大学学报》（哲学社会科学版）1994 年第 1 期]、郭茂生的《谈林语堂的英语语言特色》（《上海外国语大学学报》1996 年第 3 期）、陈欣欣的《论林语堂的白话文语言观与文学观》（《中国现代文学研究丛刊》2012 年第 5 期）等。该主题尚有值得拓展的研究空间，应引起学术界的重视。

9. "传记"主题方面：林语堂的传记作品有两类，一类是他传，如《苏东坡传》《武则天传》；一类是自传，如《林语堂自传》《信仰之旅》等。对于林语堂写作的他传作品，《苏东坡传》获得的关注度明显高于《武则天传》，并成为这一时期的林语堂研究不容忽视的一个关注点。由中国知网的篇名检索数据看，1995 年之前相关研究论文只有 3 篇，之后有 29 篇，近几年发表的尤多。不少文章表达的是对传记的读后感，也有学者不仅研究该传的写作策略、翻译策略，还借此研究林语堂的思想和写作技巧，如潘建伟的

《自我说服的旷达：对话理论视野中的苏轼"旷达"形象问题——兼谈林语堂〈苏东坡传〉的中西文化观》[《杭州师范大学学报》（社会科学版）2010年第5期]，郭有婧的《从〈苏东坡传〉看林语堂叙述身份的丢失》（《甘肃高师学报》2013年第1期），等等。研究林语堂自传作品的论文不多，学者基本上把他的自传当作史料来用，单独研究的极少，难得有两篇论文例外，即冯羽的《基督教与中国文化的对话——论林语堂的〈信仰之旅〉》（《南京师范大学文学院学报》2005年第3期）和任晓军的《文化视域与身份建构——读〈林语堂自传〉》（《名作欣赏》2012年第20期）。该主题未来大有可发掘的空间。

10. "女性观"主题方面：林语堂始终处在一个女性成员环绕的家庭环境中，且有几位女性对他的性格、人生影响深远。在林语堂的作品里，他对女性形象的塑造颇具匠心，最早关注到这方面的是王兆胜，1998年发表了《论林语堂的女性崇拜思想》（《社会科学战线》1998年第1期）一文，开启了该主题的研究视角。之后，有相当一部分学者开始关注这方面的研究，尤以女性研究者居多；同时这一主题也获得了高校学子的偏爱，有7篇硕士学位论文专研该主题。该主题虽是小众研究，但未来仍有可发掘之处。

11. "教育思想"主题方面：林语堂长期在高校任教，并担任过教务主任、总秘书、校长等职务，授课之余还出版、发行过教材。林语堂曾在其文章中多次谈到他的教育理念，由此观之，他的教育思想是非常丰富的。目前研究林语堂教育思想的论文不多，内容涉及林语堂的语文教育、英语教学、教学法、家庭教育和大学教育等方面。该主题仍会有研究者关注，但数量上还是较为零星。

12. "与名人比较"主题方面：首先，林语堂与鲁迅的交往是个老生常谈的话题，每年都会有论文涉及。作为中国现代文学史上两位交相辉映的大师级人物，他们彼此间的恩恩怨怨是后人做研究时无法回避的史实。早期的研究主要局限于两人的"相得"和"疏离"关系，现在研究视角不断拓宽，学者们以平等的眼光比较两人在散文观、幽默观、翻译观、政治观、国民性批判、编辑思想等方面的区别与联系，大大加深了研究深度。除了鲁迅，林语堂与其他名人的比较也引起了学者的研究兴趣，与林语堂有联系的古今中外的名人都被纳入研究范围。古人有老子、孔子、庄子、孟子、陶渊明、苏东坡及以袁中郎、袁子才为代表的明清才子等；今人有梁启超、胡适、周作人、徐志摩、梁实秋、章克标等；外国人有弗洛伊德、劳伦斯、尼采、罗素等名人。在与众多名人的比较中，除鲁迅之外，最受关注的是林语堂与周作人的比较，因为林语堂的性灵说与闲适文风皆受到了周作人的影响，但又不完全相同。该主题研究最为全面、深入的学者首推王兆胜，相关论文有 15 篇之多，极大地丰富了这个领域的研究内容。可以预计，该主题将持续获得关注，比较研究仍是大家研究的热点。

13. "史料"主题方面：随着林语堂研究的不断升温，关于林语堂的传记、评传也多了起来。如万平近的《林语堂传》（海峡文艺出版社，1998）、李勇的《林语堂传》（团结出版社，1999）、施建伟的《林语堂传》（十月文艺出版社，1999）、林太乙的《林语堂传：我心中的父亲》（陕西师范大学出版社，2002）、王兆胜的《林语堂大传》（作家出版社，2006）等，这些著作不仅全面收集林语堂的生平事迹，还对林语堂的思想、行为进行一定的分析和评价。除著作外，还有不少与林语堂交往过的人物撰写了回忆文章，如徐訏、邵洵美、章克标、曹聚仁、叶灵凤等；他们谈及的林语堂轶事成为十分宝贵的史料。这些鲜为人知的资料渐渐被收集起来，使后人能更清楚、更全面、更具体地把握林语堂的生平、性格、爱好、活动，展现出一个更为真实、感性的林语堂形象。有关林语堂的史料仍有待进一步的发现和收集。

14. "综述"主题方面：鉴于林语堂研究成果的极大丰富，以综述形式总结、评价林语堂研究的相关论文成为一个新兴的主题。这一方面的统计和分析工作有助于我们掌握林语堂研究的总体状况，避免重复劳动，还能查漏补缺，对未来的研究方向做出科学的预测。该主题的文章约有 20 篇，数量虽不多但分量颇重，较有价值的有吉士云的《林语堂研究概述》（《文教资料》1995 年第 3 期）、王卫平、陆梅的《世纪末的回眸与瞻望——林语堂研究 60 年概观》[《山东师大学报》（社会科学版）1997 年第 6 期]，王兆胜的《林语堂研究的意义、现状与瞻望》（《闽台文化交流》2006 年第 3 期）、张桂兴的《林语堂国际学术研讨会综述》（《文学评论》2008 年第 3 期）、杜运通的《林语堂研究历史、现状与前瞻》（《韩山师范学院学报》2011 年第 5 期），等等。不管是对林语堂研究的宏观把握还是分主题进行归类、系统的论述，都为深化林语堂研究提供了资料和方法。

15. "其他"主题方面：这一方面因涉及面广，论文以单篇形式出现较多，暂时不好单独分类，便归为一处。具体涉及饮食、文献学、编辑学、图书馆、作品版本、红学研究等方面的内容。随着时代的发展、人们关注点的变化，应该还会有新的研究视点的出现。

第二节　本书的学术创新

由前文的研究综述可知，目前林语堂研究的成果已极大丰富。然而，随着社会的发展，时代的变化，人们关注点的增加和改变，林语堂研究也会出现新的生长点，并由此开拓出新的研究领域。正如前文所提及，由于"全球化"的影响越来越大，越来越多的学者开始关注林语堂在中西文化交流中做出的重大贡献。在当下，关涉文化传播的研究是一个热点，而这方面的林语堂研究不能不说仍留有较大的空缺。真正从传播学的角度，以林语堂的文化传播作为研究对象的，还是少之又少，可见这一研究角度是被忽视了的。

以中国知网（CNKI）查找的论文数据为证（截至 2016 年 10 月 14 日）。在检索项中，以"篇名"为检索项，输入中文检索词"林语堂"进行检索，在结果里再以"传播"为检索词进行二次检索，1979 ~ 2016 年的文献中，与本选题相关论文记录共有 32 篇。最早的是 2003 年陈才忆的《脚踏东西文化　评说宇宙文章——林语堂的中西文化观及其在西方对中国文化的传播》（《重庆教育学院学报》2003 年第 4 期）一文，该论文概述性地介绍了林语堂几部主要的作品，提及林语堂惯用对比的手法来介绍中国文化。而着力最多、成果最有价值的是学者冯智强，他在这一领域发表了五篇论文，其中一篇是博士学位论文《中国智慧的跨文化传播——林语堂英文著译研究》（2009），另外四篇论文的观点可参见该博士学位论文。这 32 篇论文中还有一篇是关于该博士学位论文著作的书评。冯著最大的价值是以新颖多维的研究视角剖析了林语堂绝大部分的英文原著，点评林语堂对外传播的是中国特有的智慧：是含有儒家智慧"血统"的"半半哲学"和包含道家智慧"基因"的"抒情哲学";论者还从语言学的角度详细分析了林语堂的翻译理论和翻译策略,小结了林语堂著作的传播效果,可谓是该领域的集大成之作。其他的论文,除了温儒敏的《传播中国文化不妨学学林语堂》是刊载在报纸上的一篇介绍性文章;覃忠胜的《不同的定位　相同的人格——试论林语堂和余秋雨的文化传播方式》也是一篇简略的评介性论文,没什么参考价值;其余论文主要从三大方面展开关于林语堂文化传播的研究。

第一方面主要是从文化和伦理思想角度谈林语堂的英文作品。从传播学角度看,这是对传者主体的研究,直接影响到传者对传播内容的选择和表述,确实是至关重要的。关于林语堂的文化观,这方面的研究成果较多,也比较成熟,已形成较为稳定的看法,如陈平原、陈旋波、谢友祥、王兆胜、施萍等学者都有独到的见解。总的说来,因为成长环境的特殊性,林语堂从小就接受了中西方两种不同文化的教育,形成独特而有个性的文化观,具体表现为非功利、幽默、性灵和闲适这四个思想支点,并借助于道家文化而结为一体。在这一文化观的形成中,西方美学家克罗齐,中国古代先哲庄子、文评家袁中郎,以及同代人周作人等,他们的文艺思想对林语堂都有所启发,成为林语堂整合中西两种不同文化的连接点。然而,大家在关注外在因素对林语堂的影响时,忽视了林语堂主体性自我选择的动因分析。这正是本书的切入点,拟从人格分析角度探讨林语堂诗性人格的成因,阐释他对浪漫主义的"情感表现说"的偏爱,因而关注克罗齐、袁中郎等,实现了西方"表现论"与中国"性灵论"的美学整合,使由周作人提倡并由林语堂推动的"性灵文学"运动在理论和实践上获得双重阐释,亦使由周作人提出并由林语堂继承的"人的文学"的文艺理论批评体系更加丰富和完整。在此前提下,林语堂才对中国传统文化、中国国民性、中国现代性等问题形成较为独特的理解,才在对外塑造中国形象上有异于他人的表现。而邱志武的《浅谈林语堂英文小说中中国形象文化传播特质》[《赤峰学院学报》(汉文哲学社会科学版)2011年第2期]、冯智强的《林语堂中国文化观的建构与超越——从传统文化的批判到中国智慧的跨文化传播》(《湖北社会科学》2008年第11期)、陈才忆的《脚踏东西文化　评说宇宙文章——林语堂的中西文化观及其在西方对中国文化的传播》等论文只谈到了林语堂在小说中塑造中国形象的方法和一些具体的表现，缺少对来龙去脉的分析，不够完善。

第二方面是从语言学理论角度或具体翻译理论、策略角度分析林语堂的译著。从传播学角度看，这是对传播手段的研究，直接影响到传播效果，关注的学者较多，成果也多。首先是从语言学理论上梳理林语堂的语言学理论渊源，如曾德万的《小论林语堂西方语言学理论的传播》（《井冈山学院学报》2007 年第 4 期）主要从历史语言学和描写语言学的角度，论述了林语堂在 20 世纪二三十年代对西方语言学理论的吸收和传播。作为一个语言大师，林语堂在语言学理论上是有所建树的，可惜研究者较少，也未能与具体的文学作品和文化传播结合起来，这篇论文的局限就在于此。其次，借用已有的理论去研究林语堂某一翻译作品所采用的具体策略，这方面的文章很多，经常提到的就是互文性角度、异化和归化策略，专研的通常是《浮生六记》，有重复研究之嫌。然而，笔者质疑的是，林语堂的英文作品中，译著仅占很少的部分，更多的是文学创作；目前有很多研究者仅从文学翻译的角度去考量林语堂的译著，是否有所偏颇？笔者认为，应该更多地从文学创作角度去考虑林语堂的所有作品。

第三方面是真正从传播学的角度论及林语堂是如何对外进行跨文化传播的，如沈艺虹的《异质文化语境下的文化传播——试论林语堂的文化传播策略》[《漳州师范学院学报》（哲学社会科学版）2007 年第 2 期]、吴慧坚的《文化传播与策略选择——从林语堂著〈生活的艺术〉说起》[《福建论坛》（人文社会科学版）2007 年第 9 期]、陈煜斓的《林语堂的文化经济学理念与文化传播策略》（《东南学术》2014 年第 4 期），肖魁伟的硕士学位论文《林语堂文化传播研究》（2011）、李岑岑的硕士学位论文《林语堂新闻传播观研究》（2014），还有冯智强的博士学位论文。沈艺虹和吴慧坚的两篇论文虽然还保留从翻译策略谈传播的痕迹，但难能可贵地把视野扩大到传者的优势、传播媒介和传播效果的分析上。陈煜斓的论文最富有时代气息，从当前热点"文化经济学"角度切入，结合林语堂所处时代出版业的特点，论述林语堂写作与出版的关系，对于时下写作者和传播媒介都有启发和借鉴意义。肖魁伟的硕士学位论文只有一章文字涉及传播，主要是从文化传播优势、途径、选题三方面论述，可惜在内容上与沈艺虹、吴慧坚的两篇论文相比并没有多少创新。李岑岑的硕士学位论文主要是对林语堂在国内从事编辑及散文写作时期的新闻思想进行研究，例如分析林语堂对于言论自由、新闻法制、公共空间、市场意识等方面的观点，未曾涉及林语堂在国外进行的跨文化传播。冯智强的博士学位论文较为偏向语言学的分析，并不重视林语堂特殊的生活教育背景和其独特的人格特点，论文论述面虽广，但对文本的具体分析仍较为薄弱。

由此看来，虽然有研究者涉及了林语堂文化传播的研究，但目前主要以林语堂某一作品为分析对象的研究仍过于简单、片面。与林语堂的巨大成就相比，尚有深入研究的巨大空间，这远不是单篇小论文或几篇博士学位论文就能完成的。如何进一步做更为理论化、系统化的研究，正是今人努力的方向。要想在林语堂研究中取得新的突破，要么有新的视角，要么有新的研究方法。尽管对于林语堂文化传播的研究存在着很多的不足，但这已不属于崭新的研究领域，仅仅做些查漏补缺的工作是不够的，必须在其中找到新的生长点。以此考量本书，创新之处主要体现在以下几个方面。

第一，本书是从人格角度切入研究。林语堂曾称自己是"一团矛盾"，他的作品却是中外文化兼容并包。林语堂身处中国文化的巨变期，他身上有着当时中国知识分子的共性，更有因其先天禀赋，后天家庭、教育、信仰、学识等综合因素的影响，所形成的独特的人格和魅力。知识分子的人格研究，已是近年来的显学，林语堂的人格更具有其他作家无可比拟的独特性和复杂性，极为遗憾的是，该角度的研究却鲜有人涉足。以中国知网（CNKI）查找的论文数据为证（截至 2016 年 10 月 14 日）。在检索项中，以"篇名"为检索项，输入中文检索词"林语堂"进行检索，在结果里再以"人格"为检索词进行二次检索，1979～2016 年的文献中，与本选题相关的论文记录仅 10 篇，而且主要还是以林语堂作品里的人物为研究对象。例如最早一篇是阎开振的《理想人格追求中的生命形态——论林语堂小说创作的人物构成》（《中国现代文学研究丛刊》1995 年第 2 期），另有谢友祥的《道家哲学的阐释和道家人格的建构——论林语堂〈瞬息京华〉的文化意蕴》（《嘉应大学学报》2000 年第 4 期）、施萍的《快乐天才：林语堂对苏东坡人格的现代演绎》(《文艺理论研究》2005年第6期)、肖百容的《"放浪者"：林语堂的人格乌托邦》(《中国现代文学研究丛刊》2011年第3期)等，无不如此。真正具体地研究林语堂本人人格的，仅有施萍一人，她的博士学位论文《林语堂：文化转型的人格符号》（2004）在林语堂人格研究上具有开拓之功。但她的视角仍停留于当时大家关注的知识分子文化人格问题上，更多强调了林语堂人格的现代性。本书有别于施萍的视角，在兼及林语堂人格的现代性之余，更偏重于林语堂人格与东西方传统文化的血脉联系。另外，王卓亮、曾天德、黄李静雯合著的小论文《林语堂人格的心理传记学分析》(《教育评论》2014年第6期）以问卷调查的方法，从读者的角度去归纳林语堂的人格特点，研究方法新颖，可惜未能深入，并未研究林语堂人格与其作品及其跨文化传播之间的关系。

第二，本书紧紧围绕林语堂人格的主要特点——诗性，大做文章。相较于当下文化市场上的造星运动，文学作品的格式化使得大家、大师级人物和经典作品的诞生成为遥不可及的远景。鉴于创作者及其作品都类型化，有独特人格魅力的文化名人日渐稀少，而林语堂的诗性人格不仅在他那个时代，即便在当下也实属罕见。林语堂的诗性人格有与生俱来的基因影响，更有对东西方传统文化中诗性部分的认可和传承，他的人格因此具备了强大的包容性和变通性，这一点正是林语堂得以较好地进行跨文化传播的先决条件。从该角度看，林语堂的诗性人格重视的是"延续"，而非夸大"变迁"。研究林语堂人格的论文极少，关注到林语堂人格的诗性特点的，本书当属首例。

第三，本书以林语堂诗性人格的研究带动其文化传播的研究。跨文化传播研究是近年来的研究热点，而林语堂最大的贡献正在于此。古往今来，在文化传播中有所建树的，不止林语堂一人；但在东学西渐中，影响如林语堂之大的，却尚未有第二人。英语表达或可通过强化训练提高，翻译技巧、传播策略也可学习仿照，但至今未有第二个林语堂。时代变化是一个原因，最关键的还是林语堂独特的、不可复制的诗性人格。诗性不仅是林语堂的人格特点，而且是他选择、吸收、阐释东西方文化的标准和原则。鉴于该领域的研究尚不完整、系统和深入，本书以林语堂独特的诗性人格为切入点，以文化传播为核心，剖析两者之间的特殊联系，尝试在目前众多关于林语堂的研究中打开一个新的视角。

第四，本书总结出林语堂跨文化传播的两大特点：一是诗性演绎，二是文化融合。林语堂的人格是独特的，他的文化传播也是独具特色、自成一统。无论是在国内倡导"幽默、性灵、闲适"的小品文，还是在国外传播中国传统文化，林语堂对东西方文化的吸收和解读都带有极为明显的主观性。林语堂偏重于吸收东西方传统文化中颇具诗性的部分，在文化演绎的过程中，无论采取哪种体裁形式都饱含诗意、亲切可人。这一特点使得他的作品个人印记十分明显，也获得了读者的接受和喜爱。作为跨越东西文化的传播者，林语堂一边进行着文化传播工作，一边尝试着文化融合。文化融合不仅影响着林语堂的思想、文化观，也影响着他的创作，不同时期的作品会流露出他不同阶段的思想痕迹，他的全部作品就是一部林语堂的文化融合思想史。林语堂秉持"以长补长"的原则，即融合不同文化的优长处来面对、处理东西方文化，此过程艰难而漫长，这正是林语堂"一团矛盾"的根源，也是林语堂别具魅力之所在。

第五，通过对林语堂这一跨文化传播成功个案的深入分析，发现感性在文化传播中起到了极其重要的作用。林语堂的诗性人格、文化传播中的诗性演绎以及不同文化间的融会贯通，其实都与感性息息相关。感性的文化传播更为亲切感人、平易近人。此外，本书还发现一些被研究者所忽略的方面，予以了一定的补充研究。比如林语堂在小说创作中对成长小说模式的偏爱；在传记文学方面，不仅提携新人、大力推动该文学体裁的发展，更亲自撰写了好几部传记作品。诸如此类，都值得后人关注。

第三节　本书的研究方法及研究框架

目前关于林语堂的研究已进入了稳步发展期，如何在现有的研究基础上更进一步，关键在于研究视角和研究理论的更新。前文阐述的学术创新，主要就是从研究视角着手的；而本书的研究方法则采用传统的文本细读法，以此为基础，借鉴其他相关学科的理论和研究方法来达到研究目的，如传播学、历史文化学、人格心理学、创作心理学、社会学、伦理学以及"中心—边缘"理论、认同理论、叙事话语理论、比较方法、统计学方法等。近年来，从翻译角度研究林语堂的英文创作和翻译的论文呈井喷之势。尽管也有少部分论文涉及文化传播的研究,但大部分的研究是基于语言学的翻译研究背景之下。传播学这门学科本身是一门边缘学科,经过多年发展,它已有自己的相关理论体系,研究林语堂的文化传播应以这些理论为基础,再兼及其他具体的学科理论。通过整合已有的研究方法和研究成果,把林语堂作为一个文化传播的成功个案进行全面、深入的研究。为避免重复研究,本书在文本材料的选择上偏重于林语堂创作的作品而非单纯翻译的译作,并且以中译本为主,英文原著为辅。

林语堂这一个案,本身的人格魅力在文化传播中起到了决定性的作用,因而,在传播理论的基础上,把理论重点偏向于林语堂的人格研究,不仅对于林语堂研究本身,对于拓展文化传播理论的研究都有着一定的价值和意义。因此,本书的思维框架是在跨文化传播的新学科研究背景下,在东西方文化融合、文化全球化的视野中,在心理学、文化学、社会学、伦理学等学科提供的理论前提下,探究林语堂作为个体,在复杂的历史、人文环境中,诗性人格的形成过程和具体表现;进而探究其独特人格与其创作间的相互影响;希望能够还原林语堂的本真及其作品的魅力,重新评判他在当下的价值和意义。

本书共分八章。

第一章是绪论,主要介绍本书的选题来源及价值,叙述研究基础及现状,阐明本书的学术创新点,概述其思维框架与研究内容、方法、意义等。

第二章主要分析林语堂诗性人格的特点及其文化源泉。本书先从理论上界定人格、诗性的含义,再详细阐述林语堂的诗性人格具体表现为率性自由的性格、自然真挚的情感、温和闲适的气质、矛盾和谐的思维。林语堂的诗性人格既是天生的,也是后天中西文化融合的成果。在分析其文化源泉时不仅分析了西方人文主义、个人主义思想及基督教对他的影响;还剖析了林语堂对中国传统文化的"边缘人"心态、"汉学"视角及对中国人文主义思想的体认,强调他对中国传统文化诗性特征的把握。

第三章重点说明为何从人格角度去研究林语堂的创作,并以此带动对林语堂文化传播的研究。独特的诗性人格影响到林语堂的实际创作，具体表现为自由化的写作和潜移默化的文化融合。林语堂创作的作品深受国外读者的喜爱，从跨文化传播的特点看，林语堂以诗性演绎为主，表达上体现出明显的散文化风格，既有面的概述又有针对性的专论，达到了深入浅出、通俗易懂；内容上侧重传播中国传统文化中自由、和谐、审美的诗性部分，既有哲学层面又有日常生活部分，兼顾了高雅与通俗，做到了雅俗共赏。同时，林语堂一直坚持不懈地进行着文化融合的工作，体现出一个多元文化人良好的包容性，并以全球化心态从事跨文化传播，体现出强大的变通性。

　　第四章以文化著作《孔子的智慧》及小说《朱门》为重点分析对象，探讨林语堂在跨文化传播中是如何诗性演绎儒家思想文化的。通过具体分析林语堂对孔子思想特点的认识，对近情的孔子形象的塑造，对《孔子的智慧》的成书体例和写作策略的精心设计；以及受近情思想影响，在《朱门》中格外偏重对真挚爱情的追求，可见林语堂的文化传播极具主观性和感性魅力。

　　第五章以文化著作《老子的智慧》及小说《京华烟云》为主要文本分析对象，探讨林语堂在跨文化传播中是如何诗性演绎道家思想文化的。通过具体分析林语堂对道家思想价值的认识，对老庄传承关系的研究，对《老子的智慧》的成书体例和翻译策略独具匠心的安排；以及受道家思想影响，在《京华烟云》中实现对现实悲剧的诗性超越与塑造出多彩动人的女性形象，可见林语堂独具个人特色的人生哲学和价值评判标准业已成型，他以一种诗性演绎的方式向外传播着中国传统文化。

　　第六章围绕着林语堂的日常生活哲学进行深入研究。《生活的艺术》是林语堂用英语解析中国诗性文化及闲适性生活方式的一部力作，通过文本分析可知，受林语堂自身诗性人格、文化偏好、明清士子情怀以及读者需求等因素的影响，林语堂侧重介绍中国传统文化中的诗性部分，倡导以诗性的审美情感和艺术化方式建构日常生活的人生哲学。为了增强说服力，林语堂在《京华烟云》中渲染了这种家庭日常生活的闲适之美，同时还凸显了中国传统民俗文化的独特魅力。

　　第七章梳理了林语堂在跨文化传播中，其思想变化和文化融合的过程。为了较完整、清晰地展现整个变化、融合的过程，本书选取了林语堂不同时期、不同体裁的作品进行综合分析。首先，以自传《从异教徒到基督徒》为主要分析对象，剖析了林语堂一生中两次重要的思想变化：由基督徒到异教徒（即人文主义者），再由异教徒到基督徒，以此说明林语堂宗教信仰的变化与不同文化对他的影响密切相关。同时，还分析了小说《风声鹤唳》，该小说人物塑造虽然不太成功，但在传播中国文化的佛禅精神方面还是具有其肯定价值的。其次，通过分析文化著作《吾国与吾民》、"移民文学"《唐人街》、幻想小说《奇岛》、女性成长小说《红牡丹》、自传体小说《赖柏英》等作品，探讨林语堂在跨文化传播过程中，其文化融合思想的变化历程。这个过程表现为：早期偏重于中国传统文化；中期先是向西方文化靠近；之后因对西方现实失望，在小说里构建了文化融合的理想国；随后又将视点转回到中国传统文化，但加入了更多的西方现代意识；晚期修正文化融合思想，因乡土情结而重建"高地人生观"，并侧重传播闽南文化。林语堂一如既往地、以艺术化创作的形式演绎着中国传统文化，更尝试在小说作品中以塑造的人物形象来诠释中西文化结合的可能性。

　　第八章是结语，对全书进行总结，归纳从诗性人格角度研究林语堂的跨文化传播可以取得哪些新的认识；小结林语堂在当下的价值和意义。

第二章
林语堂的诗性人格

在当今社会，提及"人格"，人们首先想到的是它的道德层面或法律层面的意义。道德上的人格，指的是个人的品德和操守，近乎于"人品"之义；法律上的人格，指的是享受法律地位的个人。然而，在本书中，这两种人格定义都不适用，因为林语堂的诗性人格更多是属于心理学、文化学层面的。为了下文更好地展开论述，有必要先对"人格"和"诗性"这两个概念进行重新界定。

第一节　对"人格"和"诗性"概念的界定

一　什么是"人格"

从词源上看，现代社会通用的"人格"这一概念是源于希腊语Persona，原来主要是指演员在舞台上戴着面具扮演角色；后来被其他学科领域借用，就有了气象万千的定义。有道德上的人格，有法律上的人格，有文学上的人格，有哲学上的人格，等等，而最多人研究的是心理学上的人格。由于心理学家各自的研究角度、研究取向不同，对人格的看法也有很大差异。但心理学人格有一个共同点，它强调个人的独特性。在人类社会群体生活中，为人处世的基本要点就是要具备个人的魅力，而个人魅力其实就是人格魅力。何为人格？人格是指个人的性格、气质、情感、能力等特征的总和，也指个人的道德品质和其作为权利、义务的主体的资格。人格魅力则指个人在性格、气质、情感、能力、道德品质等方面具有强烈的吸引人的力量。在当今社会，一个人能受到别人的欢迎、接纳，他实际上就具备了一定的人格。结合林语堂这个研究对象，他的人格，主要是指他的性格、气质、情感和能力，为人作文的态度、原则、风格和影响。如果说，大脑是人的物质层面的中枢；人格就是人的精神层面的核心。总而言之，人格是构成一个人的思想、情感及行为的特有统合模式，这个独特模式包含了一个人区别于他人的稳定而统一的心理品质、情感态度和行为价值标准。

人格是天生的，同时也是周围环境的产物，从文化学领域看，人格就是文化的积淀①。人格是个体在特定文化状态下的生存样态，是文化的产物。人格本质上属于文化人格，即个体在接受特定文化熏陶时，通过对特定文化的内化及个体社会化后形成的稳定的心理结构和行为方式。具体表现为情感、气质、性格、个性特征、价值观念、思维方式等。反过来，文化又是由人创造的。千千万万不同个体的各种创造性活动产生了形形色色的文化世界。文化是个体的生存环境，个体生活在一定的文化环境当中，接受文化的影响、塑造。

较早意识到文化与人格存在特殊关系，并着手进行研究的，是以美国文化人类学之父博厄斯（F. Boas, 1858 ~ 1942）为代表的学派。博厄斯很早就倡导对文化中的个人行为进行细致研究，他的学生萨丕尔、本尼迪克特和米德等人则最早将心理学中的精神分析理论引入人类学领域。萨丕尔等先后发表了《社会行为的无意识模式》《文化人类学和精神病学》《文化研究中人格概念的提出》等书籍和文章，并于1930年初在耶鲁大学组织了文化与人格讨论会，推进了关于文化与人格问题研究的发展。这一时期的文化与人格研究非常兴盛，形成了许多观点相异的理论和学派，其中最具代表性的观点是博厄斯学派的"文化决定人格论"，即决定人类行为习惯的不是遗传因素，而是文化因素；以及卡丁纳等学者的"文化与人格交互作用理论"，该理论认为，社会环境的基本元素，如家庭、学校、社团等，在个体的社会化过程中塑造了该文化下人们所共有的人格特征或元素，而这些共有的人格特征又形成了上层社会文化，如宗教信仰、艺术表现形式等。该理论不仅强调文化在人格形成中的作用，还极为重视人格在文化创造和变迁中的反作用②。

---

① 〔美〕V. 巴尔诺：《人格：文化的积淀》，周晓虹等译，辽宁人民出版社，1989。
② 陈红：《人格与文化》，安徽教育出版社，2009，第8 ~ 11页。

正因为有了上述关于人格和文化研究的理论依据，本书对林语堂诗性人格及其跨文化传播的研究才得以确立。林语堂的人格同样是文化的产物，他的人格最突出的表现，就是具有诗性的特征。

二　什么是"诗性"

何为诗性？对其内涵的阐释，历来有不同的表述，梳理一下，主要集中在三个方面。第一是文体学层面，"诗性，狭义地讲是指'诗歌的特性'，广义地说是指与逻辑性相对的艺术性和审美性"。[1] 可见，诗性原本是对诗歌这一文学体裁特点的归纳，其后被借用到其他文学体裁上，用于指该文体对传统诗歌意境的借鉴和营造，通常表现为文字的清新淡雅、意境的高远闲适、意象的鲜明跳跃、叙事的舒缓散漫、情感抒发的自然流畅，因而有"散文诗""诗化小说"之称，其实讲的就是散文、小说等体裁采用了诗性文体的表达。第二是美学层面，主要是指审美的精神感受。在法国让·贝西埃的《诗学史》中，"诗性"被解释为"产生美感的东西以及来自审美满足的印象"，它是"朦胧的""神秘的"，如"谜题一般"，具有"暗示性"，是"十足的个性行为，因此，它是无法描述的，无法界定的"。[2] 不管是自然风光面前，还是人为的艺术创作、制造发明中，或是最普遍的日常生活里，这种诗性审美可谓无处不在、无时不有。第三是本体论层面，诗性具有终极的哲学意义，它与文化的源头、生命的价值意义、人类的信仰与追求密切相连。意大利哲学家维柯在其著名的人类学著作《新科学》中，把早期人类的审美创造性思维形式称为"诗性智慧"。在维柯看来，这种诗性智慧是心灵和精气结合的产物，虽然早期人类思维活动中推理能力极弱，但浑身充沛着强劲的感受力和生动的想象力，在此基础上衍生的审美力、创造力、表现力就是诗性，它跟人类的生存和发展是紧密结合在一起的。

由上述对"诗性"概念的阐释可知，诗性内涵极为丰富，它涉及了文学、艺术、文化、美学、哲学、宗教等方面的内容。在中国，

---

[1]　李建中、吴中胜：《中国古代文论诗性特征研究》，武汉大学出版社，2007，第1页。

[2]　〔法〕让·贝西埃：《诗学史》（下册），史忠义译，百花文艺山版社，2002，第533页。

诗歌的历史最为悠久，而且长期以来都是现在意义上的文学的主要形式。一直以来，中国文化表现出文学与哲学相融、诗歌与思想同源的精神特征。可以说，中国文化的本体是诗，诗这一精神方式渗透、积淀在传统社会的政治、经济、科学、艺术等各个门类当中，并影响、甚至潜在地决定了它们的历史命运。中国诗学的关键词是"言志"与"缘情"，因而，具有中国文化底蕴的诗性是感性的，也是创造力、想象力和审美性的融合。由此观之，不论中西，所谓诗性，都充满了主体的情感和个体的生命力，是对真善美的永恒追求。

对于林语堂来说，前文对"诗性"概念三个层面的界定都适用于他。林语堂一生著述颇多，在散文、小说、传记、翻译、学术等方面均享有盛名，唯有诗歌没什么影响。据研究者称，林语堂其实也作诗，平生创作的诗歌有三十多首，且各体兼备。① 尽管这一数量比起林语堂其他著作的骄人成绩大为逊色，但林语堂拥有诗人的天性及气质却是不容否认的。诗性不仅是林语堂的人格特点，他的为人处世深受此影响，并在日常生活中频频体现出来；诗性也是林语堂创作时潜在的一种自然追求，体现在作品中即激活想象、张扬理想、传情生趣、创造美境。

第二节　林语堂诗性人格的特点

林语堂是一个立体、多面的人，在不同时期、不同场合，他的人格可能体现出不同的特点，有人就认为他是个圆滑而世故的聪明人。但纵观其一生，尤其是结合他跨文化传播的实践，便会发现诗性其实是他人格的主要表现。林语堂的诗性人格既是天生的，也是后天中西文化融合的成果。他的诗性人格具体表现为率性自由的性格、自然真挚的情感、温和闲适的气质、矛盾和谐的思维。

一　林语堂人格的多面性

林语堂是个怎样的人？在不同的人眼中，他们可能会偏重他人

---

① 毛翰：《晓风堂上语，残月林家诗——林语堂诗歌论略》，《安徽理工大学学报》（社会科学版）2008 年第 10 卷第 2 期，第 36～43 页。

格的某一方面。对于林语堂的家人而言，林语堂像个大小孩。林语堂的妻子廖翠凤是一个传统女性，少女时代接受的是严格的旧式教育，喜欢有秩序、有规律的生活，而且还是个虔诚的基督徒。林语堂却不喜欢受束缚，生活上也不太讲究。廖翠凤不得不像照顾孩子一样，照顾林语堂日常生活上的一切基本需要，常常提醒、敦促林语堂洗脸、刷牙、洗澡、理发、修剪鼻毛、换洗衣服和喝牛奶等琐碎的事情。"她对林氏家族的容易伤感，做梦写诗，爱讲故事的特征，觉得都是多余的。"她认为林语堂的写作是"邋遢讲"（即胡说八道）。林语堂个性不定，像一只随处飘荡的氢气球，而她就是紧紧拽住这只气球的人，"要不是我拉住他，他不知道要飘到哪里去！"[1] 在林语堂女儿们眼中，林语堂是个憨直、浑朴的人，有着平常人所有的癖好：吸烟、喝茶、散步，还有收集留声机唱片的嗜好；林语堂还似个孩子，有着和女儿们一样的爱好：玩弄蜡烛，用各种颜色填女儿们书上的插画，陪女儿们做游戏。"爸爸同我和姐姐玩，有时我们一起在地上打滚，有时他教姐姐和我骑在沙发椅背上用枕头彼此斗打，看谁先被打下来，我们玩得很起劲，哈哈大笑。他也讲故事给我们听，故事里的主角是一根香蕉和一只橘子，我听得很入迷，可惜爸爸没有将这些故事写下来。"因而，在林太乙眼中，父亲和母亲的性格截然不同，"基本上，林家的人和廖家的人个性完全相反。林家人想象力丰富，容易伤感，爱高谈阔论，天性乐观，却不怎么实际；廖家人比较稳重，务实"。[2] 想象力丰富的林语堂，对科学发明有着特别的爱好，曾经为发明打字机而耗尽家产，负债累累。

　　对于林语堂的朋友、知交来说，林语堂是个可爱又矛盾的人。例如邵洵美在《你的朋友林语堂》中描述林语堂性格倔强，太太廖翠凤希望年轻的他能重新信仰上帝，可他就是不参与祷告；翠凤因急性盲肠炎要开刀，林语堂担心不已，翠凤趁机劝他祷告上帝，但林语堂还是不答应。邵洵美评价林语堂说："看上去意志坚强，可是也情感丰富，为了交际应酬，虽似一钱如命，可是为了名士美人，却也千金如土；他有美国人的商业头脑，却偏爱提倡英国人的

①　林太乙：《林语堂传》，陕西师范大学出版社，2002，第113、114页。
②　林太乙：《林家次女》，西苑出版社，1997，第15、47页。

幽默风度。"① 对于林语堂性格、行为上的"矛盾"，徐訏也深有感触，他说林语堂所提的"文章可幽默，做事须认真"本身就反映出林的矛盾心态。在林语堂的友人眼中，林语堂虽然矛盾，却有着一颗包容之心，鲁迅对林语堂有过诛心之论，林语堂从不计较；胡适曾在济济一堂的北大同学会中，评论林语堂的某部作品完全是拾英国人的牙慧等等，但林语堂对胡适从未有过轻侮的评语。徐訏还认为林语堂的作品体现出了林语堂的个性："那里有成熟的思想家的思想，有洞悉人情世态的智慧，有他的天真与固执，坦率与诚恳，以及潜伏在他生命里的热与光，更不必说他的博学与深思，在许多课题前，他始终用他独特的风格来表达他有深厚的有根据的见解与确切与健全的主张。"② 徐訏在《追思林语堂先生》一文中所描述的那些琐碎而又多面的性格细节，或许最接近林语堂人格的全貌。另外，熟悉林语堂的章克标认为，林语堂是比较言行一致的，身处上海多年的林语堂也感染了"海风"，会逢场作戏，但骨子里还是循规蹈矩的；同时还认为林语堂虽重视金钱，但也是个助人为乐、提携后进的人。

与林语堂交往过的人中，有喜欢他的人，像马星野、羊汝德、黄肇珩、汤宜庄等，对林语堂是推崇备至。也有不认可林语堂的人，如鲁迅、曹聚仁等，他们都认为林语堂虽然提倡幽默，却"是最不懂得幽默的"，都和林语堂发生过争执。还有和林语堂同时代，却讨厌林语堂的人，例如叶灵凤，在他的《小谈林语堂》中，对林语堂的为人、为文都大肆否定，用语也颇为苛刻："认钱不认人，见访诸君莫怪。""林的英文已经不很高明，中文简直更差。"③

林语堂到底是个什么样的人？他在自传中说他自己也不知道，不过却承认自己是"一团矛盾"。作为后世的读者，剖析林语堂的人格时，我们要知人论世，也要以意逆志。对于林语堂来说，正如徐訏所评，林语堂文如其人；我们要进一步了解林语堂，除了他的

① 邵洵美：《你的朋友林语堂》，子通编《林语堂评说七十年》，中国华侨出版社，2003，第 112 页。
② 徐訏：《追思林语堂先生》，子通编《林语堂评说七十年》，中国华侨出版社，2003，第 141 页。
③ 叶灵凤：《小谈林语堂》，子通编《林语堂评说七十年》，中国华侨出版社，2003，第 107 页。

相关传记、别人的回忆录和评论文章等史料，最好的资料莫过于他创作的作品。综合上述材料可知，林语堂的人格具有多面性，虽然他不是一个简单的、一言可以道尽的人，但他的人格具有一些突出之处，这在他的作品和跨文化传播中有着鲜明的体现，那就是——诗性。本书由此切入深入分析，以期能将林语堂这一诗性人格研究透彻。

二　率性自由的性格

在现代作家中，一时率性而为的作家不少，但真正拥有率性性格的作家却不多，林语堂是难得的一个。林语堂的率性既是天生的，也是家庭环境和教育背景所致。林语堂于 1895 年出生于福建省龙溪县坂仔村一个基督教牧师的家庭，在家中排行第七（其后还有个弟弟），因排行小又聪明伶俐，从小就深得家人的爱护，尤其受父亲的偏爱，二姐对他也格外好。然而，要好的孩童也有不和的时候，一次和二姐闹意见后，林语堂生气极了，二姐在家里是负责洗衣服的，于是他便躺在泥洼里，还像猪那样滚来滚去，然后爬起来对二姐说你有脏衣服洗啦。滚泥洼一事可见儿时的林语堂确实顽皮，而且还是个任情任性的率性小孩。生长在大山环绕的乡间，民风淳朴；家里笃信基督教，父母秉持爱的教育，兄弟手足间偶有争执，但不会激烈争吵，更不会动手相向。在这样和睦的家庭环境中，林语堂的天性得以健全地自由发展。林语堂自称："在造成今日的我之各种感染力中，要以我在童年和家庭所身受者为最大。我对于人生、文学与平民的观念，皆在此时期得受最深刻的感染力。"①

林语堂不仅小时率性，长大后依然保有这种性格而不曾改变。林语堂是以第二名的成绩从中学毕业的，到了大学，还是总考第二名。不是能力不行，而是他志不在此。在大学和中学一样，林语堂觉得课程太容易，认为上课是浪费时间，还不如自己看书，自己发现问题，自己去寻找答案。林语堂极其憎恶课堂上注射、灌输式的教学，喜欢自由读书。"什么才叫做真正读书呢？这个问题很简单，

---

①　林语堂：《林语堂自传》，工爻、张振玉译，陕西师范大学出版社，2005，第 6 页。

一句话说，兴味到时，拿起书本来就读，这才叫做真正的读书，这才是不失读书之本意。"① 如此率性随心的阅读，确实拓展了林语堂的知识面，使其视界心胸更为广阔；但相对而言，这样的读书缺乏体系，对问题的认识也容易流于表面，失了深刻。林语堂的认识感性居多，理论深度和系统欠缺，这不能不说是其中一个原因。

读书时期如此，后来担任大学教授了，林语堂授课也很率性随意，极富个人特色。林语堂自己本就反感刻板、灌输式的教学，他认为高明的教员自然会吸引学生的倾听，对自己的学识和教学方法极为自信。在上海东吴大学法学院担任英文教授期间，林语堂授课就十分自由自在，"有时坐在讲桌上，有时坐在椅子上，双脚放在桌上，边讲边谈。为增进学生的理解和会话能力，他以英文讲解从报刊上摘录下来的文章，生动、有趣、实用。他从不一句一段地灌输，往往选择几个意义似同而实际不相同的英文字汇做详细比较演释。……"② 尽管林语堂上课从不点名，悉听学生自便，但他启发式的教法确实深受学生欢迎，不仅本班学生没有缺课的，而且外班学生也常来旁听，座无虚席。林语堂不举行任何形式的考试，包括期终的考试。到期末，他拿着学生花名册端坐讲台，然后依次唱名，叫到的学生一一站起来供他"相面"，他则根据学生面相一一判分。林语堂这种"相面打分"的做法比常规考试的计分更让学生心服口服。林语堂虽然没有采用传统的笔试命题考试，但每堂课都会随时点名提问，或让学生互相对话，更鼓励学生自由发问，与教师进行交流。凭借这种方式，林语堂得以较为全面地把握每个学生的学习情况，"相面打分"也就有了科学的依据。

率性的林语堂为了葆有个性自由、人格独立，有时不免固执。只要他认为对的，就一定会坚持。1926 年，在遭受北洋军阀政府通缉前，林语堂不但写批评政府的文章，还多次参加游行、与警察打斗。在一次打斗中，他的眉头受伤了，血流不停，后来留下很深的伤痕。此时林语堂的夫人正大腹便便，即将生产第二个孩子，对

---

① 林语堂：《读书的艺术》，梦琳等编《林语堂散文经典全编》（第一卷），九州出版社，2002，第 4 页。关于读书心得，林语堂还撰有多篇文章，例如《论读书》《读书与风趣》《论恶性读书》《读书与看书》《古书有毒辩》等，不一而足。

② 施建伟：《林语堂》，中国华侨出版社，1996，第 53 页。

于丈夫不顾安危的行径，做妻子的自然是大发雷霆，但不管妻子怎么劝，林语堂依然故我。"产前产后，她这像匹野马似的丈夫天天还在写文章。他不是不关心家庭，而是非常固执，不能忍受约束。"①对家人如此，与朋友相交也如此。胡适是林语堂的密友，但林语堂加入的是能够"任意而谈、无所顾忌"的"语丝派"，而不是林语堂眼中老作官样文章、以胡适为首的"现代评论派"。林语堂与鲁迅也曾是志同道合的好友，后来却因文艺主张和思想上的分歧而分道扬镳。1934 年林语堂因编辑《人间世》陷入争议圈，然而，无论是左翼的"野容"们，还是政府的走狗"微风文艺社"都不能动摇他提倡"幽默、性灵、闲适"的文艺主张。每当攻击他文艺观的文章袭来之时，他都会挺身而出，挥笔应战。

　　林语堂的率性、固执有时会引发一种痴性，这种痴性让他的一生与中文打字机结下不解之缘。如果说林语堂诗性中的审美力、表现力更多地体现在他的写作上，那想象力、创造力则更多地体现在他对中文打字机的研发上。林语堂幼时便热爱物理，爱好机械发明，立志长大做一个英文教员或是物理教员。当英文教员的志向业已实现，对物理的热情则引发了他对打字机的研究。1931 年，林语堂因公出差到瑞士，事毕转道英国，在那里住了几个月，与工程师研究制造打字机的模型。他把钱都花在这上面，但钱还是不够，只好带了一架不完整的模型回来了，到家时身上只剩三毛钱。十五年后，在美国功成名就、有了十几万财产的林语堂再次研制中文打字机。林语堂像着了魔似的，每天早上五六点就起床到书房思考、画图，不断修改；亲自跑工厂制造零件，请工程师协助解决机械方面的问题……林语堂为这台打字机耗费了无限心力，并且倾家荡产。当无力为继时，林语堂向好友赛珍珠借钱被拒绝了，林语堂也因此与赛珍珠绝交。后来，林语堂的挚友，古董商卢芹斋借给了他一大笔钱，林语堂同时又向银行贷款，这架中文打字机才得以完成，林语堂的发明终于成功了。"一点痴性，人人都有"，林语堂说："痴表示对一件事的专一，痴使人废寝忘食。人必有痴，而后有成。"②

---

①　林太乙：《林语堂传：我心中的父亲》，陕西师范大学出版社，2002，第 53 页。

②　林太乙：《林语堂传：我心中的父亲》，陕西师范大学出版社，2002，第 193 页。

林语堂之所以成为脚踏中西文化的大师，也许正是因为这种率性、固执，还有这点痴性，他的坚持使得他一直保持着思想的自由、精神的独立，他的文学观念不会轻易变更，并为此一生笔耕不辍。

三　自然真挚的情感

"究而言之，一个人一生出发时所需要的，除了健康的身体和灵敏的感觉之外，只是一个快乐的孩童时期——充满家庭的爱和美丽的自然环境便够了。"有别于当时社会很多家庭的相处方式，林语堂格外和睦平等的家庭环境为他的成长提供了一个没有专制束缚、没有压抑感的自由空间，这既保养了他率性的性格，也助长了他对自由环境的偏爱。造化钟神秀，坂仔秀丽的自然山水进一步滋养了林语堂浪漫而多情的天性，他珍视一切真挚、美好的事物和情感。古语云：智者乐水，仁者乐山。与自然的亲密接触一直被林语堂视为极为重要的生命体验。"这一点，我视为极端重要，令我建树一种立身处世的超然的观点，而不致流为政治的、文艺的、学院的，和其他种种式式的骗子。在我一生，直迄今日，我从前所常见的青山和儿时常在那里捡拾石子的河边，种种意象仍然依附在我的脑中。""如果我会爱真、爱美，那就是因为我爱那些青山的缘故了。……"① 儿时的熏陶和记忆使林语堂一生钟情于美丽的自然景观，早年在北京时，他因金钱和时间有限，无暇他顾。待后来，林语堂在上海站稳脚跟并声名鹊起时，喜欢到风景优美的地方旅行，恣意畅游于山水之间的天性就展露无遗了，哪怕迁居美国后，这一爱好也保持不变，常和家人到欧洲旅行。林语堂写了不少游记的文章②，在代表作《生活的艺术》里，还辟有专章如《享受大自然》《旅行的享受》。林语堂有很多重要的作品都是在风光秀丽的地方完成的，例如成名作《吾国与吾民》是在避暑胜地庐山脱稿的；《京华烟云》是在欧游时开始动笔，最后在美国维蒙特州一个松林夏令营的木屋里写就；还有《唐人街》《老子的智慧》《美国的智慧》，都是在法国南部美丽的坎城完成。晚年林语堂自称拥有"高地人生

---

① 林语堂：《林语堂自传》，工爻、张振玉译，陕西师范大学出版社，2005，第6~7页。
② 在梦琳等编的《林语堂散文经典全编》第四卷中就收录了不同时期的游记代表作15篇（九州出版社，2002）。

观"，这个从乡间大山里走出的孩子，只有在自然山水间，心灵才能得到真正的宁静，灵魂才能真正的自由。正因为如此重视自然，林语堂形成了顺应自然的人生观、审美观，并创办杂志积极倡导性灵文学，虽受百般争议却一直不改初衷，也是受此影响。

　　山水有灵人有情，说林语堂是个真挚多情的人，这话一点也不过分。林语堂和年长他四岁的二姐美宫感情非常好。美宫是个美丽聪明的女孩，完成中学学业后非常渴望能继续上大学，然而家境贫穷，林语堂的父亲只能供儿子读书，而让女儿去嫁人。美宫默默反抗无效后，只好听从父母安排。美宫出嫁前适逢林语堂远去上海读大学，美宫把省吃俭用积攒的四角钱交给林语堂，并叮嘱他好好读书，以后要成名。看着双目含泪的二姐，林语堂觉得她的话有千钧之重，林语堂不仅要为自己用功读书，还要替丧失了机会的二姐发奋求学。不幸的是，第二年秋天，美宫已有身孕八个月，却因感染瘟疫而母子俱亡。这一消息仿佛晴天霹雳，让林语堂悲痛不已。之后，无论在什么时候、什么年龄，一提起二姐给他的四角钱和切切叮咛，林语堂都不免泪流满面。

　　在林语堂一生中，除了二姐对他影响至深外，还有一人也让他终生难忘，他笔下的美好女性或多或少都带有她的影子，她就是陈锦端。林语堂在上海圣约翰大学读书，一天，同学带了自己的妹妹来，这位明媚活泼的美丽少女叫陈锦端，她是林语堂牵挂一生的人，林语堂对她一见钟情。"玉堂（林语堂曾用名）觉得他有生以来一直在追求着什么，原来是追求美，在他心目中，她就是美的化身。他爱她的美和她爱美的天性，爱她那自由自在，笑嘻嘻，孩子气的性格。"[①] 林语堂深爱陈锦端，在她身上，林语堂感到了天性的吸引、灵魂的共鸣；而陈锦端对热情英俊的林语堂也无法抗拒，两人沉浸在爱的海洋里。可惜好景不长，暑假回到厦门，林语堂借探访同学去找锦端，锦端的父亲陈天恩发现林语堂的秘密后，极不赞成两人的恋爱，认为两人门不当户不对，反而替林语堂做媒，撮合林语堂和邻居廖悦发的女儿廖翠凤，希望林语堂知难而退。陈天恩的做法深深刺伤了林语堂的自尊，令林语堂感到无比羞辱和痛心。林语堂失魂落魄地回到自己家，痛哭失声。这一次失恋的打击

---

① 林太乙：《林语堂传：我心中的父亲》，陕西师范大学出版社，2002，第16页。

对林语堂影响至深，虽然不能娶陈锦端，但林语堂一辈子都爱着她。林语堂年逾八十，当他无意中得知锦端就住在厦门，不顾自己已年老体衰、行动不便，还起意去探望她。林语堂的女儿林太乙说："我不免想到，在父亲心灵最深之处，没有人能碰到的地方，锦端永远占一个地位。"①

林语堂天生情感丰富，非常重情。一个性情中人在创作中总是情感外露的，林语堂的文章字里行间也充满了感性，有《语丝》时期的义愤填膺、激昂凌厉，也有《论语》时期的潇洒灵动、幽默闲适。然而，不管是《语丝》时期的激情还是《论语》时期的温情，林语堂重情的本质并没有变化，只是表达的方式有所改变而已。由于这个重情的本质，林语堂提出了"近情观"，对他的写作心理和人生态度进行了精到的归纳。

林语堂所说的"近情"是指合乎情理，合乎人情；这个"情"既是人之常情，也是人的自然天性。"近情"是林语堂倡导的一种人生态度，林语堂经常将它与西方的逻辑对举，认为它要比逻辑高明，因为它富含人生的常识和自然的人性。"人性化的思想其实就是近情的思想。""近情"的内涵很丰富，它是以中国的传统文化为底蕴的，融通了儒家的中庸哲学和道家的道法自然，"近情精神是中国所能贡献给西方的一件最好的物事"，"是中国文明的精华和她的最好的方面"。通俗地说，"近情"就是指不要扭曲自己的天真个性，这种天真个性是一个人从小在正常的生活环境中形成的，是以共同的人性为基础的；它重视人性的自由与思想的解放，强调承认和尊重每个人的个性特点；反对一切方式的狂热和武断。"近情"的影响在于"刨去我们的棱角，并使它调和起来"，"因为如此就是人类灵心的责任，人类有灵心，并不是叫它去做愚笨的逻辑的辩论，而应是在互相冲突的冲动、感觉和欲望的永远变迁的海洋中企图保持一种合于理智的平衡"。因而，林语堂认为"近情精神实是人类文化最高的、最合理的理想，而近情的人实在就是最高形式的有教养的人"②。这种独特的"近情观"正是林语堂在 20 世纪

---

① 林太乙：《林语堂传：我心中的父亲》，陕西师范大学出版社，2002，第 21 页。
② 林语堂：《近情》，《生活的艺术》，越裔译，陕西师范大学出版社，2003，第307～310 页。

30 年代转变写作风格，坚持不懈地提倡并践行"幽默、性灵、闲适"等文学主张的根本之由，它使得林语堂在中国现代知识分子中确立了自己的地位和价值。

四　温和闲适的气质

率性且有些倔强的林语堂，待人却很温和，这可能与他的基督教家庭背景有关，他从小就处在一个讲求博爱的氛围当中。据林语堂的朋友邵洵美回忆，二人交往见面时，林语堂是一副"未说先笑，真是讨人喜欢"① 的样子。另一位熟悉林语堂的友人章克标回忆林语堂："自然是和平平稳，循规蹈矩，有点洋化的道学先生样子"，而且还"脱不了有点外国绅士"的派头，"外表上仪容端正，头发整齐，一副金丝边眼镜，服装干净挺括"。② 仪表堂堂的林语堂，尽管内在情感丰富，笔下的文字多讽刺，《语丝》时期骂了不少人，但生活中却是与人为善，很好相处的。他在文字上与胡适的"现代评论派"意见相左，私底下与胡适却是好朋友。林语堂跟鲁迅也曾是志同道合的好友，后来因为观念分歧而分道扬镳，虽然鲁迅多次化名写文章指名道姓批评林语堂，但林语堂不曾回骂鲁迅。在鲁迅去世后，林语堂写了篇悼念鲁迅的文字《悼鲁迅》，他说："鲁迅与我相得者二次，疏离者二次，其即其离，皆出自然，非吾于鲁迅有轻轩于其间也。吾始终敬鲁迅；鲁迅顾我，我喜其相知，鲁迅弃我，我亦无悔。大凡以所见相左相同，而为离合之迹，绝无私人意气存焉。"③ 后来，林语堂在国外做《五四以来的中国文学》的演讲时，说"鲁迅在打倒旧中国方面是主将"，而且是"最好的"小说家之一，高度评价了鲁迅在中国现代文学史的地位和价值。

林语堂和郁达夫也是好朋友，林语堂的英文小说《京华烟云》出版后，他很希望郁达夫担任翻译，还从美国寄来五百美元。可惜

---

① 邵洵美：《你的朋友林语堂》，子通编《林语堂评说七十年》，中国华侨出版社，2002，第 110 页。

② 章克标：《林语堂在上海》，子通编《林语堂评说七十年》，中国华侨出版社，2002，第 123 页。

③ 林语堂：《悼鲁迅》，梦琳等编《林语堂散文经典全编》（第三卷），九州出版社，2002，第 503 页。

的是，郁达夫虽然收了翻译费，但始终未曾静下心来动手翻译，最后殒命异国他乡。林语堂多次提及该书给郁达夫翻译，但从未提到他先有一笔钱预支给了郁达夫，可见林语堂的温和敦厚。

在《开明英文读本》系列教材热卖后，林语堂获得了丰厚的版税；另外写作、授课也颇有所得，林语堂对生活质量要求更高了，不仅搬入了花园洋房，出入有小汽车，家里还雇了厨子、书僮、帮佣，生活得非常舒适惬意。在这样的生活环境中，林语堂很自然地演绎了一番传统才子的名士风流。"他为了醉心李香君，有一次竟然瞒了他太太，花几十块钱，买了张破旧的仕女画；又有一次，为了个舞女眉清目秀，举止有明妓风度，就又在他太太面前撒了谎，每礼拜五晚上，去做一次'名士风流'。"① 这些举动当然是偶而为之，并非耽溺其中，从中获得的经验，倒是对他后来写小说大有用处。这样的生活体验，似乎更拉近了林语堂和明末清初那些才子们的心理距离，同样是在动荡的社会中，以这种放浪形骸的方式释放了被现实束缚的天性，感受到了一定程度的自由和浪漫。于是，林语堂从那些才子的作品中获得了更多的感悟和共鸣，也更为热衷地推荐"公安三袁"、金圣叹、李渔、张潮、袁枚、沈复等文人才子的文章，在文学上极力鼓吹幽默，提倡闲适，讲求性灵，写语录体。

理想和现实总是有着巨大差距的。当林语堂在他幽默闲适的文章里大谈不拘形骸、潇洒放浪的人生态度时，他的生活其实是非常有规律且井井有条的。林语堂的好友兼《论语》《人间世》的执行编辑徐訏说："在宴会的时间，他很高兴接待朋友，大家聚在一起闲谈一阵，平常他是绝不喜同朋友随便来往聊天。"林语堂虽在其文里写到"点卯下班之余，饭后无聊之际，揖让既毕，长夜漫漫，何以遣此。忽逢旧友不约而来，排闼而入，不衫不履，亦不揖让，亦不寒暄，由是饭茶叙旧，随兴所以，所谓或晤言一室之内，或因寄托，放浪形骸之外，虽言无法度，谈无题目，所言必自己的话，所发必自己衷情。夜半各回家去，明晨齿颊犹香"。"但在他实际生活上可说是绝无仅有之事。"这一点，胡适跟林语堂很不一样，胡

---

① 邵洵美：《你的朋友林语堂》，子通编《林语堂评说七十年》，中国华侨出版社，2002，第112页。

适家里常有不速之客，胡适每每应酬完这些客人才能做自己的事情，搞得自己常常熬夜工作。而林语堂则不喜贸然来访的客人，认为这是对主人的打扰。正如林语堂在介绍他写作《生活的艺术》情形所说，他几点起床、几点开始写作、写多久、下午干些什么事情、晚上干什么、几点睡，凡此种种都有明确的时间安排，并不能随心所欲。在现代社会，生活节奏紧张，生存压力巨大，除非事先约好，谁也没有那么多的余暇去接待客人。"语堂先生的生活全部是欧化的，自然不会有这种东方过去的情趣，而他文章上偏偏要歌颂这种趣味，也许只是一种补偿式的满足而已。"①

　　林语堂的这种矛盾正说明了他的精神是倾向于传统放浪恣肆的人生态度的，只是现代生活限制了他的自由天性，文章里的理想生活泄露了他内心的真实向往，显示了他诗性人格闲适、放纵的一面。林语堂常说他的写作是在吃苦，平常多选择在周末与家人一起看电影来放松自己；当一部作品完工时，他必然会选择旅行来进行深度放松和自我调适。林语堂举家搬迁到美国专事写作后，现代生活的紧张感更为强烈，他也更感到了闲适生活的重要性。在《生活的艺术》里，林语堂不断地强调中国传统生活的魅力和其闲适的审美性，这不仅是对紧张的美国人开出的医治良方，对他自己来说，未尝不是一种提醒、一种追求。在美国除了写作之外，杂事较国内少得多，林语堂也越来越有机会去过自己在文章里倡导的那种性灵舒张、自由闲适的生活。在熙熙攘攘的纽约，林语堂想起渔樵之乐，曾于夜半悄悄地前往长岛羊头坞垂钓。在湖光山色的静逸自然之中，涤尽了胸中烦琐，"追究人生意味，恍然人世之熙熙，是是非非，舍本逐末，轻重颠倒，未尝可了，未尝不欲了，而终不可了。在此刹那，野鸟乱啼，古木垂荫，此'触袖野花多自舞'之时也。顽石嶙峋，鱼虾扑跳，各自有其生命，而各自有其境界；思我自白驹过隙，而彼树也石也，万古常存，此'野花遮眼泪沾襟'之时也"。② 此时的林语堂，虽于垂钓的日常闲适之中，诗人的感性与悟性却是一览无余。

---

①　徐訏：《追思林语堂先生》，子通编《林语堂评说七十年》，中国华侨出版社，2003，第137页。

②　林语堂：《记纽约钓鱼》，梦琳等编《林语堂散文经典全编》（第四卷），九州出版社，2002，第432页。

随着年岁渐长，林语堂诗性人格里那种温和闲适的气质也愈加浓厚。寄居海外 30 年后，林语堂和老伴终于回到台湾，在阳明山麓的一座雅致的白屋中安居下来了，潜藏在心底归隐林泉、休闲度日的夙愿得以实现，林语堂书写了一生的理想生活状态终于与现实的生活结合到了一起。

五　矛盾和谐的思维

林语堂曾在其自传中提到，当几个朋友询问"林语堂是谁"这样形而上的哲学问题时，他回答："我只是一团矛盾而已，但是我以自我矛盾为乐。"① 可见，矛盾不仅存在于前文所论述的林语堂理想生活的悠然闲适与现实生活的井然有序之间，更是其思维方式的特点。

宇宙万物千差万别，不可能做非此即彼、完全统一的划分，林语堂的诗性人格倡导与自然和谐共处，承认世间万物存在差别是必然的前提。而差别又会导致对立，因此，具备妥善处理对立关系的矛盾思维就必不可少。"矛盾思维是关于主体如何才能把握客体本质的思维方式"②，具体而言，它以从客观对立中把握统一为运思途径，以把对立概念结合在一起为思维成果。林语堂说他喜爱矛盾，"喜欢看到交通安全宣传车出了车祸撞伤人"，"他把自己描写成为一个异教徒，其实他在内心却是个基督徒"③。在这种态度、观念等的对立与碰撞下，思想火花容易萌生，各种灵感便在矛盾思维的基础上层出不穷。于是，思维主体便能借助想象的翅膀自由驰骋，神思飞扬，跨越既有思想的束缚，进入更为广阔的思维时空，获得更多创造性的思想成果。

林语堂的矛盾思维对其自身有三大影响。首先，矛盾思维使得林语堂一直保持着思维高度的活跃性及敏感性，奇思妙想不断，创作时能够文思泉涌。不论是在国内还是在国外创作，林语堂的作品量都颇为丰富。其次，矛盾思维令林语堂更加重视个体的自由和尊

---

① 林语堂：《林语堂自传》，工爻、张振玉译，陕西师范大学出版社，2005，第 53 页。
② 王干才：《矛盾思维概论》，陕西人民教育出版社，1989，第 95 页。
③ 林语堂：《林语堂自传》，工爻、张振玉译，陕西师范大学出版社，2005，第 53 页。

严，既保持自己思想的独立，又尊重别人的选择。例如林语堂是"语丝派"、胡适是"现代评论派"，但这不妨碍他们的私交甚好。又如林语堂自己创办的刊物也刊出鲁迅批评林语堂幽默主张的文章；两人面对面，鲁迅给林语堂泼冷水、碰钉子，林语堂都不介意，照样跟鲁迅说说笑笑。最后，矛盾思维在林语堂对外传播中国传统文化时，能够正视不同文化的优劣得失，以客观公正的态度传播不同文化，这一点尤为重要。

相对而言，西方更侧重于矛盾思维，由西方思想史得知，从赫拉克利特到黑格尔，到马克思、恩格斯，到西方现代大多数哲学家、科学家，他们都认为矛盾思维在辩证思维中最为重要。例如爱因斯坦的广义相对论，本质上就是矛盾思维的创造性成果。可见，林语堂的矛盾思维明显是其接受西式教育的结果。然而，林语堂同时还继承了中国传统文化的精华，那就是和谐思维。所谓的和谐思维，"是指从和谐的视域出发，以和谐为基本原则和价值取向，揭示和谐性、平衡性、协调性、有序性、互补性在事物发展中的作用，并以追求事物和谐发展为目的的一种思维方式"①。经过上下五千年文化的积淀和发展，中国的和谐思维已形成了一系列特定的概念和思想，如道、天道、人道、天人合一、阴阳、和同、有无、动静、中庸等，代表思想体系为儒家和道家思想。从这个角度看，林语堂的"近情观"其实就是承袭了中国的和谐思维。

作为矛盾思维的有力补充，林语堂的和谐思维继承了中华文化中"天地人和""和实生物，同则不继""和而不同""厚德载物""有容乃大"等观念，在"执两用中"中坚持适度的原则，在为人处世、文学创作、文化传播中皆求同存异，在差异中把握和谐，充分体现出中国和谐思维所独有的高度智慧和辩证特色。总的看来，林语堂的矛盾和谐思维在其跨文化传播中起到了重要作用。当林语堂在国外进行跨文化传播时，他超越简单的不同文化间取长补短的整合工作，以其诗性人格的喜好为标准，对不同文化进行选择、吸收、融会贯通。而这些不同文化以一定的方式结合起来后，就会产生新的面貌，体现新的性质，发挥新的影响力。这个过程可称为文

---

① 左亚文：《论和谐思维、矛盾思维与辩证思维的关系》，《哲学研究》2009 年第
5 期，第 36 ~ 42 页。

化融合过程，在林语堂一系列作品的创作中得到了较好的尝试和体现。林语堂秉持着"以长补长"的原则，即融合不同文化的优长处来面对、处理东西方文化，其不同时期的作品会流露出他不同阶段的思想痕迹。这正是林语堂"一团矛盾"的体现，也是林语堂文化传播别具魅力的所在。

第三节　林语堂诗性人格的文化源泉

毋庸置疑的，林语堂有着诗人的气质、诗性的人格，研究他这种气质、人格的文化底蕴是一件非常有意义的事，这不仅关乎林语堂的人格魅力，更关乎他的创作；我们可以借此探究他的创作何以在国内、尤其是在国外，有这么巨大的影响力。"两脚踏东西文化，一心评宇宙文章"，伴随着这么一句充满豪情而又潇洒万分的自我评价，研究者很自然地将林语堂的文化背景界定在东西方两个构成成分上，鉴于林语堂主要是向外传播中国传统文化，多数研究者很自然地把力气花在验证中国传统文化对他的影响上。事实上，林语堂在盛年写就的自传中曾有过一个贴切的自我思想文化评价："自我反观，我相信我的头脑是西洋的产品，而我的心却是中国的。"[①]可见，林语堂自己十分清楚，他的文化源泉主要是西方的，至少在他四十岁以前，可以作此定论。

一　西方思想的影响

林语堂出生于基督教牧师的家庭，一家人都信仰基督教；他的小学、中学、大学都在教会学校就读。由他的家庭生活环境和求学经历可知，他一直浸润在西方基督教和英语文化氛围中，对于西方文化可谓耳熟能详，"我在二十岁之前我知道古犹太国约书亚将军吹倒耶利哥城的故事，可是直至三十余岁才知孟姜女哭夫以致泪冲长城的传说"。[②] 不仅如此，在中西文化孰优孰劣，文化选择的态度上，林语堂一开始是立场鲜明地倾向于西方。

---

①　林语堂：《林语堂自传》，工爻、张振玉译，陕西师范大学出版社，2005，第29页。

②　林语堂：《林语堂自传》，工爻、张振玉译，陕西师范大学出版社，2005，第18页。

今日中国政象之混乱，全在我老大帝国国民癖气太重所致，若惰性，若奴气，若敷衍，若安命，若中庸，若识时务，若无理想，若无热狂，皆是老大帝国国民癖气，而弟之所以谓今日中国人为败类也。欲一拔此颓丧不振之气，欲对此下一对症之针砭，则弟以为惟有爽爽快快讲欧化之一法而已。固然以精神复兴解做"复兴古人之精神"，亦是一法。然弟有两个反对理由。第一，此种扭扭捏捏三心两意的办法，终觉得必无成效。且若我们愿意退让以求博一般社会之欢心，则退让将无已时，而中国之病本非退让所能根治也。治此中庸之病，惟有用不中庸之方法而后可耳。第二，"古人之精神"，未知为何物，在弟尚是茫茫渺渺，到底有无复兴之价值，尚在不可知之数。就使有之，也极难捉摸，不如讲西欧精神之明白易见也。[1]

一个中国人，头脑却完全西方化了，这时的林语堂不过是黄皮肤的西方人而已，若在早些年的中国，肯定会被视为异端，不过那时已狂飙突进的时代风云却给了他另一个发展的空间。自 19 世纪末以来，西风东渐，东西文化碰撞一直是中国思想文化界论争的焦点。在"五四"前后的欧化与国粹的论争中，林语堂站在了潮流的前端，旗帜鲜明地主张用西方思想来改造中国国民性；对"古人之精神"尚不知为何物。

总体观之，在林语堂写作《吾国与吾民》之前，他的思想主要是源于西方基督教和各种人文主义学说的影响。尽管在编辑《论语》《人间世》《宇宙风》等杂志过程中，林语堂表现出对晚明和清初文学的极大兴趣，但仍然可见其主要目的还是为他认同的克罗齐"表现说"在中国传统文化之中寻找可能的结合点。基于林语堂在上海圣约翰大学就读时就对基督教的教条学说产生质疑，并在清华大学任教时最终下决心背离基督教而全身心投入人文主义的信仰中；因而，分析林语堂前期的思想，关注焦点应该放在西方的人文主义学说上。

（一）人文主义思想的影响

人文主义开创了我们当今所熟悉的西方文明。尽管对这个词的

---

[1] 林语堂：《给玄同先生的信（1925 年）》，梦琳等编《林语堂散文经典全编》（第三卷），九州出版社，2002，第 112 页。

概念尚未有统一的界定，但对于人文主义的精神内涵及它的成就却是人所共知的。人文主义主张以人为本，维护人性尊严，宣扬个性解放，追求现实人生的幸福；它追求自由平等，崇尚理性，反对蒙昧。自文艺复兴以来，它的成就包括个体的解放、民主、普世人权，以及广泛的繁荣和舒适。它的使者是现代文化的一些杰出人物：伊拉斯谟、霍尔拜因、莎士比亚、贝拉斯克斯、笛卡尔、康德、弗洛伊德……有些人，比如路德、加尔文、普桑、克尔凯郭尔，欲将人文主义的精华置入一个更高的真理框架，却难以阻挡其汹涌澎湃的进程。另有一些人，如马克思、达尔文、尼采，寻求改变人文主义的信条，亦备受他们自己的预言是否成功的检验。

林语堂对于人文主义的亲近，有迹可循的是其就读圣约翰大学之时，"这时我学习当牧师，这是我自己的选择。我在圣约翰大学神学院注册，这是第一次被暴风袭击。训诂学对别人比对我合适，因为我要追寻伟大的思想及理想。不久，我成为福禄特尔（现在译为伏尔泰）的崇拜者，虽然在离开圣约翰大学以前，并没有对福禄特尔做直接的探讨"。[①] 伏尔泰学识渊博，身兼百家：诗人、剧作家、散文家、小说家、历史学家和哲学家，身为 18 世纪法国资产阶级启蒙运动的旗手，他是自由思想和自由主义的倡导者，常常抨击天主教教会的教条。虽然林语堂不曾专研伏尔泰，但肯定阅读过伏尔泰的作品，并由此受到其思想的影响。尤其是对教会教条的批判上，林语堂肯定与伏尔泰有着强烈的共鸣。林语堂放弃当牧师，离开神学院，大学毕业后还抛弃基督教信仰，转投人文主义怀抱，伏尔泰起到了一定的潜移默化的影响。

在关于人文主义的不同阐释中，林语堂并未使自己局限于哪家哪派的学说，他认可的是人文主义的精神实质和人文领域内实际取得的各种成绩。尤其是对比中国，西方世界呈现出的个体自由、政治民主、科技进步、物质极大丰富等，这些伟大成就都令国内的有识之士瞩目并心向往之。林语堂的家庭和成长环境，使他更容易地频繁接触西方的人文主义成果，在林语堂看来：人文主义文化的主要特征在于它的世俗性，换言之，它不是宗教的。它将人类个体推

---

① 林语堂：《从异教徒到基督徒》，谢绮霞译，陕西师范大学出版社，2004，第 10 页。

向宇宙的中心，替代了所有的超自然力、圣灵以及神。它赋予每个人两种最重要的力量：自由意志和理性，自由意志葆有自身为"人"的尊严，而理性则规范自身不因滥用自己的自由意志而妨害到他人的尊严和自由意志。善用人文主义这两种力量，人类彼此间皆能互尊互爱，每个个体都能自由健康地发展。在这种认识的影响下，刘大钧的话："我们还可以做好人，做善人呀，只因我们是人的缘故。做好人正是人所当做的哩。"令处在信仰困境中的林语堂豁然开朗，"以人性（人道）之尊严为号召，这一来有如异军突起，攻吾不备，遂被克服。而我一向没有想到这一点，真是愚不可及了"。① 于是，林语堂在北京清华学校任教时最终放弃了基督教的信仰，而改投人文主义的怀抱。

四年的留学生涯中，林语堂辗转于美国、法国、德国，这些国家或者拥有较为完善的政治民主制度，社会稳定而欣欣向荣；或者拥有大批前后相继的伟大思想家、艺术家，人文主义文化成果十分丰硕。林语堂自身的人文主义思想开始成型。不同于其他立志于改革或是采取暴力革命向西方政治看齐的举措，林语堂更偏重于人文主义在解放个体上的理念——人文主义以人，尤其是个人的自由、兴趣、尊严、价值观等作为一切的出发点——和在文化上取得的骄人成就。

林语堂在留学归国后积极参与了已渐近尾声的文学革命，他说："三十年前中国人始承认有科学输入之必要，二十年前始承认政治政体有欧化之必要，十年前始承认文学思想有欧化之必要。"在此基础上，林语堂进一步提出了"精神之欧化"，认为这是最难办到的，但这又正是其他各种变革的基础和关键。"弟尝思精神复兴条件适足以针砭吾民族昏聩、卑怯、颓丧、傲惰之痼疽者六。"他开出的药方是"非中庸、非乐天知命、不让主义、不悲观、不怕洋习气、必谈政治"② 等六点。"非中庸""非乐天知命"与儒家学说中的"中庸"和"乐天知命"含义并不完全等同，林语堂反对的是"永不生气"和"让你吃主义"，即打着中庸和乐天知命的旗号，而自我束缚、事事忍让、毫无进取之心。从人文主义的角度

---

① 林语堂：《林语堂自传》，工爻、张振玉译，陕西师范大学出版社，2005，第33~34页。
② 林语堂：《给玄同先生的信》，梦琳等编《林语堂散文经典全编》（第三卷），九州出版社，2002，第113页。

看，中国人没有个体意识，中庸之说已走向了极端，已失却了其本身原有的积极意义，变成了束缚个体天性和思想自由的枷锁。"非中庸""非乐天知命"和"不让主义""不悲观"一样，都是让个体去"争"，在自由竞争中解放自我，保有一己的尊严和操守，实现自我的理想和价值。"不怕洋习气"是提倡西式的生活习惯；"必谈政治"是现代社会中，身为普通公民所享有的权利和应尽的义务。"凡健全的国民不可不谈政治，凡健全的国民都有谈政治的天职。"① 林语堂认为"勿谈政治"是中国国民普遍惰性的表现，是从听天由命的中庸之学变异而来，是个体丧失自我意识和尊严后遇事采取的畏葸、消极、苟且偷安的态度。由此观之，西方的人文主义若能在中国推而广之，应当是行之有效的；尤其在改造中国国民劣根性、复兴民族精神上，必定能取得显著成绩。对于这一点，林语堂深信不疑。在《祝土匪》《讨狗檄文》《打狗释疑》《文妓说》等一系列散文作品中，林语堂对于能秉持自由意志，不要虚假的"面子"，坚持真理、积极进取的"土匪""傻子"是高度赞扬的；而对没有操守、骑墙不定的帮闲文人则大肆批评。人文主义思想对于初登文坛的林语堂来说，不仅是他的信仰，也是他针砭时弊、积极参与社会活动的动力来源，造就了他早期激昂凌厉的文风。

（二）个人主义思想的影响

随着社会形势的日益严峻，几经挫折的林语堂渐渐退出了"必谈政治"的社会活动，他的人文主义思想快速地向个体一端发展，演变为个人主义。

长期以来，"个人主义"在中国的名声很不好，鲁迅曾在《文化偏至论》里写道："个人一语，入中国未三四年，号称识时之士，多引以为大诟，苟被其溢，与民贼同。"它常被人与利己主义相混淆，但事实上个人主义与利己主义是根本不同的，英国历史学家阿伦·布洛克在其作《西方人文主义传统》中称，个人主义在西方最初是作为人文主义的一个组成部分和基本前提而产生的。它的历史也可谓源远流长，当人类主体意识出现后，个体从沉浸于简单的生

---

① 林语堂：《"读书救国"谬论一束（1925 年）》，梦琳等编《林语堂散文经典全编》（第三卷），九州出版社，2002，第 62 页。

理体验转移到反思自身复杂的主体思维，随着个体叙述能力、思考能力的增长，个人主义自然就诞生了。一直以来，关于个人主义的讨论，著述颇多；而其本身也一直有着复杂的含义和不同的表现形态。《简明不列颠百科全书》是这样定义个人主义的："一种政治和社会哲学，高度重视个人自由，广泛强调自我支配、自我控制、不受外来约束的个人或自我。这种政治和社会哲学，包含着一种价值体系，一种人性理论，一种对于某些政治、经济、社会和宗教行为的总的态度、倾向和信念。"① 由此可见，个人主义可粗浅地归纳为表现在哲学上的人本主义、社会上的自由主义、政治上的民主主义以及文化上的要求个性独立的自我意识等层面的内容。具体而言，首先，个人主义主张个人拥有至高无上的价值，一切个体在精神上都是平等的。其次，个人主义重视个人自由高于一切，要把人的价值置于社会之上，社会为人的自由服务，社会为人的自由确立必要的法则。再次，个人主义主张赋予一个正常成年人最大限度的自由和责任，允许他选择自己的目标以及实现该目标的手段，最好地服务于他的个人利益。最后，个人主义认为个体不仅享有行为上的自由，还享有思想上的自由，反对施加于个人的各种外来干预和外来控制，不论它们来自社会、国家，还是其他任何机构或团体。

《简明不列颠百科全书》是从政治社会层面阐释个人主义，捷克的沙拉汗教授则是从个体精神层面剖析个人主义。他把复杂个人主义分为三大类型：占有性个人主义、主观个人主义和浪漫主义的个人主义。② 浪漫主义的个人主义更加强调自我发展，强调自我在情感和精神方面的正当位置，强调个体私人情感的重要性。以此观照林语堂，他的个人主义气质更像浪漫主义，更多倾向于独立和自主的态度，以自我为中心的情感和行为。

纵观西方文明史，人文主义之所以能在西方取得伟大的成果，一方面有赖于代代相承的无数知识分子前赴后继的努力，更重要的，人文主义是伴随着西方民主政治体制的逐渐完备而共同发展的，是长期成果的累积和完善。换言之，人文主义要在健全的民主

① 引自《简明大不列颠百科全书》（第三卷），中国大百科全书出版社，1985，第406页。
② 〔捷克〕丹尼尔·沙拉汉：《个人主义的谱系》，储智勇译，吉林出版集团有限责任公司，2009，第104页。

体制、稳定的社会环境下才能发挥其巨大的功效；个体追求的自由平等、理性尊严，要在崇尚共享人权的共同体的民主氛围下才能实现。如若不然，个体和共同体之间必然会产生不可调和的激烈矛盾和冲突，人文主义便会朝个人主义转向。

相形之下，当时中国的社会、政治环境虽有赖于秉持人文主义的知识分子帮助其改头换面、更新血液，但从内到外的彻底革新并不能一蹴而就。"土气"就是林语堂所看到的和必须直面的中国现实。"我觉得凡留美留欧新回国的人，特别那些有高尚的理想者，不可不到哈德门外走一走，领略领略此土气之意味及其势力之雄大，使他对于他在外国时想到的一切理想计划稍有戒心，不要把在中国做事看得太容易。"①

认清国情的林语堂知道在中国做事情不容易，因而他一面抱有无限激情为彻底改变现实而奋笔直书、四处奔走；一面又留有余地，在内心深处不断警醒着自己。在条件许可时，林语堂不仅用自己的言论影响社会，还大胆走出书斋，走向街头参加反帝爱国运动，积极承担公共知识分子应负的社会责任。当条件不许可时，林语堂避走厦门，因受军阀政府通缉而踏上流亡之途。在厦门，林语堂把激情转而投入筹办厦门大学的国学研究院中，走教育兴国之路。办学受挫后，林语堂又流亡到武汉，在对国民革命抱有热切期待的鼓舞下，他进入武汉国民政府外交部做事。然而，这个政府不是林语堂认知中那种西式的民主健全、积极向上的政府，目睹屠杀和不尽的权谋与勾心斗角，"做了六个月之后，我对那些革命家也感到腻烦"。② 这样的共同体不是自由个体的效命之所，于是，林语堂离开武汉到了当时中国新闻出版业最发达的上海，做自由职业者，以写作为生。

几番尝试的失败让林语堂认识到尽管自己已提前给自己打好了预防针，但还是把在中国做事看得太容易了，以往的主张就目前的中国来说仍是激进而不切实际之举。在这样的大环境下，人文主义知识分子可做的只有坚持自己的独立意志与自由思想，在"穷时独

---

① 林语堂：《论土气（1928）》，梦琳等编《林语堂散文经典全编》（第一卷），九州出版社，2002，第543页。

② 林语堂：《林语堂自传》，工爻、张振玉译，陕西师范大学出版社，2005，第120页。

善其身"，抵抗来自共同体的压迫。在这样的心境中，林语堂的人文主义朝个人主义发展，因留学时在美国、德国待的时间较长，他的个人主义思想具有美国、德国人的特色。"在美国，个人主义最初是唱着对资本主义和自由主义民主的颂歌而出现的。它成了一种具有巨大意识形态意义的象征性口号，表达了包含在天赋权利学说、自由企业的信念和美国之梦中的不同时代的所有理想。它确实表达了19世纪和20世纪早期在美国广泛流行和有着深刻影响的社会理想。"对于个人主义，"德国人的理解则是积极的，意味着个人的自我完成和（最早的浪漫主义者除外）个人与社会的有机统一"。"托马斯·曼认为，德国的个人主义就在于'包括了个人的自由'。'对鼓吹个人主义的启蒙运动加以否定，并不等于必须使个人淹没在社会和国家之中'。"① 对现实有了清醒认识的林语堂，没有鲁迅那样决绝反抗而不得的痛苦；也没有胡适那种介于政治与学术之间的徘徊；更不会像周作人那样消极避世，甚至附逆投敌；他远离了政治，远离了各种他认为不自由的共同体，但始终没有放弃"批评"的立场，这是他身为知识分子的底线，也是他个人主义思想的体现。

　　林语堂的个人主义思想首先表现为远离政治，投身市场。林语堂当初选择上海，是打算以写作为生。那时的稿酬大概是千字3元，维持一个五口之家的基本生活费至少要每月30元，也就是说林语堂每月至少要发表一万字的作品，期间不能有任何停歇。可见单靠稿酬生活是一件极其辛苦的差事，更何况当时的林语堂虽小有名气，但远不如鲁迅、周作人等，尚未到写的文章总有地方发表，总有人喜欢看的程度。也许是得益于留学时曾勤工俭学挣生活费的艰苦经历，林语堂主动参与市场活动，积极适应市场运作。他的优势是英语，常常一稿两投，分别在中文和英文报刊发表，多赚点稿费；另外还编写英文教材，供初中学生使用，有读本、文法、文学作品选三个系列。前两个系列于1929年出版，由于教材本身质量上佳，很快就占领了市场。拿10%版税的林语堂因为教材热销而被称为"版税大王"，不仅彻底解决了生计问题，还过上令人羡慕的

---

① 〔英〕史蒂文·卢克斯：《个人主义》，阎克文译，江苏人民出版社，2001，第19~24页。

富裕安逸生活。林语堂搬入了上海忆定盘路的花园洋房，家居宽敞，除了家人居住外，还雇用三五个佣人；洋房有一个面积颇广的花园，不计其他果树，光白杨树就有 40 多棵，园中还配置了孩子的秋千和滑梯。这样的生活条件，可以想见它的开销巨大，在靠写作为生的 20 世纪 30 年代的中国作家里，林语堂的富足生活显然位居前列。

　　林语堂的个人主义思想最明显的表现是他由社会批评转为文化批评，同时还创办刊物，发表自己的文学主张。1928 年，林语堂把自己回国后在北京所写的那些措辞激烈的文章编辑成文集《剪拂集》，在序言中说："这书中的种种论调，只是一些不合时宜的隔日黄花，读者也尽可以隔日黄花视之，……激烈理论是不便于任何政府的，在段祺瑞的'革命政府'提倡激烈理论是好的，但是在这革命已经成功的时代，热心于革命事业的元老已不乏人，若再提倡激烈理论，岂不是又与另一个'革命政府'以不便？这是革命前后时代理论上应有的不同。"① 这虽然是反话，是嘲讽，也是精明的选择，但林语堂并未就此放弃知识分子的批评立场，只不过他转移了批评对象，将笔端指向中国传统文化。在文化批判中，林语堂找到巧妙的切入点，将现实问题融入其中，承继了之前追求的独立自主精神，例如 1928 年发表的《萨天师语录》系列和独幕剧《子见南子》。尤其是《子见南子》，林语堂去掉孔子圣人的光环，把他当成一个普通人来刻画，不仅有七情六欲，还会因为诱惑而内心纠结、冲突不已。该剧本发表后引起了强烈反响，各地青年学生纷纷排演，为此还引发了孔子家乡一场政治风波。林语堂对此事也大有感慨，② 但并未转变他把孔子视为富有幽默感、具有真性情的普通人的态度，也未改变以西方的人文主义或个人主义审视、批评中国传统文化的视角，这都直接影响到他日后对中国先哲及经典的对外译介。

　　如果说林语堂编教材是从经济收入角度考虑的，那么，在他创办的《论语》《人间世》《宇宙风》刊物中就可清晰看到他始终坚持的个人文学主张。早在 1924 年，林语堂就开始提倡幽默，因为

①　林语堂：《〈剪拂集〉序》，梦琳等编《林语堂散文经典全编》（第四卷），九州出版社，2002，第 454 页。

②　相关情况参见《林语堂名著全集》第十三卷，东北师范大学出版社，1994，第 301～312 页。

对北洋军阀政府的社会批评越来越激烈，幽默主张才被搁置一边。到了 20 世纪 30 年代，各种力量共同反对军阀政府的时代已经结束，党派之间的争执日益突出，林语堂不愿介入这种党派之争，采取了不左不右的立场，重新提倡幽默。在林语堂看来，幽默不仅是一种文学类型或文学风格，而且他把幽默看作一种人生哲学，可用它涤荡人生中的虚假伪饰，还原自然本性。"如果中国人明白幽默之意义及其在吾人生活上之重要，国中的景象就不会如目前这样了——言论不会这样的空疏，滑稽不会这样的荒唐，诗语不会这样的悲郁，文章不会这样的呻吟，士气不会这样的懦弱，道德不会这样的虚伪，风俗不会这样的浇漓，生活不会这样的干燥。"① 个人主义者林语堂大力倡导幽默其实就是变相地普及着人文主义思想。

（三）基督教的影响

虽然林语堂在早年就背离了基督教，但长期的家庭和教会教育的影响必然在他思想上留下深刻的印迹，若不然，林语堂晚年也不会重新皈依基督教。而且，基督教与人文主义、个人主义看似对立，但事实上，它们彼此之间存在着千丝万缕的联系，林语堂独特人格的形成也有基督教潜在性的影响。

林语堂中年写就的《林语堂自传》中，第二章《乡村的基督教》和第五章《宗教》清楚地记录了他童年时代和成人阶段与宗教的关系及其所受到的影响；晚年完成的《从异教徒到基督徒》，则披露了他思想信仰几度变迁的轨迹。林语堂的祖母是第一代基督徒，他的父亲是第二代基督徒，同时还是基督教的长老会牧师，常年在乡间传道，深受漳州老家基督徒们的爱戴。他们全家每天晚上都要集会做家庭祷告，大家轮流读《圣经》，可见林语堂出身、成长于一个基督教氛围极为浓厚的家庭。林语堂进入圣约翰大学后，一开始是在神学院学习，并准备将来当一个牧师；但越来越独立思考的林语堂对教会迂腐荒谬的教条也越来越不满，不久，他便离开了神学院，成了一个异教徒。尽管当时已失去对信仰的确信，可林语堂仍固执地抓住对上帝父性的信仰；直到后来才切断和基督教会的联系，完全投身于人文主义，但基督教博爱等观念已深植于林语

---

① 林语堂：《〈笨拙〉记者受封》，梦琳等编《林语堂散文经典全编》（第一卷），九州出版社，2002，第 267 页。

堂的大脑中。晚年林语堂又从人文主义回到基督教的信仰，可以想见，潜藏于他内心骨血之中的家庭影响因子是一辈子也难以消除的，一旦环境或条件允许，它们便会自然而然地故态复萌。学者徐志啸因此把林语堂一生与基督教的关系归纳为三个阶段：濡染—背离—重归。① 其实，不管林语堂与基督教的关系如何，信仰如何在基督教、人文主义之间游走变化，它们总有一些内在共同的东西在林语堂的人格、思想上留下了深深的痕迹，并不时从其言行、文章中表露出来。

阿伦·布洛克在归纳西方的思想模式时说："一般说来，西方思想分三种不同模式看待人和宇宙。第一种模式是超越自然的，即超越宇宙的模式，集焦点于上帝，把人看成是神的创造的一部分。第二种模式是自然的，即科学的模式，集焦点于自然，把人看成是自然秩序的一部分，像其他有机体一样。第三种模式是人文主义的模式，集焦点于人，以人的经验作为人对自己，对上帝，对自然了解的出发点。"② 如此看来，归属不同模式的基督教与人文主义确实有对立的一面：表现在思维的出发点上，一则为神，一则为人；表现在对人的起源的看法，一为神创，一为进化；表现在拯救的道路上，一为神的恩典，一为人的自救；表现在伦理道德上，一为爱人如己，一为自爱（或为了自爱而爱他）。但除了这种对立之外，基督教和人文主义还有许多相通之处，尤其是经过西方宗教的近现代改革和受现代化进程的影响，这种相通之处已经变得越来越多，它们对林语堂的影响越来越大。

基督教既是西方文化的总背景，又是西方文化的重要组成部分，人文主义也是从中萌生并承继、发展、超越的。例如，西方人的核心价值观可以归纳为：敬畏上帝、自由、平等、民主、个人主义、资本意识等，这些观念都与基督教的基本世界观和人性观紧密联系，③ 而自由、平等、民主不也正是人文主义的核心观点吗？西

---

① 徐志啸：《论林语堂与基督教的关系》，《苏州科技学院学报》（社会科学版）2008 年第 2 期，第 55～58 页。

② 〔英〕阿伦·布洛克：《西方人文主义传统》，董乐山译，生活·读书·新知三联书店，1997，第 12 页。

③ 此观点在刘莹《基督教与美国人的核心价值观》（《社会科学论坛》2011 年第 5 期）一文里论述得颇为详尽。

方人根深蒂固的自由观念与基督教中个体独立的基本理论相关。基督教认为，人的身体受之于父母，而灵魂却是上帝赋予的，只受上帝支配。每个人由此获得了一种相对独立的、在个体和上帝之间相沟通的精神生活。因此，人的精神获得了自由，不应被任何世俗力量所强制。事实上，很多人认为自由意志（free-will）是基督教的最高原则之一，因为上帝甚至没有强制人一定要信仰基督教，而是由人根据自己的自由意志来决定。人皆有"原罪"是基督教的基本主张，但"原罪说"的精神实质并非指人道德上的恶，而是指出"人之有限性"。古希腊语中，"原罪"一词的本意是"未中目标"或者"未中标记"，即射箭时偏离了目标；而不是一般中国语文中法律上的犯罪或道德上的罪恶。所谓人人有原罪，是说人人都有局限性，都有自由意志，所以也就都有背离上帝的倾向和可能。人人平等的理念，是基督教人性论的重要内容，根据基督教教义，人是上帝按照自己的形象所造，并被赋予了管理世间万物的权力（创世纪1：26），因此人具有神性；而人类的祖先亚当夏娃因为偷食禁果、悖逆上帝而犯下原罪，被逐出乐园，又带上了罪性，于是人是上帝之下的神性与罪性的统一体。基督教的人性论，把每个人都视为平等的，既没有至善至美的人，也没有至恶至丑的人。基督教认为"上帝之下人人平等"、个体生而独立自由、没有任何人间权威可以凌驾于他人之上，从而为人间权力的制衡和监督提供了合法性，也为民主的普及和实行提供了理念基础。现代宗教改革后，基督教在欧美各国的实际影响已是政教分离，信仰者更多倾向于基督教中的民主因素，而忽视、放弃其专制因素。

　　基督教不仅与人文主义有共同的地方，与个人主义也有着不可分割的联系。在史蒂文·卢克斯的《个人主义》中，第十四章就论述了《宗教个人主义》，分析了基督教的发展和个人主义发展之间的联系。"宗教个人主义可以被表述为这样一种观点：个人信仰不需要中介，他对自己的精神命运负主要责任，他有权利和义务以他自己的方式并通过他自己的努力，直接建立他与上帝之间的关系。因此，特勒尔奇写道，'宗教个人主义的产生'是由于'恪守圣礼的僧侣制教会这一古老社会组织的瓦解'，'宗教个人主义没有外在的组织，有的只是由于对基督教主要真理人言人殊而形成的独立见解'。……特勒尔奇宣称：'个人主义的不断完善，要归功于宗教，而不是世俗的运动，要归功于宗教改革，而不是文艺复兴。'"① 从宗教信仰完全是个人的选择和个人意志的问题这一角度看，个体宗教信仰的发展确实促进了个人主义的发展。在现代社会中，西方人也认为个人主义与基督教有着密切关系。例如美国第 31 位总统胡佛（1929 年 3 月 4 日～1933 年 3 月 3 日）在《美国个人主义》一书中，从哲学基础、灵性基础、经济基础和政治基础等方面对美国个人主义进行了分析。其中在灵性基础中，将个人主义的精神根源归结为宗教信仰支撑的个体神圣性。这种个体神圣性在基督教的理念中表现为：上帝造人并给每个人灵魂，每个个体的存在都有上帝设定的目的和意义。因此，个体在上帝面前都是同等重要的，每个人都有自己独特的个性，也应该通过个人努力实现自我成功；每个人都是独立且对自己负责任的，不能被他人所取代。②

也许正是因为基督教、人文主义、个人主义三者之间在自由、平等、民主、博爱、个人尊严、独立意志、自我发展等方面存在相通之处，林语堂的思想虽然不断发展变化，但核心的东西仍是这些元素，未曾随时间的流逝而有丝毫的改变。这些根深蒂固的元素沉淀在他的人格中，渐渐随着他的笔端显露纸上，影响世人。

二　中国传统文化的影响

19 世纪末，自中日甲午海战以大清帝国的惨败收场后，西学东渐以必不可挡的滚滚态势席卷而来，东西文化的剧烈碰撞中，中国传统文化如何自处一直是中国思想文化界论争的焦点。从抱残守缺的"中学为体、西学为用"，"中学为正统，西学为蛮夷"到"抛弃国粹、彻底欧化"，短短几十年间，国内对中国传统文化的态度有了翻天覆地的变化。在中国的现代化进程中，思想文化发展的主方向是从传统儒家学说向西方现代科技思想过渡，很多知识分子的文化转型都是渐进的，其间充满了对抗、博弈，有一种难以撕裂、难以割舍的痛楚。哪怕是激进的知识分子，如五四文学革命的弄潮儿周氏兄弟、胡适、钱玄同、刘半农、郁达夫等，虽然当时对

---

① 〔英〕史蒂文·卢克斯：《个人主义》，阎克文译，江苏人民出版社，2001，第 88 页。

② 资料来源于刘莹《基督教与美国人的核心价值观》，《社会科学论坛》2011 年第 5 期。

中国的传统文化嗤之以鼻，甚或恨之入骨；但毋庸置疑的，他们的国学底子都非常深厚，正是深受过其"束缚"才能有如此之爆发。可见，中国传统文化的影响是与生俱来、深入骨髓的，每个中国人都必须直接面对，无从逃避。

比起一大批始终徘徊、挣扎于传统与西方文化夹缝中的中国现代知识分子，林语堂无疑是幸运的。成长在基督教家庭和教育环境中的林语堂，宗教为他提供了一层很好的保护膜，他不曾切身感受过封建专制、封建迷信的威力，也未曾深受过传统糟粕的戕害；因而，对于中国传统文化，林语堂充满隔阂，也难有那些革命知识分子那样的切齿痛恨感。"头脑是西洋的产品"的林语堂对于接受中国传统文化并没有过多的心理负担，也绝不会如一些知识分子在进行文化抉择或转型时那样内心充满争斗、顾虑重重。所以，尽管林语堂的国学底子薄，但距离产生美，一旦他发现传统文化的魅力与价值，反而能矢志不渝地站在传统文化的立场上，对其锲而不舍地发掘和传播。

（一）地域变化与边缘人心态

林语堂曾自称是"一团矛盾"，尤其是早期在国内的时候，他泾渭分明的矛盾言论特别多。这或许与他处在不同地域、受不同主流思想的影响有关，而这正是文化边缘人的典型写照。

边缘人是被社会主流文化所抛弃、排斥或忽略的一个族群。边缘人理论在 20 世纪初诞生于美国芝加哥学派，一开始适用于移民和种族研究。随着该理论的发展，研究者们开始为"边缘人"概念界定外延，边缘人理论被大量应用到各类人文、社会、艺术、医学研究中，尤其在交叉学科研究领域中发挥着重要作用。斯通奎斯特在《边缘人》一书中指出，当一个人"不得不学习两种或多种历史、文化、政治、宗教传统和伦理规则时，他的边缘人格就产生了"。斯通奎斯特对产生边缘人格的社会文化情境作了区分和界定，他认为，至少有两种类型的社会文化情境会产生边缘人：一种是包括种族（生理）差异在内的文化差异，另一种则只是纯粹的文化差异。① 斯通奎斯特的研究得出的必然结论是，边缘人或边缘人格孕

---

① Stonequist, Everett V. , "The Problem of the Marginal Man", *The American Journal of Sociology*, 1935（7）.

育于双元文化或多元文化的情境之中。

以此观照林语堂的人生经历，不难发现林语堂长期处在一个边缘人的情境当中。林语堂出生于福建龙溪。福建简称闽，闽文化指的就是福建文化。虽然远不能与黄河流域和长江流域这两大主流文化区相比，但闽文化也是中华民族上下五千年文明的组成部分之一，当我们研究林语堂边缘人心态的成因时，追溯这一文化源流有着特别重要的意义。

先秦古籍《周礼·夏官·职方氏》中曾记载道："职方氏，掌天下之图，以掌天下之地，辨其邦国、都鄙、四夷、八蛮、七闽、九貉、五戎、六狄之人民。"这里的"七闽"是古代少数民族之一，具体指的是 7 支居住在福建各地的原住民。福建毗邻浙江，春秋战国时期，浙江的越族因战争而南下，与福建的闽族融为一体，形成了战国时期的闽越文化。唐开元二十一年（733 年），为加强边防，统治者设立军事长官经略使，取当时的地方行政机构福州、建州各一字，命名福建经略使，"福建"自此而出并沿用至今。在漫长的历史长河中，闽文化不仅融入过越文化，因战争而从中原迁徙入闽的汉族，给它带来了以政治伦理为主体的北方文化；另因沿海之便，它还吸收海外文化。于是，闽文化呈现出边缘性、多元性、包容性等特点。

福建地处祖国大陆的东南沿海，境内山峦叠嶂，山地丘陵面积占 80% 以上，因而有"东南山国"之称。山川阻隔造成的交通不便，使闽文化长期远离中国传统社会的政治经济中心，呈现出边缘性的特点。然而文化的边缘性也使得闽文化比较缺乏中原正统文化封闭自负的意识，更易吸纳外来文化成分，在兼收并蓄的基础上保持一种不断创新变革的活力，又体现出文化多元性的特点。原始土著文化、邻域吴越文化、中原汉文化、海外文化都能在这片土地扎根生长，在长期的融合演变过程中，培养出这片土地的人们敢于冒险的性格，并具有对各种异域文化博采广取的包容性。

出生和长养在这片土地的林语堂，很自然地带有闽文化的特点，由于他的家庭环境和受教育环境的特殊性，林语堂更早地体现出对西方文化、科技的认同感。在林语堂的自传中，他一再提及儿时的文化心理："我们对西方最早的接触，是范礼文博士留下的一个领扣儿，……这些虽然是我对西方接触的一些不相干的事情，但是我认为对我很重要。""我第二次接触西方文明，是我第一次看见从 Chiohbe 和厦门之间汽船上蒸汽机的动作。我当时看得着了迷，呆呆地默然不语。""我对西洋音乐着实着了迷。"① "我爱这种西洋生活，在圣约翰有些传教士的生活——仁爱、诚恳，而真实的生活。"② 身处中华大地，却背离了中国主流文化，这让工作后身在北京这样一个传统的政治文化中心的林语堂产生一种难以言喻的矛盾和愧疚感，"文化认同危机"首次出现在林语堂面前。所谓的"文化认同危机"是指文化认同的矛盾和不确定，即个体与他所属的社会主流文化传统失去了联系，失去了社会主体文化的方向定位，不知道自己是谁，从而产生观念、心理和行为的冲突及焦虑体验。林语堂并非不知道自己是中国人，然而身份认同与文化认同在林语堂的身上产生了严重分歧。"因为我上教会学校，把国文忽略了。结果是中文弄得仅仅半通。""我身为大学毕业生，还算是中国的知识分子，实在惭愧。"③ 于是，林语堂逆时势而恶补传统文化知识，一方面源于民族情感的需要，强化身份认同感；更重要的一方面是希望由边缘文化进入文化中心北京的主流文化里，重新获得文化上的认同感，以此缓解分歧、获得心理上的慰藉。

　　林语堂恶补中国传统文化知识很用心，也很刻苦，但这段时间并不长，从 1916 年在北京清华学校任教至 1919 年留学美国，前后不过三年时间，可以想见，哪怕林语堂夜以继日、废寝忘食地学习、钻研中国传统文化，他的广度和深度都是非常有限的，何况林语堂的用力多偏向古文字音韵方面。④ 林语堂在日后反复强调这段时期对传统文化知识的恶补，但在国学底子深厚的其他同仁看来，林语堂的国学功底并未获得认可，鲁迅在其《且介亭杂文二

①　林语堂：《林语堂自传》，工爻、张振玉译，陕西师范大学出版社，2005，第 76 页。

②　林语堂：《林语堂自传》，工爻、张振玉译，陕西师范大学出版社，2005，第 30 页。

③　林语堂：《林语堂自传》，工爻、张振玉译，陕西师范大学出版社，2005，第 85 页。

④　在子通主编的《林语堂评说七十年》的附录《林语堂年表》里记录了这个时期的林语堂"工作之余花大量精力充实国学基础知识，博览了《人间词话》、《四库集录》、《说文玉篇》、《广韵》、《韵府群玉》、《佩文韵府》、《骈字类编》等国学书籍，攻读《红楼梦》用力尤多"。中国华侨出版社，2003。

集·"题未定"草（之六）》评价众文人时就说林语堂是"空腹高心"。

四年后，林语堂海外学成归国，这时候的北京已成了新文化运动的中心，而且中西文化之争中，欧化的声音占据了绝对的优势，这对林语堂来说无疑是天大的机会。此时的他不再有文化认同与身份认同的矛盾，非常爽快且迫切地投身到沸沸扬扬的新文化运动中，并在《语丝》上发表了许多激昂凌厉的篇章。当时与《语丝》相对的杂志是《现代评论》，主要是以胡适为首的欧美留学生，而和胡适等关系不错的林语堂却加入了以鲁迅、周作人为首的《语丝》，林语堂的解释是：在《语丝》能各人说自己的话，而不是说别人让你说的话；《语丝》是发表意见的自由园地。① 其实，对于曾为文化边缘人的林语堂来说，不用受制于文化认同而能顺利进入到社会文化主体，这比什么都重要。

林语堂在文坛上紧随鲁迅等其后，由名不见经传的小兵跃升为"打狗急先锋"，还积极参加反抗北洋政府的爱国学生运动。然而，政治风云变幻莫测，1926 年林语堂上了军阀要通缉的批评政府教授的黑名单，是生命重要还是获得认同、处在政治文化中心重要？马斯洛的需求层次理论认为，人类的需要是分层次的，由低到高，它们是：生理需求、安全需求、社交需求（或爱与归属的需求）、尊重需求、自我实现需求。当生命受到威胁时，谈何尊重和自我实现，林语堂逃亡到厦门，远离了政治文化中心北京。在厦门大学，林语堂振兴国文系的希望和努力最终落了空，随后又到武汉效力于革命政府外交部，但六个月后，林语堂同样是失望地选择离开。离开北京后，重返文化和政治主流的尝试都失败了，林语堂到了上海打算当个自由作家。在当时，能靠写作的收入舒舒服服生活的文人实在没有几个，而林语堂 1928 年编写的《开明英文读本》意外地风行全国，林语堂因此有了"版税大王"之称。高额的固定收入让林语堂和家人过上了惬意富足的生活，于是林语堂从时代激流的潮头退了下来，真真正正接受了自由作家这一边缘人的身份，在家安安静静地写起他自己喜欢的文章来。

---

① 林语堂：《林语堂自传》，工爻、张振玉译，陕西师范大学出版社，2005，第115 页。

由边缘人到居于文化和政治中心，乃至成为时代的先锋，最后又复归边缘人；林语堂早期这一生活经历让他对身份认同和文化认同有了更为深刻的体会，这两者虽然是矛盾的，但也可以和谐共存，尤其是处于边缘人这一身份时，在安全无虞的前提下，林语堂驳杂的文化反而给予他更大的发展空间。

（二）"汉学"视角与爱国热情

在众多评论家的眼中，林语堂对中国传统文化的态度是前后不一的，以《吾国与吾民》为界，态度转变得极为突然。之前是提倡欧化，彻底否定中国传统文化；之后不仅高歌颂扬，在国外甚至以中国国学大师的身份对外传播中国的文化和经典著作。这种突然之间的 180 度转变，着实让人难以理解和接受，无怪乎当年有人讥讽畅销书 *My Country and My People*，即《吾国与吾民》是"卖国与卖民"。事实上，若是仔细分析，林语堂态度的转变是有迹可循的，转变得很自然，一点也不突兀。

正如前文所论述的那样，早期林语堂的头脑是彻底西化的，思想是人文主义，但内心深处，他并不像鲁迅等人那样，对中国传统文化是那样的深恶痛绝之；相反，他对中国传统文化是充满好奇和莫名好感的。出身基督教家庭，林语堂仅在年幼之时，在牧师父亲闲暇充当塾师时，接受过简单的、非正式且不成系统的儒学启蒙，但这段日子很快就终结，他进入了教会小学。之后一直就读于教会学校，对中国传统文化就似咫尺天涯了。这个事实，林语堂曾在其自传中多次提及，并把它视为教会欠他的债。[①] 所以，当林语堂从上海圣约翰大学毕业前往北京清华学校任教后，在北京这一文化古都真正面对中国传统文化时，那种由时光积淀而散发出来的无限魅力深深震撼了他；在那时候，他才深感惭愧，愧疚于自己国学知识的薄弱。那正是"文学革命"初始之时，当白话文运动很快就要风起云涌时，林语堂却逆时势而动，一头扎进了故纸堆，只争朝夕地恶补着中国传统文化知识。他的举措犹如绘画，在西方文化的底色上，重重渲染上中国传统文化的色彩。这样一种心态导致了他选取的是类似于"西方人的中国研究"视角，即"汉

---

① 　林语堂：《林语堂自传》，工爻、张振玉译，陕西师范大学出版社，2005，第 17页。

学"视角。①

　　这里的"汉学"指的不是明末清初依汉世儒林家法之说研治经学名物制度、小学训诂的考证学；而是 Sinology，指的是中国以外的学者对有关中国的方方面面进行研究的一门学科。汉学源于西方传教士传教的需要，但后来已独立成为一项严肃的学术研究，它最初只是研究中国的古代文化，如古文里的哲学、文学、音韵学、史学等，不包括现代中国的研究；第二次世界大战后，因政治、经济、文化发展的需要，也逐渐开始研究现代中国。西方汉学家在做该研究时，因为身份体认和思想文化的定型会先入为主地以异乡人的视角反观、比较中国传统文化，于是隔阂顿生。对照林语堂的经历，因成长和受教育环境的特殊性，他的视角与西方汉学家无异，而且也是从古代音韵学开始研究起（其博士学位就读这个方向）。林语堂中年时总结教会的西式教育对他的影响，十分中肯地说：

　　　　得失两项相对比，我仍觉圣约翰对于我有一特别影响，令我将来的发展有很深的感染力的，即是它教我对于西洋文明和普通的西洋生活具有基本的同情。由此看来，我在成年之时，完全中止读汉文也许有点利益。那令我树立确信西洋生活为正当之基础，而令我觉得故乡所存留的种种传说为一种神秘。因此当我由海外归来之后，从事于重新发现我祖国之工作，我转觉刚刚到了一个向所不知的新大陆从事探险，于其中每一事物皆似孩童在幻想国中所见的事事物物之新样，紧张，和奇趣。同时，这基本的西方观念令我自海外归来后，对于我们自己的文明之欣赏和批评能有客观的、局外观察的态度。②

　　在这种心态的影响下，林语堂在学习和表述中国传统文化时，自然而然就带有了汉学家的视角。较早觉察到林语堂这种视角的唐

----

① 关于林语堂的汉学心态，陈旋波《汉学心态：林语堂文化思想透视》[《华侨大学学报》（哲学社会科学版）1997 年第 4 期] 里有独到的见解。但笔者认为，林语堂的汉学心态不是在其创作后期才出现，而是出现在早期，后期这种心态倒是有所修正。

② 林语堂：《林语堂自传》，工爻、张振玉译，陕西师范大学出版社，2005，第 29 页。

弢先生说："他（林语堂）谈儒家，谈道家，谈中国文化，我总觉得隔一点什么，好像在原来事物的表面涂上一层釉彩似的。这是什么釉彩呢？""原来林语堂先生也和胡适一样，是用西方的眼睛来看中国人、看中国文化、看中国的儒家和道家的，但他有的不是一般西洋人的眼睛，而是西洋传教士的眼睛。"① 然而，凡事皆有利弊，尽管这种视角着实让林语堂对中国传统文化的学习和认知难以达到从小就浸淫其中的专家、学者的深度，当他表述对中国传统文化的理解和看法时难免会令大方之家不敢苟同，甚至心生鄙夷；但这种视角却给了他新的触动和灵感，能够摆脱既定的束缚重新考量和评价中国传统文化，于是更能与时俱进、贴近当下，甚至具有超前的意识。而一般的中国读者和普遍的西方读者，对于林语堂那种感性化、个性化的表述，也更感亲切和易于接受，这是很多高高在上的专家、学者不能与之媲美的。

原本专注于中国古音韵研究的林语堂，为何又对中国传统文化大肆批判呢？众人皆知他在《给玄同的信》中极力倡导"欧化"，不是很矛盾吗？这其实不难解释。作为学成归国、年轻气盛的知识分子，天生的社会责任感敦促林语堂必须投身到救亡图存、改变中国现状的历史洪流中，在"五四"那个狂飙突进的时代，一己的喜好算什么？！那个时候，林语堂不仅放弃了他的幽默主张，更为他的人文主义思想能够唤醒民众、振兴中华而四处奔走、奋笔疾书着。比较起人文主义在政治、经济、科技发展中的适应性和实用性，传统文化自然就先靠边站了。到了 20 世纪 30 年代，时移世易，林语堂的人文主义碰壁了，当他转向个人主义时，不仅重提幽默，也重新贴近中国传统文化。尽管有时仍不免会写文章批判中国传统文化，这是其知识分子的责任感和人文主义思想的烛照，但批判的力度已不如当年；而幽默、性灵的倡导，却不断地拉近林语堂与中国传统文化的距离，一张一弛，林语堂的态度渐渐地转变着："我之重新发现祖国之经过也许可咏成一篇古风，可是恐怕我自己感到其中的兴趣多于别人吧。"② 待《吾国与吾民》发表后，林语

① 唐弢：《林语堂论》，《西方影响与民族风格》，人民文学出版社，1989，第 311 页。

② 林语堂：《林语堂自传》，工爻、张振玉译，陕西师范大学出版社，2005，第 42 页。

堂选择赴美著书,那个时候的环境和心态有了本质的改变,直接影响到林语堂对中国传统文化的态度。

若说在国内,林语堂还偶尔写文批判中国的传统文化;到了国外之后,林语堂俨然成了中国传统文化的代言人。何以如此?这里面有几个原因是值得好好分析的。首先,强烈的爱国热情是林语堂在面对国外读者时,不由自主地赞美中国传统文化的根本原因。在文明时代,国家和民众的关系就是一种法律关系、契约关系、政治关系;而国家的代表——民选的执政党及政府,它的大政方针与民众的生活息息相关,是实实在在的关系,民众有权利对其进行监督、批评。这种国与民的关系是西式教育教给林语堂的政治理念,也是其人文主义思想的自然体现。所以,学成归国的林语堂对于中国不合理的一切都报以了犀利的批评,并认为改革中国国民性的重要举措之一——就是"必谈政治"。这一做法不仅是精英知识分子改变落后中国肩负的责任,更是一种理性爱国热情的体现。然而,到了国外,林语堂与中国的政府没有了多少法律关系,中国的现状又不是一朝一夕能够改变的,林语堂的爱国主义更多地是建立在道德关系、感情关系和伦理关系之上。这种道德和伦理关系不再是实实在在的,它不牵扯到人身安全、不牵扯到柴米油盐这些日常生活琐事,更不需要斤斤计较的理性思考。爱国主义更多的是一种感情的寄托,对家乡的思念,对那块遥远土地的怀想。澎湃的激情让所爱之国的贪污腐败、民不聊生、兵祸连年都变得不那么刺目,甚至可以暂时忽略不计。距离产生了美感,理性的爱国热情转变为感性的爱国激情。这种理性与感性之间的转换,更多是由于所处地域和环境的变化所引发的,林语堂本人在当时对中国传统文化及经典的认识并未有明显的深化;而这种转变也并不是在林语堂1936年赴美后才开始,其实是早就有所表现。1932年春,林语堂因在中央研究院任职之故曾出访英国,并在牛津大学和平会做了一次演讲,题目是《中国文化之精神》,林语堂回国后将其译为中文在《申报月刊》第1卷第1号上发表。正如林语堂在演讲稿前加的按语所言:"此篇原为对英人演讲,多恭维东方文明之语。""东方文明,余素抨击最烈,至今仍主张非根本改革国民懦弱萎顿之根性,优柔寡断之风度,敷衍逶迤之哲学,而易以西方励进奋图之精神不可。然一到国外,不期然引起心理作用,昔之抨击者一变而为宣传,宛然以我国之荣辱为个人之荣辱，处处愿为此东亚病夫作辩护，几沦为通常外交随员。事后思之，不觉一笑。""吾知吾生为欧人，对中国画中人物，亦必发生思恋。然一返国，则又起异样感触，始知东方美人，固一麻子也，远视固体态苗条，近睹则百孔千疮，此又一回国感想也。"① 这些文字将林语堂出国、归国前后的心态刻画得惟妙惟肖，理性爱国和感性爱国有时并不以个人的意志为转移，身处的地域环境变化更能引发两者之间的自然转变。正因如此，赴美后的林语堂，在感性爱国激情的包围下，一改以往犀利的文字，以一种感性的态度面对中国传统文化，他捕捉到中国文化中强烈的诗性，并将她用一种诗意的笔法诠释出来，于是，更受国外读者喜爱的《生活的艺术》随之诞生。

其次，恰如前文所言，林语堂对中国传统文化的兴趣早已有之，并曾一度恶补；在主编《论语》《人间世》时，更由于倡导幽默、性灵的原因，深深喜欢上了明清文学和文化；不仅多加研习、倍加推崇，自身也陶醉其中。到国外后，爱国热情加上游走于不同文化间的边缘人心态不断潜移默化地拉近林语堂与中国传统文化的距离。本来，林语堂对中国传统文化就无深切反感，加上早年对孔子也曾作过人性化的解读，他很自然地把自己的文化系统贯穿起来，并进一步在中国经典中寻找人文主义思想的共鸣点。

再次，林语堂能受邀前往美国著书，主要是因为《吾国与吾民》在国外的热销，而《吾国与吾民》中对中国传统文化的态度，虽有中肯的批评，但更多是赞美。这种写作态度已被国外读者所广泛接受，实践是检验真理的唯一标准，抛开中国传统文化本身的优劣而言，阅读对象的喜好也是林语堂必须考虑的因素。

最后，就是林语堂越来越明显的世界公民意识。系统地接受了西方教育的林语堂，当他真正面对中国传统文化，并且以传播它为己任时，越来越意识到美好的事物、有价值的文化思想是无国界的。游走于东西文化之间，林语堂便以世界公民自居。当林语堂一家人在欧洲辗转时，"我们都难以适应新环境，只有爸爸不然，他

---

① 林语堂：《中国文化之精神》，梦琳等编《林语堂散文经典全编》（第二卷），九州出版社，2002，第 6~7 页。

说他是'世界公民',在哪里都住习惯"。① 思想上既有此认识,行动上自然会有所表现。也许正是因为这一点,林语堂能较容易地融通东西文化,没有固执地以哪个为中心,自然就少有偏见,为人为文的态度也更为温和、平易近人。

在以上几个因素的影响下,林语堂在中国传统文化中跋涉并思考着,最终找到了两个关键点,一个是中国的人文主义,这是中西文化的结合点;一个是中国文化的诗性,这是中国传统文化的独特魅力所在。

(三) 中国的人文主义思想

众所周知,西方的人文主义在解放思想、维护个体尊严和自由,主张自我价值实现,提供物质进步、繁荣、舒适等方面取得了无与伦比的成就,"人文主义"这一词也是西方所独有。在中国的各种传统思想或学术中,确实没有"人文主义思想"这一表达习惯;但林语堂认为中国传统文化思想里实际含有西方人文主义的因素,可以借用这个概念去阐释中国的传统文化思想,这是当时一些中国学者、甚至是今日的中国学者都常做的工作:借他人酒杯,浇自己块垒。林语堂最早以人文主义解读中国文化是 1932 年在牛津大学和平会做的一次演讲上:"我想最简便的解释在于中国的人文主义,因为中国文化的精神,就是此人文主义的精神。"身在国外,面对一大群并不真切了解中国文化的老外,林语堂以一种研究的态度解读着他所理解的中国文化,他说:"'人文主义'(Humanism)含义不少,讲解不一。但是中国的人文主义(鄙人先立此新名词)却有很明确的含义。第一要素,就是对于人生目的与真义有公正的认识。第二,吾人的行为要纯然以此目的为指归。第三,达此目的之方法,在于明理,即所谓事理通达,心平气和(spirit of human reasonableness)即儒家中庸之道,又可称为'庸见的崇拜'(religion of commonsense)。"② 后来,林语堂又撰文再次阐释他界定的"中国人文主义":"中国人之人文主义,自有其一定之界说,它包括:第一点,人生最后目的之正确的概念;第二点,对于此等目的

---

① 林太乙:《林家次女》,西苑出版社,1997,第 113 页。

② 林语堂:《中国文化之精神》,梦琳等编《林语堂散文经典全编》(第二卷),九州出版社,2002,第 9 页。

之不变的信仰；第三点，依人类情理的精神以求达到此等目的。情理即为'中庸'之道，中庸之道的意义又可以释作普通感性之圭臬。"① 可见，林语堂的中国人文主义的内涵前后并无不同。

对于人生的目的或真义，不同国家、不同民族、不同信仰的文化背景下，会有不同的解释。林语堂认为，千百年来，中国人在中国人文主义的影响下，人生的真义不在于死后来世，不在于涅槃，不在于建树勋业，不在于"为进步而进步"；而在于享受淳朴生活，尤其是家庭生活的快乐（如父母俱存、兄弟无故等），及在于五伦的和睦。"暮从碧山下，山月随人归，或是云淡风轻近午天，傍花随柳过前川，这样淡朴的快乐，自中国人看来，不仅是代表含有诗意之片刻心境，乃为人生追求幸福的目标。得达此境，一切泰然。"② 这种人生观极其单纯，林语堂认为只有中国人以只求实际的头脑才能把这个千古哲学难题解决得十分明畅。要真正达到这种看似单纯的人生目的，方法在于明理。"所谓明理，非仅指理智理论之理，乃情理之理，以情之理相调和。情理二字与理论不同，情理是容忍的、执中的，凭常识的，论实际的，与英文 commonsense 含义与作用极近。理论是求彻底的，趋极端的，凭专家学识的，尚理想的。讲情理者，其归结就是中庸之道。"由此论述可见，林语堂对中国文化的关注点最初是立足于儒家思想的，他把西方的人文主义与中国儒家的中庸之道结合在一起，形成了他独特的"近情观"："所以近情，即承认人之常情，每多弱点，推己及人，则凡事宽恕、容忍，而是趋于妥恰。妥恰就是中庸。"③ 那为何使用"近情观"，而不是沿用"中庸"之名呢？关键在于"近情"比"中庸"讲求更多的理性，也更符合现代社会发展的需要。林语堂指出，中国人因为中庸，所以恶趋极端，不信一切机械式的法律制度，导致了中国法治的失败；而现代社会是倡导法治的，所以中庸思想必须有所修正。林语堂早年提倡欧化时说过"非中庸"，就是

---

① 林语堂：《中国的人文主义》，梦琳等编《林语堂散文经典全编》（第四卷），九州出版社，2002，第 130 页。
② 林语堂：《中国文化之精神》，梦琳等编《林语堂散文经典全编》（第二卷），九州出版社，2002，第 10 页。
③ 林语堂：《中国文化之精神》，梦琳等编《林语堂散文经典全编》（第二卷），九州出版社，2002，第 12 页。

因为中庸与法治之间存在天然的内在矛盾。现下提的"近情"并不反对理性，它是以适度的理性为基础的；反对的是过度理性，如偏狭的宋明理学。在林语堂看来，天理也要，人欲也要，合二为一就是近情。儒家近情的代表自然是孔子，正因如此，林语堂对孔子才多加关注，直至晚年定居台湾也未有改变。林语堂晚年有一篇《再论孔子近情》，里面提到儒家后人强解《论语》，使之合于圣贤的标准，更合于理学的绳墨，这一做法恰好抹杀了孔子的人情味，是有违现代学术标杆的。"以常情论圣人，这自然是现代人治史学的观点，与专门阐圣学者的解经不同。意思是人不能无过，观过斯知仁而已。圣人与我同类，必托出圣人与我心所同然，然后圣人更得我们的了解与同情。……伟人也不能免于人之常情，也有人性的磨练。"①

由上述分析可知，林语堂界定的中国人文主义，其核心是人生的目的，它是每个个体幸福生活的指导纲领。而这条纲领不是从传统中的君主或家国的利益出发的，它关注的是个体的一己感受，是从个体的主观感受和切身利益考量的。回溯中国的历史，这样的人文主义绝对不是大众生活的真实写照，它只在少数知识分子身上有所体现而已。与其说它是中国的人文主义，不如说是林语堂对现代生活的理想建构。林语堂曾撰文阐述这种理想生活的哲学依据："哲学以个人为开端，亦以个人为依归。个人便是人生的最后事实。""社会哲学的最高目标，也无非是希望每个人都可以过着幸福的生活。"② 可见，理想的现代文化形态应该是发现个体并确立它的价值。然而，中国古典文化形态的核心历来都是君主、国家、家族这样一些普遍的价值观念；现实中国更是因为救亡图存的原因而遮蔽了个体的声音、忽视了个体的需求。既然把个人的幸福看作人生的唯一目的，林语堂坚决反对以任何名义来剥夺个人的权利，无论是对传统的权威主义，还是对披着各种现代文化思潮外衣的新权威主义都持批判的立场，以维护个体人格的独立性。凭借着对以个人主义为核心的现代价值理念的亲近和坚信，林语堂营造出一个超

① 林语堂：《再论孔子近情》，梦琳等编《林语堂散文经典全编》（第二卷），九州出版社，2002，第27页。
② 林语堂：《个人主义》，《生活的艺术》，群言出版社，2010，第83页。

然于文化传统，又独立于流行舆论与公共行为之外的纯粹的私人精神空间，在这里他摆脱了社会通行的价值规范和评价体系，以真实的感受和自然的人性为标准来评价自我，得以暂时逃离外在世界的纷扰，独享一份宁静与自在。

在林语堂的眼中，中西方都有人文主义的传统。不同的是，西方的人文主义具有更强大的理性，当西方完整的学科体系建立之后，哲学的、科学的认识论将外在世界具化为不同的学科，彼此独立；而中国的人文主义除了理性的一面，更有感性的一面，它将整个世界视为一体，这种感性是中国传统文化截然不同于西方的一个重要表现，它源自诗性，较理性更为突出，也更重要。林语堂的近情观随着他对中国文化认识的日益深化而不断增加、拓展其内涵，最大的变化莫过于对这种诗性文化的体认。

（四）中国文化的诗性特征

西方学术思潮是以理性智慧为深层结构的，而中国的文化更多体现出一种道德性和诗性。中国传统经典著作里基本上没有抽象的哲学体系，而是具象的、指征现实的。学者刘士林说："中国文化的本体是诗。其精神方式是诗学。其文化基因库就是《诗经》，其精神峰顶是唐诗。总括起来说就是：中国文化是诗性文化。或者说是诗这一精神方式渗透、积淀在传统社会的政治、经济、科学、艺术各个门类中，并影响、甚至是暗暗地决定了它们的历史命运。"①虽然，刘士林的这一论断显得有些片面和绝对，值得商榷；但毋庸置疑地，诗性文化确实是中国文化中一个非常重要的组成部分。中国是一个诗的国度，有着光辉灿烂的诗文化。回顾历史，诗不仅是一种文学体裁，它还表现在艺术上，并直接进入了上层建筑，而且也与人们的日常生活融为一体。孔夫子云：不学诗，无以言。诗的影响是方方面面的，中国文化遂成为一种以诗性智慧为深层结构的文化形态；而中华民族也因此富有了诗性的人格特征。诗性有一个基本的标准，那就是最大限度地摆脱、超越现实功利的利害关系，它与个体的灵感、激情、意念等息息相关，是个体心理结构中发育得最为完善的审美机能的直观再现。

---

① 刘士林：《西洲在何处——江南文化的诗性叙事》，东方出版社，2005，第 2 ~ 3 页。

作为四大文明古国之一的中国，她的文化源远流长。在追溯中国文化的源头时，自称为华夏儿女、炎黄子孙的中华民族自然体认的是黄河流域的文明范式，所以今日提及中国的传统文化，儒家文化当仁不让是大家的共识。确实，儒家文化主要萌生于黄河流域的齐鲁文化，随着古代经济、政治的发展，儒家文化成为官方认可的主流文化，并且绵延至今。然而考古学告诉我们，中国文化的组成部分绝不仅只有黄河文明那么简单，而且长江文明也是其中非常重要的组成部分。代表着长江文明的江南文化，与黄河文明的北方文化圈相比有着截然不同的生命气质。作为中心的北方主流文化，它是属于政治层面的，以道德伦理为核心，讲究厚德载物，是一种伦理型文化；处于边缘形态的江南文化，它是属于审美层面的，追求与物为春的生命状态，在审美气质上更倾向于一种纯粹的美，是一种诗性的文化。对于中国传统文化而言，这两种文化体系都是其重要的构成部分，而且前者一直占据着有利态势，压迫着后者，"言志"与"缘情"便是二者之争在文学文本上的体现。

　　对于江南文化中诗性的描述，学者刘士林以中国的魏晋时代作为最显著的代表性个案进行了分析，认为诗性江南的审美精神包括八个方面：1. 魏晋人生活上人格上的自然主义和个性主义，解脱了汉代儒教统治下的礼法束缚，在政治上先已表现于曹操那种超道德观念的用人标准。一般知识分子多半超脱礼法观点直接欣赏人格个性之美，尊重个性价值（在这个自由品藻人物的时代，谢赫的《画品》，袁昂、庾肩吾的《画品》，钟嵘的《诗品》，刘勰的《文心雕龙》等中国艺术、文学批评名著先后出世）。2. 山水美的发现和晋人的艺术心灵。3. 晋人艺术境界造诣的高度，不仅是基于他们的意趣超然，深入玄境，尊重个性，生机活泼，更主要的还是他们对自然、对探求哲理、对友谊的"一往情深"。4. 魏晋时代，人的精神是最哲学的，因为其最解放、最自由。5. 晋人对"人格的唯美主义"和友谊的重视，培养成为一种高级社交文化，玄理的辩论和人物的品藻是这类社交的主要内容，这是一个"世说新语"的时代。6. 晋人的美，美在神韵，"事外有远致"，不沾滞于外物的自由精神，使人超然于死生祸福之外，发挥出一种镇定的大无畏的精神来。7. 晋人的美学是"人物的品藻"。晋人的美感和艺术观大体是以老庄哲学的宇宙观为基础的，富于简淡、玄远的意味，以

"雅、绝俗"为标准，也奠定了中国美感，尤其是在山水画、山水诗上。8. 晋人的道德观和礼法观。道德的真精神在于"仁"、在于"恕"，在于人格的优美。由此观之，中国民族本性中的"审美——诗性"机能，是在江南文化中获得了健康成长的最好环境。由于审美存在代表着个体生命的最高理想，所以还可以说，人文精神发生最早、积淀最深厚的中国文化，正是在江南诗性文化中才实现了自身在逻辑上的最高环节。从现代性的角度看，由于江南诗性文化代表着中国文化中稀有的个体性因子，因而它也最有可能成为启蒙、培育中国民族的个体性的传统人文资源。① 与中国文明的轴心期（先秦时期）所唤醒的那种伦理精神不同，魏晋南北朝时代，士大夫们在感慨生命短暂、不能及时建功立业的基础上催生了个体强烈的死亡意识，并由此进一步创造出超越死亡的审美意识。这种审美意识是个性的张扬，是对道德伦理桎梏的突破，是对生命自由的虔诚膜拜和不懈追求。在这种审美过程中，士大夫们上承老庄开启的诗性之途，并将其发扬光大，使之熠熠生辉。诗性不仅是诗体裁的性质，而且是一种生命的力和美。这种美包括了自然美和人格美，一个向外，一个向内。于是，自然山水虚灵化了，也情致化了。扩而大之，体而深之，这种审美就能构成一种诗性的文化传统，成为一切艺术、文学的基础。

　　正如刘士林所言，魏晋时代的诗性文化确实是最典型、最夺目的，但这绝不是中国诗性文化的源头，这只是诗性传统最集中、最猛烈的一次喷发和体现。在探讨中国文化的诗性之源时，笔者赞成维柯对于"诗性"的解释，指的是一切人类文化初始时期的一种共同特征，即"强烈的感觉力和广阔的想象力"，具体说来就是原始初民的思维方式和表达方式是感性的，充满了主体的情感，是创造力、想象力和审美性的融合。既然诗性智慧、诗性文化是人类原始阶段的产物，也就意味着诗性的萌生远远早于人文主义的诞生，尤其是在中国，中华先民们的思维方式具有鲜明的民族特征，他们崇尚一种观物取象、立象尽意的思路，擅长于借助具体的形象来把握事物的抽象意义。汉字的象形、《周易》的卦象都是这种思维方式

---

① 相关的观点可参看刘士林的《西洲在何处——江南文化的诗性叙事》，东方出版社，2005。

的体现。与西方文化相比，中华文化具有偏重于直觉思维和形象思维的特征，也更富有诗性意味。以重情感、重想象、超功利、物我合一的诗性标准去评价中国文化产生的模式，会出现一个明显的悖论：一方面，随着文明的发展，原始诗性在实证化、实用化的过程中，社会伦理和政治权威会逐渐消解其原有的诗意。例如在先秦诸子百家的典籍中，无不可见审美性的认识维度和诗化的表达方式，人生的最高境界，也常常是以审美境界，或曰诗的境界为归结的。正如李泽厚在《中国古代思想史论》中所说，中国文化是乐感文化，"中国哲学无论儒墨老庄以及佛教禅宗都极端重视感性心理和自然生命"，"审美而不是宗教，成为中国哲学的最高目标"①，这就较为明确地指出了中国文化的诗性特点。然而，事实上不管是百家中的哪一家，其学说的应用最终都落实到现实政治上，诗性也最终泯灭于现实的道德伦理和政治教化。在曾点"暮春者，春服既成，冠者五六人，童子六七人，浴乎沂，风乎舞雩，咏而归"这样极富诗意的话后，孔子也曾喟然叹曰："吾与点也！"；但孔子带领弟子周游列国，积极参与政事，不断推销其"仁""礼"思想也是不争的事实。于是乎，"修身齐家治国平天下"成为多数知识分子奋斗一生的终极目标。另一方面，中国传统文化的诗性又确确实实在这不断消解原始诗性的历史过程中存活、生新，不断散发其不可抵挡的魅力。对这种原始诗性感悟较深，并对之作了一定思考和生动展现的莫过于道家的庄子。从理论上讲我们民族的个体自由思想主要来源于庄子。因为庄子讲独立人格、逍遥人生，不愿让自己沦为政治傀儡、任人操纵。《庄子》一书以其超逸的情怀和恣肆恢弘的语言为后世做出了诗性思维和诗意表现的典范，整体和局部都洋溢着盎然的诗意。书中各篇文字多数想象奇诡，流淌着无尽的诗意，表现出一种浪漫不羁的态度。正因如此，后世文人或多或少都从《庄子》中汲取这种诗性的精神和诗性的语言。

对于这种诗性文化的认识，林语堂也是渐渐深入，并逐渐受其影响的。20 世纪 30 年代，林语堂由人文主义者向个人主义者演化，在编辑《论语》《人间世》《宇宙风》三种杂志的过程中，林语堂再次焕发出在北京清华任教时对中国传统文化那种仰慕与热爱，不

---

① 李泽厚：《中国古代思想史论》，人民出版社，1985，第 309～310 页。

断发掘和展现中国传统文化的诗性魅力。当林语堂是人文主义者时，其理性思维占了绝大的优势，所以他在"五四"时期一直秉持着启蒙思想的观念，认为传统文化是中国走向现代进程中必须克服的障碍，现代化在某种程度上就是西方化；中国传统文化是孕育国民劣根性和种种社会弊病的温床，其中诗性的基因更是让人消磨意志、放弃社会批判立场的麻醉剂，因而要彻底提倡"欧化"。当林语堂转变为个人主义者时，在重视个体自由和主观感受的前提下，他的诗性思维渐渐由潜而显，在翻译介绍克罗齐的"表现说"、提倡"幽默、性灵、闲适"的过程中不断得以展现，最后随着他的兴趣和工作重心转移到向西方推介中国传统文化上，这种诗性思维不断被放大，成为考量一切、表现一切的标准。

游走于不同文化之间，通过对不同文化的接触、选择、吸收和消化，林语堂人格的包容性越来越大，变通性越来越好，这在他今后的创作和跨文化传播中有着越来越明显、生动的体现。

第三章
诗性人格与跨文化传播

　　林语堂的诗性人格远承东西方传统文化中诗性的内质，是其文学作品独特的神韵与吸引人的魅力所在；林语堂的诗性人格促使他在动荡时代中求索对现实苦痛的超越之途，寻觅中西文化的融合之径。诗性文化的人格化与人格的艺术化，构成了其诗性人格与跨文化传播的相生相济，并最终铸成了林语堂在跨文化传播中的独特魅力，成就了他的世界美名与国际影响力。林语堂跨文化传播取得如此巨大的成功，其致胜因素绝不止诗性人格这一项，但这却是至为关键的一项。要探讨林语堂的诗性人格与跨文化传播之间的内在联系，首先要深入分析林语堂的诗性人格对于他的创作有何影响。

第一节　林语堂诗性人格对其创作的影响

　　林语堂的创作成果分为两部分，一部分是在国内写作的大量散文小品；另一部分是在国外的创作，1935～1975 年，林语堂本着"对外国人讲中国文化"的宗旨，用英语写作、编译了一系列著作，有随笔、评论、小说、译著、散文小品、人物传记、辞典等，涉及的领域广、文体不一而足，国际影响巨大。如果从国学底子的厚度考虑，林语堂绝对不是做文化传播的首要人选，其同时代的文人学者对此曾有过并不中听的评价，如前文提及的"空腹高心"一说；然而，赛珍珠女士却格外青睐林语堂。①

　　赛珍珠本人是地道的美国人，不同的是，她在婴儿时期就随传教士父母到了中国，在中国生活、工作近 40 年的漫长时间。

---

① 林语堂大部分英文著作都在赛珍珠丈夫华尔希的书店出版发行。

比起很多西方人，赛珍珠可算是个"中国通"，她不满于外国作家写的关于中国题材的作品，而她自己也许是因为种族不同导致的文化深层隔膜，致使她希望能找到一位英文好又真正懂得中国文化，而且文笔精确、流畅和优美的作者，来写一部有关中国的书。林语堂不期然地进入了她的视野，她把这项艰巨的工作交给了他，而林语堂不负期望地在美国乃至整个西方世界掀起了中国文化的传播热潮，一如不久之前国内的"于丹心得"热。林语堂的《吾国与吾民》及之后一系列著作的热销，令中国当时很多的文人学者百思不得其解。不过，如果从传播学角度考虑，也许能找到破解谜团的钥匙。赛珍珠之所以选择林语堂，更多是因为作为传者而言，林语堂双语表达能力强且熟悉中西方文化；最重要的，他还能号准西方读者的脉，较为准确地把握他们的喜好。林语堂面对的受众不是一直浸淫在中国文化传统之中的中国民众，而是对中国文化隔国如隔山的美国读者。然而，这些都不是最关键的，关键的还是林语堂选择写些什么，怎样去写。而这些选择，无一不受到其诗性人格的影响。

一 自由化的写作

定居上海、做自由作家的林语堂，经济上的富足让他清晰地意识到两方面的问题：第一，可以不再追随他人，不用计较自己是否站在文化的主流中，现下有了更为广阔的写作空间，可以自由写作自己喜欢的东西；第二，比以往更重视读者，因为读者是衣食父母，是安逸生活的保障。

那什么是林语堂真正喜欢的？早在林语堂留学归国后发表的文字就可见端倪。在1924年《晨报副刊》的5月23日和6月9日两期上，林语堂发表了《征译散文并提倡"幽默"》和《幽默杂话》，首倡幽默。人们多以为林语堂是20世纪30年代才提倡幽默，其实不然。

我早就想要做一篇论"幽默"（Humour）的文，讲中国文学史上及今日文学界的一个最大缺憾。（"幽默"或作"诙摹"，略近德法文音。）素来中国人虽富于"幽默"，而于文学上不知道来运用他及欣赏他。于是"正经话"与"笑话"遂截然分径而走：正经话太正经，不正经话太无体统。①

归国后的林语堂快速投身新文化运动，其间也致力于文学方面的变革。中国的严肃文学过于刻板而高高在上，不易于推广；通俗的又太过于粗俗荒诞，失了格调，上不了台面。林语堂此时提倡幽默，既因为他的西学底子，喜欢西洋随笔里的"会心一笑"，更因为他认为这是引进西方创作之风，改变中国文坛旧气象的需要。"中国人天性富于幽默"，林语堂认为现实中缺乏幽默的原因在于礼教的严苛，"浅显一点，应说是当归功于那些威仪棣棣道学先生的板面孔"。② 提倡幽默，就得破除礼教的束缚，释放人的自由天性，这与"五四"时期"人的觉醒"这一时代主题不谋而合。然而随着时代风潮越发的狂飙突进，林语堂也越来越激进，温和的幽默远不能满足文学革命的需要，在这两篇文章之后，林语堂也没有继续这个话题，而是提出了"精神欧化"，乃至以实际行动参与到反抗北洋军阀统治的学生运动中。

林语堂之前提倡幽默和之后的中断都暗合了时代的潮流，当他从时代的政治旋涡中抽身而出后，其崇尚自由的天性对他的创作起了更重要的影响。林语堂到上海后继续在《语丝》上发表文章，然而，《语丝》在1930年3月停刊了，从1930~1931年，林语堂发表的文章就明显减少。1932年9月，林语堂与上海文坛上一群志同道合的自由主义文士们以不左不右为标榜，创刊了《论语》，林语堂任主编，"其初办时，亦无非想占便宜，自己生子，自己接生，无庸乞怜于编辑之门"。③ 可见，林语堂与其同仁创办《论语》，无非是想和《语丝》一样，有个自由发表私见的园地。但此时的林语堂已不再是当初那个急于让他人认同、尾随权威之后的热血青年了，年近不惑的他在上海沉淀了几年之后，有了自己独立的审美主张，并再次公开倡导幽默："以提倡幽默为目标，而杂以谐谑，但

① 林语堂：《征译散文并提倡"幽默"》，《林语堂全集》（下册），时代文艺出版社，1995，第565页。
② 林语堂：《幽默杂话》，《林语堂全集》（下册），时代文艺出版社，1995，第571~572页。
③ 林语堂：《编辑罪言》，梦琳等编《林语堂散文经典全编》（第一卷），九州出版社，2002，第238页。

吾辈非长此道，资格相差尚远。除介绍中外幽默文字以外，只求能以'谑而不虐'四字自相规劝罢了。"①

　　林语堂创办《论语》的本意是为了有个自由发表言论的阵地，却获得了意想不到的成功，并带动了整个文坛的风气为之一变。"中国的寂寞的文坛上，东也是幽默，西也是幽默，幽默大有风行一时之概。"② 以至于 1933 年被称为"幽默年"，林语堂也获得了"幽默大师"的称号。从单纯写文到出版教材再到编辑杂志，林语堂不仅从自由化写作中获得较高的经济利益，更享受了由此带来的巨大成就感。面对《论语》发行的大好形势，林语堂又喜欢上了编辑工作，继而推出刊登各种清新可喜小品文的《人间世》，"包括一切，宇宙之大，苍蝇之微，皆可取材"，"故善怡情感与议论于一炉，而成现代散文之技巧。《人间世》之创刊，专业登载小品文而设，盖欲就其已有之成功，推波助澜，使其愈臻昌盛"。③ 作为一名编辑，林语堂振兴现代散文的雄心由此可见一斑。然而，正如林语堂未曾料到《论语》的成功，对《人间世》即将遭受左右夹击的局面也没有半点准备。1934 年 4 月 14 日，在《人间世》创刊后几天，《申报·自由谈》上就刊出野容的《人间何世》一文，顾名思义，可知矛头是直指《人间世》和林语堂的。野容何许人也？他就是来自左翼阵营的廖沫沙。野容的杂文，对于雄心勃勃准备再次引发新一轮散文热潮的林语堂来说，无疑是当头一棒；在有心人的推波助澜下，转眼间文坛风向突变，各报刊紧随野容之后纷纷批判《人间世》，并掀起批判林语堂幽默小品的浪潮。

　　不同的人有不同的思想、不同的立场，不是人人都能看透林语堂提倡幽默背后的良苦用心，不是人人都认可幽默有林语堂所宣扬的那么大功效；但是，"幽默"成了轰动上海文坛的一个时髦词，《论语》成了上海最畅销的杂志，一批类似的幽默杂志轰然出现，这些都是事实。身为左翼先锋人物的鲁迅，那时已深信阶级论，坚持用"匕首""投枪"进行战斗、抗争，对于林语堂的"幽默"还

①　林语堂：《附：答青崖论"幽默"译名》，梦琳等编《林语堂散文经典全编》（第二卷），九州出版社，2002，第 117 页。

②　郑伯奇：《幽默小论》，《现代》1933 年第 4 卷第 24 期。

③　林语堂：《发刊〈人间世〉意见书》，梦琳等编《林语堂散文经典全编》（第一卷），九州出版社，2002，第 265 页。

只是不满，对《人间世》倡导"性灵""闲适"笔调的小品文却是极端反感的，并多次写文章进行批判，最后不惜与林语堂决裂。何为性灵？林语堂说"性灵就是自我"。当自我"有感触便有话有文章"。虽然林语堂对性灵的解释很含糊，但对性灵与文章之间的关系却分析得深刻而详尽。"文章者，个人之性灵之表现"，性灵是个人化的，个体不同，思想情感千变万化，所以文章才呈千姿百态之貌；而人的性灵又非一成不变，人情事理皆变化万千，所以篇篇文章都不可雷同。每篇文章都是写作者在表自己的意，抒自己的情。进而，林语堂认为文学是个人的，主观的，抒情的。他倡导性灵，目的在于"矫目前文人空疏泛浮雷同木陋之弊"。因而，林语堂反对作文有固定的字法、句法、章法。他"排古"，就是为了不受既有作文规范的限制，以达到性灵的最大自由。那如何才能做到性灵的真正舒张，林语堂给出一个"真"字，"发抒性灵，斯得其真，得其真，斯如源泉滚滚，不舍昼夜，莫能遏之，国事之大，喜怒之微，皆可著之纸墨，句句真切，句句可诵"。[①] 在笔者看来，林语堂的性灵，其实是在追求一种"活"的境界。无论做人还是作文，林语堂都视之为鲜活生命力的体现，"活"是万事万物源源不息的源头，"变"是世间万物"活"的本质，"真"是表述"活"之全貌的手段和必由之路，"多元化"是"活"的现实之态。文学要"活"，理所当然要首倡性灵了。

另外，"提倡幽默，亦非一朝一夕可致，非敢望马上成功也。若刊载亦有委靡纤弱文字，而中仅有一二句可喜者，此一时不能免之现象也。故提倡幽默，必先提倡解脱性灵，盖欲由性灵之解脱，由道理之参透，而求得幽默也"。也就是说，林语堂之前曾提倡幽默，尽管影响巨大，但他对文坛实际创作的幽默效果并不满意，也不得不承认不少文章名为幽默，实为插科打诨的文字，有的格调还很低下，无怪乎受到不同文学主张者的批评。而现在提倡性灵还可以为真幽默开疆辟土，开创一番新天地，可见，林语堂的文学主张不仅没有改变，而是更为完善。"今人言思想自由，儒道释传统皆已打倒，而思想之不自由如故也。思想真自由，则不苟同，不苟

---

① 林语堂：《论文》，梦琳等编《林语堂散文经典全编》（第一卷），九州出版社，2002，第 57～67 页。

同，国中岂能无幽默家乎？思想真自由，文章必放异彩，放异彩，又岂能无幽默乎?"① 林语堂倡导性灵，实是其西方个人主义修养在文学上的反映，也是现实社会中的不自由在文学上的弥补，林语堂借此获得心理的补偿。

在《论语》《人间世》之后，林语堂在 1935 年 9 月 16 日又创办了另一本杂志《宇宙风》。在这本杂志的发刊词《且说本刊》里，林语堂提出了他另外一个思考良久的观点：近情。面对当时文坛左倾之风，林语堂说："吾人不幸，一承理学道统之遗毒，再中文学即宣传之遗毒，说者必欲剥夺文学之闲情逸致，使文学成为政治之附庸而后称快。"林语堂主张文学的纯粹性，说自己想说的话，写自己想写的文字，不为外力所左右。林语堂在《语丝》时期也曾积极投身于社会政治运动，写过很多犀利的针砭时政、文化的文字，这是发自林语堂内心的真实呐喊；现下不直接批评时政了，而以另外一种形式婉转表达，其间还倡导性灵小品文，这同样也是出自林语堂内心的真实需求，并不意味着林语堂不关心时政了。不管是当初的激进还是现在的温和，林语堂不变的，是忠实于自己的内心世界：当初"言志"，言的是一己之志；现在抒情，抒的是一己之情。"五四"提倡的个性解放、人格独立，在林语堂身上得到了最好的诠释，不过，林语堂也展现了知识分子在葆有一己思想上，宁可坚守不合时宜的为人处世原则。这种坚定不移的个人主义情感，更说明了林语堂知识结构和意识形态中的西学渊源，而非中国传统文化中的顾全大局的理念。林语堂反对新旧道学和新旧八股，"《宇宙风》之刊行，以畅谈人生为主旨，以言必近情为戒约；幽默也好，小品也好，不拘定裁；议论则主通俗清新，记述则取夹叙夹议，希望办成一合于现代文化贴近人生的刊物"。林语堂认为"杂志之意义，在能使专门知识用通俗体裁贯入普通读者，使专门知识与人生相衔接，而后人生愈丰富。"② 林语堂在 20 世纪 30 年代

---

① 林语堂：《论文》，梦琳等编《林语堂散文经典全编》（第一卷），九州出版社，2002，第 57~67 页。林语堂相关的论述还见于《论自我》《说自我》《论小品文笔调》《大学与小品文笔调》《小品文之遗绪》《再谈小品文之遗绪》《论性灵》等文章。

② 林语堂：《且说本刊》，梦琳等编《林语堂散文经典全编》（第一卷），九州出版社，2002，第 250~251 页。

办了三种杂志,其初衷在于能够自由发表己见,最终目的在于启发民众,做的还是文化启蒙的工作,这是对"五四"启蒙精神的继承。然而,在 30 年代,革命文学的主旨却不是文学启蒙、文化变革,而是要夺取政权、改变中国的政治面貌。左翼文学必然要夺取并赢得文坛的话语权,必然会努力地打压林语堂这类没有跟上形势却会影响大众的作家。如果说,野容们是来自"左"的阵营;那"微风文艺社"就是"右"翼南京政府势力的代表,它把林语堂和鲁迅并列在一起共同声讨,林语堂陷入左右阵营的夹击之中。

生性率真、爱好自由的林语堂在青年时代也曾书生意气,挥斥方遒,曾紧随鲁迅之后,写下过《打狗释疑》等激昂的呼应文章;而这次林语堂却坚持己见,面对来自左右阵营的夹击也毫不退缩,宁肯钻牛角尖也不改弦易张。林语堂的坚持是来自他在市场运作中进行文化批评和文化建设的思路和这种思路的成功实践。林语堂不会为了市场而放弃自己的人文理想和社会责任,但自己的文化追求和文学主张只有得到社会的广泛反响,身为知识分子的影响力和价值才能得以实现。《论语》的成功创办,证明了读者中有不同于激进知识分子的远大理想,也不同于通俗作家纯粹娱乐愿望的认识层面,这个层面的读者人数众多,是实现林语堂人文理想的新领域,他无论如何都不会放弃。林语堂的执着也是他个人主义思想的最好证明。个人主义者最为反感所有试图干涉别人思想和观点表达的蛮横无理的做法,林语堂曾在文章中多次提及"我虽然不赞同你的观点,但誓死捍卫你说话的权利"。然而在《人间世》提倡性灵的林语堂,一开始就遭受到来自左翼的冷嘲热讽,甚至后来遭到有组织的批判。① 对此,林语堂虽写了《方巾气研究》《做文与做人》《今文八弊》等文章予以反驳;但对于投在《人间世》的左翼阵营的文章却也不拒绝。他总是坚持自己的想法,该幽默就幽默、该讽刺就讽刺、该讲性灵就讲性灵、该批评就批评,属于左翼阵营的徐懋庸、唐弢、阿英、杨骚等人都在《人间世》上发表过文章。

个人主义者更加强力反抗由国家权力机构施加的所有试图控制

---

① 继胡风在 1935 年 1 月 1 日《文学》月刊第 4 卷第 1 号发表《林语堂论》之后,1935 年 3 月,《太白》杂志推出了"小品文和漫画"特刊,有 58 位作家为此撰稿,共同批判林语堂的运动达到了高潮。

个人的强迫力量。一直以来，林语堂对国民党政府要员的嘲讽和对国民党南京政府的政策批评就从未停止过。例如《有驴无人骑》讽刺政府要人对于行政院职位互相推诿的丑态；《吾家主席》直接指名道姓讥刺国民政府主席林森不积极准备抗日，反而在各地巡游的可笑行径；《梳、篦、剃、剥及其他》借四川童谣对当局诈取民财、搜刮民膏的虐政给予痛斥，诸如此类的文章不胜枚举。林语堂倡导"宇宙之大、苍蝇之微"无不可写的小品文，不但没有逃避现实，反而借其灵活多变的笔触，对现实进行了有力的批评。而这种批评又得罪了当局，国民党上海市党部成立了微风社专门作文声讨林语堂和其他写文责难政府的作家。林语堂的进一步反抗是，特意用英文写了一部《中国新闻舆论史》来痛击国民党政权对舆论残酷压制的政策，激励民众为新闻自由、为公民权利而战。

在当时或是后来很多人的眼里看来，林语堂脱离现实的政治斗争，不合时宜地倡导"幽默、性灵、闲适"的小品文，是其走向个人主义的消极结果。然而，今人再次回顾这段历史，林语堂的个人主义并非如此简单，它见证了在20世纪初的文化转型时期，一个知识分子对"独立之人格，自由之思想"的坚守。

西方文艺复兴时期的人文主义，启蒙运动时期的理性主义，后来的自由主义、个人主义等文化思潮，在反抗封建神权、君主专制上起了极大推动作用，为资本主义的持续发展创造了良好的思想背景，提供了无限的动力支持。伴随资本主义的深入发展，对个体的重视也提高到了前所未有的程度。晚清末年，睁眼看世界的第一批知识分子、最早的觉悟者之一——严复，他把目光从中国转向了世界，最早看出了西方文明在当时的优势，于是译书、著述，传播西方文化和思想，介绍西方强国的政治、经济、司法、教育、军事制度和人文知识，如《原强》中提出："夫士生今日，不睹西洋富强之效者，无目者也。谓不讲富强，而中国自可以安；谓不用西洋之术，而富强自可致；谓用西洋之术，无俟于通达时务之真人才，皆非狂易失心之人不为此。"严复所言"西洋之术"，并不仅指技术层面，他还提出，"今日要政，统于三端：一曰鼓民力，二曰开民智，三曰新民德。"当时较为开明的当权者，如曾国藩、李鸿章之辈，虽倡言改革，但认识还未达到如此高度，他们不敢触及朝廷和传统价值观，只能从技术层面上"师夷长技"；而严复把自己的强国梦则寄托在国人的觉醒和朝廷的改革上。严复的"三民"思想，承继了西方人文主义重视独立思考，敢于怀疑求异、敢于向权威挑战的理性批判精神，展示了中国人文精神从传统向现代的转型。然而，需要提请注意的是，这里的"民"指的不是个体，而是与家、国利益息息相关的大众，个体可以在其中获益，但一旦与集体的家、国、民族的利益相对时，个体即可被忽视、被牺牲，没有任何置喙的余地。换言之，中国的个人主义裹挟着强国梦想而获得了存在的合理性，但同时也决定了它在本土话语中的先天不足，中国几千年来对个体的忽视以另一种形式变相地存在着。

　　沿着这样一个既定的思维模式，梁启超的《新民说》《十种德性相反相成义》，孙中山后期强调"心理建设"等的最终目的都是国家政治。到了"五四"新文化运动时期，思想启蒙首先针对的就是知识分子独立人格的建立，于是，个人主义的宣扬达到了一个新高度。陈独秀在《敬告青年》中宣称："解放云者，脱离夫奴隶之羁绊，以完其自主自由之人格谓也。我有手足，自谋温饱；我有口舌，自陈好恶；我有心思，自崇所信；绝不任他人之越俎，亦不认主我而奴他人；盖自认为独立自主之人格以上，一切操行，一切权力，一切信仰，唯有听命各自固有之智能，断无盲从奴属他人之理。"陈独秀在文章中将"自主自由之人格"列为解放的首要任务，可见其充分认识到个人主义在去旧迎新思想更替中的作用，因而满怀激情呼唤独立人格、自由思想，并寄希望于青年的醒觉。但是，"敬告青年"的前提是："青年之于社会，犹新鲜活泼细胞之在人身。新陈代谢，陈腐朽败者无时不在天然淘汰之途，与新鲜活泼者以空间之位置及时间之生命。人身遵新陈代谢之道则健康，陈腐朽败之细胞充塞人身则人身死；社会遵新陈代谢之道则隆盛，陈腐朽败之分子充塞社会则社会亡。"① 唤醒青年的最终目的是拯救民族的危亡，思想的落脚点仍是国家的进步。在这里，个人主义与强国之间似乎是高度一致的，这种一厢情愿的设定似乎消解了在中国语境中国家与个人之间的天然对立。然而，历史事实证明，这种对立将长期存在。20 世纪 30 年代，救亡取缔启蒙，"左翼"革命文学与"五四"启蒙文学之间划出了明显的界限；40 年代，延安

---

① 陈独秀：《敬告青年》，《青年杂志》1915 年第 1 期。

文艺座谈会提出文艺要为政治服务，为工农兵服务；60年代，文艺又被要求完全服从于以阶级斗争为纲；还有后来的"文化大革命"……在这一系列文化思潮和政治事件中，个人声音几乎消亡。如果要找出自始至终守护"独立之人格，自由之思想"的人，林语堂可以算是难得的一个。

从思想传承上看，林语堂堪称"五四"之子，更确切地说他是启蒙思想中的"个人主义"之子。启蒙是用理性穿透蒙昧，要将人从神权、皇权、家族的依附中解脱出来，成为能够独立承担自己命运的个体，成为有自己的思想、能运用理性进行判断的精神个体。因此，启蒙就意味着和束缚个体的力量进行对抗，与专制统治或潜在的专制统治进行坚决的斗争，哪怕是社会的主流思想，也要进行自我的反省。所以，启蒙思想离不开独立人格的支撑。林语堂在《语丝》时期猛烈抨击封建礼教造成的卑怯人格，大力提倡彻底欧化，是对启蒙思想的贯彻；当"五四"高潮退却后，时代主题由启蒙转向救亡，个人主义受到了更年轻一代知识分子的垢病，群体本位的国家主义、社会主义替代了启蒙思想的精英地位，这时，林语堂却选择做一个不合时宜的人。林语堂对文坛不是提倡"法西斯"就是追随"普罗"，并将它们作为救世良方而竭力宣传的行为不以为然；对于一些左翼作家的教条主义、宗派主义的做法更是心生反感。他认为现代文化的标志不是那些时髦的"主义"，而是"批评的文化"；这种批评文化注重个人的理性，是知识分子以个人为主体的价值观念的体现。当社会变革的途径由新文化运动时期注重国民性的改造逐渐转为改造社会的激进主义后，林语堂依然将个体的人作为评判一切的最高标准，强调个体的尊严、自由和权利的神圣不可侵犯，无论是谁都不能以民族、国家、阶级、社会的名义剥夺属于个人的权利。这种个人主义价值观不可避免地与当时社会的主流文化、主流思想产生尖锐的冲突。在强大的外力之下，林语堂对"独立之人格，自由之思想"的强调就有了充分的理由，他的坚守势必伴随着对人格主体的自我强化，没有独立人格这根强硬骨骼的支撑，就不能在"救亡压倒启蒙"的重压之下实践其启蒙理想；没有对启蒙理想的强大信念，独立人格便会因为缺乏精神滋养而软化、扭曲，最终失去独立性。如果以独立人格的形成和坚守作为在文化转型时期中国知识分子人格完整的标志，以此衡量整个20世纪中国知识分子的人格形态，难免会有几许遗憾：在这样的评价体系中能够经受住考验并坚持下来的人并不多。

所以，林语堂的个人主义不是自私自利的利己主义，而是包含着知识分子的理想和承担着一定公共责任的。从实际效果看，林语堂在严酷的环境中为自己选择的这条道路对他的适用性主要有三个方面：首先是避祸，借助幽默文字，林语堂可以从容应对国民党政府日益强化的舆论压制政策，驰骋文界，遇险不惊，这是最关键的。如果林语堂真是只顾自身而罔顾现实，他在《论语》时期绝对不会有那么多针砭时弊的文章，更不会特地写作《中国新闻舆论史》。其次，林语堂办刊的宗旨虽然疏离了现实政治斗争，却也开辟了当时主流文坛未曾涉猎的新领域，他轻言淡述，闲抒胸臆，自诩开一代文风，余英时先生也誉之："林语堂以幽默的笔调写小品、散文，并进而欣赏明清文人生活中的闲情雅趣，在当时也有反潮流的意味。"① 以《论语》为首的刊物，在当时受到广泛的关注和赏识，确是不争的事实，此举充实了中国现代文坛，丰富了现代散文文体。就连批判过林语堂的鲁迅，在介绍新文化运动以来成就较大的四位散文家（周作人、林语堂、陈独秀和梁启超）时，也肯定林语堂是其中一位大家。② 最后，《论语》等刊物的文体文风，正是林语堂的秉性和情趣所在，他以倡导幽默、性灵这种方式来为继他的自由人格，寄托他的文学主张和人文追求，虽独树一帜，却是林语堂的才情流露，这正是表现型个人主义的积极处。尽管参与公共生活的意识有所退化，反过来却促进了个人创作力的快速发展，为造就日后向外传播中国文化的大师奠定了基础，这对林语堂来说可谓"失之东隅，收之桑榆"了。

二 潜移默化的文化融合

鉴于林语堂独特的家庭环境，他思想上的中西文化融合早在他幼年时期就悄然进行了；有迹可循的，反而是在他提倡幽默之时。林语堂对幽默情有独钟，在实际创作中不断完善幽默的理论。幽默

---

① 余英时：《试论林语堂的海外著述》，许明主编《中国知识分子论》，河南人民出版社，1997，第206页。
② 〔美〕尼姆·威尔士（斯诺的前妻海伦·福斯特的笔名）：《现代中国文学运动》，《新文学史料》1978年第1期，第229～243页。

是舶来品，林语堂一开始用它旨在改变中国文坛或严肃刻板或低级趣味的文风；后来，林语堂发现幽默的内涵极为丰富，且需要以成熟的文化和智慧作为创作背景，便把幽默上升到能够改造国民性的高度。从创作者而言，幽默不仅是体现在字面上的一种笔调、一种风格，而且是一种温和心态、一种智慧人生观的外化。"幽默本是人生的一部分，所以一国的文化到了相当程度，必有幽默的文学出现。"林语堂在他的《论幽默》里梳理了中国式幽默的渊源，认为在《诗经》里已有幽默的元素，但幽默的成型和表现是在老庄这一超脱派出现之后。"所以真有性灵的文学，入人最深之吟咏诗文，都是归返自然，属于幽默派、超脱派、道家派的。中国若没有道家文学，中国若果真只有不幽默的儒家道统，中国诗文不知要枯燥到如何，中国人之心灵不知要苦闷到如何?"然而，老庄的幽默以西方的标准衡量，还是"酸辣有余，温润不足"，"大概超脱派容易流于愤世嫉俗的厌世主义，到了愤与嫉，就失了幽默温厚之旨"。"因谓幽默是温厚的，超脱而同时加入悲天悯人之念，就是西洋之所谓幽默，机警犀利之讽刺，西文谓之'郁剔'（wit）。反是孔子个人温而厉，恭而安，无适，无必，无可无不可，近于真正幽默态度。"[①] 身为边缘人，驳杂的文化让林语堂不定以哪一家哪一派观点为尊，他取法西方幽默，以孔子的温厚、豁达、自适为本，加之老庄的超脱、任意、悠游，汇成了林氏独特的幽默观。幽默通过文章体现出来，可呈现不同的趣味、格调，林语堂最欣赏的是陶潜"阴性的幽默""诗化自适之幽默"，认为他是中国纯熟幽默的代表。

从行文上看，林语堂认为写作幽默小品文笔触应轻快，文字清淡，如与人闲谈一样，能够庄谐并出，喜怒哀乐皆出于真性情，而不矫揉造作，内容上"有独特之见解及人生之观察"。就读者而言，阅后能生发"会心的微笑"，"这种笑声是和缓温柔的，是出于心灵的妙悟"，可回味无穷。林语堂《论幽默》一文，不仅梳理了中国的幽默文化史，更提出了林氏的幽默观和创作小品文的审美主张。林语堂曾经为获得认同而隐藏或保留过自己的看法，但此时已

---

① 林语堂：《论幽默》，梦琳等编《林语堂散文经典全编》（第二卷），九州出版社，2002，第101~112页。

为《论语》《人间世》《宇宙风》的主帅，他不仅没有改变自己的
文艺主张，反而将自己的文艺观理论化。林语堂的审美主张是一个
不断构建和完善的过程，一开始是以西方文化为标准来衡量一切；
然后是接地气，在中国传统文化中寻找可中西、古今相互联系、沟
通的文化源流；最后是彼此融合，进一步完善和体系化，螺旋式上
升形成自己"幽默—性灵—闲适"的文艺审美观。

　　林语堂文艺审美观的成型，有二人、一派的影响可算居功至
伟。第一人就是意大利著名文艺批评家克罗齐。早在林语堂留学美
国时，他就对克罗齐的美学观表示赞同："我不肯接受白璧德教授
的标准说，有一次，我毅然决然为 Spingarn（斯平加恩）辩护，最
后，对于一切批评都是'表现'的缘由方面，我完全与意大利哲学
家克罗齐的看法相吻合。所有别的解释都太浅薄。"① 克罗齐是 20
世纪西方一位重要的美学家，他所创立的表现主义美学，是现代人
本主义美学一个重要的流派。克罗齐美学的中心概念是"直觉"。
在他看来，直觉是概念的基础，却不依附于概念；直觉创造出意象
来表现人的主观情感，赋予无形式的物质、感受、印象、自然以形
式；直觉即表现，即抒情的表现，也即艺术。反过来说，因为艺术
是直觉和表现，所以他断言艺术不是物理的事实，不是概念的或科
学的活动，不是功利的或经济的活动，不是道德的活动，也不能分
类。克罗齐要求艺术表现主观的情感，这是反古典主义的浪漫主义
艺术思潮的回响，也是现代主义思潮的先声。不过，从认识论上
看，克罗齐混淆了感性直觉与艺术直觉；从方法论上看，他的逻辑
方法是形而上学，脱离了经验，玩的是概念游戏；从艺术传达和艺
术价值角度来说，克罗齐认为传达出来的作品只是"物理的事实"，
而传达本身只是实践的活动，与艺术无关，忽视了艺术与艺术媒介
的密切关系，而且也抹杀了艺术的社会功用以及社会对于艺术的影
响。尽管克罗齐的美学观存在上述的缺陷，但他主张的艺术的整一
性、意象表现情感说、艺术与语言的统一说等观点却是可取的，值
得认真思考和借鉴的。② 林语堂认同克罗齐，主要是因为他赞成维

　　①　林语堂：《林语堂自传》，工爻、张振玉译，陕西师范大学出版社，2005，第 97
　　　　页。
　　②　朱光潜对〔意〕克罗齐美学观的分析十分精辟，具体可参看其《克罗齐美学的
　　　　批判》，《北京大学学报》（人文科学）1958 年第 2 期，第 25～43 页。

护艺术本身的纯粹性,"'表现'二字之所以能超过一切主观见解,而成为纯粹美学的理论,就是因为表现派能攫住文学创造的神秘,认为一种纯属美学上的程序,且就文论文,就作文论作文,以作者的境地命意及表现的成功为唯一美恶的标准,除表现本性之成功,无所谓美,除表现之失败,无所谓恶;且认任何作品,为单独的艺术的创造动作,不但与道德功用无关,且与前后古今同体裁的作品无涉。"林语堂以肯定"表现"为出发点,主张文学的本质是"个性的表现",应该是独创的、多元化的、非功利性及无法分类。林语堂指出:"我们须明白一切的作品,是由个性表现出来的,少了个性千变万化的冲动,是不会有美术的。""我们要明白文学是没有一定体裁的。有多少作品,就有多少体裁。文评家将文分为多少体类,再替各类定下某种体裁,都是自欺欺人的玩意。"①

从克罗齐美学在中国的传播与接受看,林语堂当属中国接受克罗齐思想最早的学者之一;然而,林语堂也并非全盘接受了克罗齐的学说。克罗齐美学的中心概念是"直觉",认为直觉就是艺术,是表现;林语堂接受了这一观点,并把它转化为艺术(当然就包括文学)是"个性的表现"。克罗齐主张直觉,目的是反对理性,打消二元论,取消物质的存在,证明心灵活动的世界就是唯一的真实世界。林语堂提倡文学是个性的表现,是承继"五四"个性解放的潮流,以达到启蒙大众的目的。克罗齐是纯粹的哲学理论体系的构建,林语堂更多是承载了"文学革命"的知识分子之责,不忘现实指征。林语堂引入这一观点后,随之将它进行本土化,与中国传统文化勾连起来,"中国也有视文学为非规矩方圆起承转合所能了事的人,在古代如王充,刘勰;在近代如袁牧,章学诚诸人——我们可以就叫他们做浪漫派或准浪漫派的文评家"。然而,中国古人的学识与西方现代人克罗齐相比,毕竟相隔太远,"所谓中国有些文评家与表现派理论相近,只是相近而已"。"主张性灵的袁子才,仍不免好做《诗法丛话》无聊的勾当。像章实斋'战国之文学出于六艺''又多出于《诗》教'的学说,简直是与表现派理论背道而驰。然而表现学说的是非,正在此种体贴入微的精要处,研究文评

---

① 林语堂:《新的文评·序言》,梦琳等编《林语堂散文经典全编》(第四卷),九州出版社,2002,第459~466页。

理论的人，不可以不辨。"① 就当时林语堂的中国文化积淀而言，虽说可以一辨，但辨个清楚却力有所不逮。正当林语堂纠结于克罗齐美学观的本土化，为之寻找合适的融合点时，周作人给了他很大的启发，并由此结识了明代的袁中郎，为日后性灵说的成型提供了理论准备。

第二人就是周作人。1926~1928 年，周作人在《陶庵梦忆·序》、《杂拌儿·跋》和《燕知草·跋》中，一再强调中国新散文的源流是公安派与英国的小品文。"我常这样想，现代的散文在新文学中受外国的影响最少，……我们读明清有些名士派的文章，觉得与现代文的情趣几乎一致，思想上固然难免有若干距离，但如明人所表示的对于礼法的反动则又很有现代的气息了。"② "中国新散文的源流我看是公安派与英国的小品文两者所合成，而现在中国情形又似乎正是明季的样子，手拿不动竹竿的文人只好避难到艺术世界里去，这原是无足怪的。"③ 周作人十分佩服公安派的文学历史观念，在他的认识里，"公安三袁"（袁宗道、袁宏道、袁中道）的"主张很简单，可以说和胡适之先生的主张差不多"，他们发起的"那一次的文学运动，和民国以来的这次文学运动，很有些相像的地方。两次的主张和趋势，几乎都很相同。更奇怪的是，有许多作品也都很相似"。④ 崛起于万历朝的公安派，其反前后七子复古主义的运动虽然被视为异端邪逆，但究其实质，与周作人他们掀起的五四新文化运动一样，都是涌动在封建制度磐石之下人性解放思潮的浪头。周作人偏爱"三袁"还因为他们虽然不见容于当时的正统文学，但绝不引火烧身，不招惹杀身之祸。"五四"潮落之后，周作人面对以"同情下层人民，向往社会主义"为特征的人道主义思潮与"尊重个性独立与自由"的个性主义、自由主义思潮——这两种思潮在"五四"时期都同样吸引着他，做出了倾向性的选择，

① 林语堂：《新的文评·序言》，梦琳等编《林语堂散文经典全编》（第四卷），九州出版社，2002，第 459~466 页。
② 周作人：《陶庵梦忆·序》，钟叔河编订《知堂序跋》，中国人民大学出版社，2011，第 278 页。
③ 周作人：《燕知草·跋》，钟叔河编订《知堂序跋》，中国人民大学出版社，2011，第 293 页。
④ 周作人：《中国新文学的源流》，江苏文艺出版社，2007，第 22、27 页。

保留并发展了他的"个人本位主义"思想。① 面对日益严酷的政治形势，他提出了著名的"闭门读书论"，在这段压抑的时期，他梳理了现代散文的源流，现实的处境将他与"公安三袁"更紧密地联系到一起，《中国新文学的源流》便是明证。

当时与周作人关系不错的林语堂，从周作人对公安派的推崇中，渐渐关注到了"公安三袁"。至于林语堂是何时何地开始接触"公安三袁"的，他未明确说明过，因此很难确定。但细细研读林语堂的文集，大致说来应该是《论语》创办之后。在《论语》第一期的《"幽默"与"语妙"之讨论》里，林语堂提及中国文人里有幽默的，只列举了苏东坡、袁子才、郑板桥、吴稚晖等，未曾看到"三袁"的名字。到了第七期《新旧文学》（1932 年 12 月 16 日），林语堂首次提到了公安派：

> 近读岂明先生《近代文学之源流》（北平人文书店出版），把现代散文溯源于明末之公安竟陵派（同书店有沈启无编的《近代散文抄》，专选此派文字，可供参考），而将郑板桥，李笠翁，金圣叹，金农，袁枚诸人归入一派系，认为现代散文之祖宗，不觉大喜。此数人作品之共通点，在于发挥性灵二字，与现代文学之注重个人之观感相同，其文字皆清新可喜，其思想皆超然独特，且类多主张不模仿古人，所说是自己的话，所表是自己的意，至此散文已是"言志的""抒情的"，所以以现代散文为继性灵派之遗绪，是恰当不过的话。……
>
> ……袁伯修所谓"有一派学问，则酿出一种意见，有一种意见，则创出一般言语"。人若拿定念头，不去模拟古人，时久月渐，自会有他的学问言语。②

鉴于周作人在五四新文化运动中的地位和影响，正纠结于幽默观和表现说的本土化的林语堂，由周作人的文章获得了很大的启发。这段话里，林语堂不仅把周作人的书名写错了，书中的内容也

---

① 钱理群：《周作人正传》，江苏文艺出版社，2010，第 15 页。
② 林语堂：《新旧文学》，梦琳等编《林语堂散文经典全编》（第二卷），九州出版社，2002，第 434～435 页。

根据自身的理解或需要做了一点发挥。周作人的书名为《中国新文学的源流》，全书论述到"明末的新文学运动"和"民国以来的这次新文学运动"的源流关系，其中未曾单独提及"明末散文""现代散文"这样的话题；而林语堂的表述，显然是根据当时的周作人在那几年所作的序跋等文章和书中的精髓综合而成，只不过在阐述"性灵观"时，已初步融入了他所接受的西方克罗齐的表现主义美学观和幽默理论而已。周作人认为公安竟陵派是现代散文的源头，这一主张把林语堂的视点引导到之前忽视的公安派上。林语堂倡导克罗齐的表现说，认为文学是个性的表现，而个性又与性灵的发挥息息相关。林语堂现有的文学观念在该派的言论和作品中得到了恰如其分的展现，这确实让林语堂充满了"山穷水复疑无路，柳暗花明又一村"的欣喜感。尽管林语堂在《新旧文学》中只点到"公安"和"袁伯修"，并未过多阐发，与之后"尤爱中郎"的表述不可同日而语，但林语堂的思想就此打开了一个新局面，能将已有的西方文论与明末公安派连接起来，并为日后构建"幽默—性灵—闲适"的散文理论体系奠定基础。由此可见，周作人在林语堂和"公安三袁"之间的牵线搭桥功不可没。

如果说周作人的《中国新文学的源流》是其提倡晚明言志小品文的理论卷，那么，沈启无编的《近代散文抄》就是相应的作品卷，林语堂由这部作品选进一步亲近"三袁"和晚明小品："近日买到沈启无编《近代散文抄》下卷（北平人文书店出版），连同数月前购得的上卷，一气读完，对于公安竟陵派的文，稍微知其涯略了。""这派成就虽有限，却已抓住近代文的命脉，足以启近代文的源流，而称为近代散文的正宗，沈君以是书名为近代散文抄，确系高见。因为我们在这集中，于清新可喜的游记外，发现了最丰富、最精彩的文学理论，最能见到文学创作的中心问题。又证之以西方表现派文评，真如异曲同工，不觉惊喜。"① 找到"公安三袁"，林语堂像是找到了他文化的根，当他再提幽默和表现说时，底气更足了，因为这一切不再是无源之水、无本之木，都成了有本可循、有据可查的文学观念。对于在"国学"圈中身处文化边缘的林语堂来

① 林语堂：《论文》，梦琳等编《林语堂散文经典全编》（第一卷），九州出版社，2002，第57~67页。

说，能够在文学传统中寻找到文化的源流，就类似于给自己重新进行文化身份的定位与验证。如果说，此前林语堂曾一切以西方为标准，一方面是其特殊的西式教育经历导致，另一方面未尝不是其传统文化的缺失所造成的。而今，林语堂抓住"公安三袁"不放松，并借此贯通中国古今文化；对于林来说，"公安三袁"不仅是其中西文学观念的融合点，也是其边缘人文化心态转向的一个明证，林语堂由此进入了中国传统文化序列，并获得了正式代言的身份。日后林语堂以中国"国学大师"的身份对外宣传中国传统文化，"公安三袁"在其心理和文化观上的影响可谓至关重要。

　　"谁是气质与你相近的先贤，只有你知道，也无需人家指导，更无人能勉强，你找到这样一位作家，自会一见如故。……你遇到这样作家，自会恨相见太晚。一人必有一人中意作家，各人自己去找去。找到了文学上的爱人，他自会有魔力吸引你，而你也乐自为所吸，甚至声音相貌，一颦一笑，亦渐与相似。"① "近来识得袁宏道，喜从中来乱狂呼。宛似山中遇高士，把其袂兮携其裾。……从此境界又一新，行文把笔更自如。"② 向古代文化寻根溯源，在"气质相近"的表征下，实质可能有两种，一种是今人未与古人对话之前就已存在的"气质相近"，即今人未曾读过古人的书，但在理论和创作上体现出相似的情况，这完全出于巧合；另一种是今人与古人对话以后的"气质相近"，即如林语堂，这往往成为一种有意识的继承或借鉴，而不是简单模仿。

　　从 1932 年底开始关注公安派，到 1934 年对袁宏道（即袁中郎）情有独钟，校阅和出版《袁中郎全集》，林语堂大量搜集和研读明末清初"独抒性灵，不拘格套""信腕信口，皆成律度"这一类"清新流丽"作家的文集，与古人"心灵对话、灵魂交流"的文章越来越多，其文化观明显地向中国传统文化中的晚明时代逆转，并在幽默之上又进一步强化"性灵"的主张。"大凡此派主性灵，就是西方歌德以下近代文学普通立场，性灵派之排斥学古，正也如西方浪漫文学之反对新古典主义，性灵派以个人性灵为立场，

---

① 林语堂：《论读书》，梦琳等编《林语堂散文经典全编》（第一卷），九州出版社，2002，第 15 页。
② 林语堂：《四十自叙诗·序》，梦琳等编《林语堂散文经典全编》（第四卷），九州出版社，2002，第 483 页。

也如一切近代文学之个人主义。其中如三袁弟兄之排斥仿古文辞，与胡适之文学革命所言，正如出一辙。这真不能不使我们佩服了。"① 林语堂不仅从周作人那里搬来了"公安三袁"，连评价都如出一辙。

通过中西、古今文论的比附，林语堂的性灵说愈加完善，既因赋予了西方表现主义内涵而更具现代意义，又将幽默理论统摄起来了，所以林语堂断言："性灵二字，不仅为近代散文之命脉，抑且足矫目前文人空疏浮泛雷同木陋之弊。吾知此二字将启现代散文之绪，得之则生，不得则死。"② 之后，他还写了大量文章，进一步提倡语录体、闲适笔调来与性灵说相呼应。至此，林语堂由昔日苦恼自身传统文化缺失、满口"欧化"的热血青年华丽地转身为接续传统，融合中西文艺理论的性灵文学的倡导者；由紧随鲁迅、周作人身后的边缘人，一跃而为"论语派"的掌门人。

从爽爽快快讲欧化到一门心思在中国传统文化中追根溯源，林语堂为什么会有如此大的转变？回顾五四新文化运动以来的文学史，我们发现回归传统的激进者其实不在少数，例如文学革命的倡导者胡适、周作人等也在其列，林语堂的"复古"显得滞后多了。对于文坛的这种"复古"现象，我们不能简单地否定。在五四新文化运动初起时，知识分子以前所未有的革命精神反叛传统，扫荡一切与传统相关的东西，为引进的"德先生"与"赛先生"留下大片的成长空间。然而，橘生淮南则为橘，生于淮北则为枳，移植的民主和科学填不满个人思想上的真空；照搬的西方政治体制适应不了中国的现状。单看军阀统治你方唱罢我登场，彼此混战不休；所谓的国民政府在呈现出初期的蒸蒸日上劲头后，很快后继乏力，而且内部仍旧派系林立、彼此争权夺利，知识分子憧憬的民主政治并未实现，中国的面貌没有什么改变……惨淡的现实让很多人对前景产生一种迷惘和虚无感。在这样的大前提下，遥忆中国历史上国力强盛、国泰民安的时代，不仅容易让人产生心有戚戚感，也容易让知识分子对已抛弃掉的文化传统产生心理依恋，自觉或不自觉地向

---

① 林语堂：《论文》，梦琳等编《林语堂散文经典全编》（第一卷），九州出版社，2002，第 57~67 页。
② 林语堂：《论文》，梦琳等编《林语堂散文经典全编》（第一卷），九州出版社，2002，第 57~67 页。

传统复归。而且，谁也不可能真正摆脱传统的制约。所谓反叛传统，并非根除传统，而是要舍弃那些已经不合时宜的钦定的"传统"。反叛传统必然导向对传统的重新审视，反叛者必须寻找到新价值的生发点，进行文化的重新定位。这一过程或长或短，但反叛者迟早会在传统中找到思想资源和精神同道，否则外来的思想、文化就无法立足生根。因此，现代知识分子的问题不在于能不能向传统复归，而在于如何复归。如何复归？有鲁迅笔下"吕纬甫"那样的蜂蝇式的复归，即像蜂蝇一样绕了一圈，最终又回到原点，这无疑是对五四精神的背叛，是一种倒退和堕落。令人感叹的是，这种浪子回头式的知识分子对传统文化的迷信，往往比遗老遗少还要固执。例如辜鸿铭，他比很多知识分子更早接触西方的文化和政治，但他回国后报国无门，思想渐趋保守，在五四运动初期体现出的对传统文化糟粕的津津乐道，翘着"傲霜枝"（留着辫子）诡辩着"一个茶壶四个杯"（妻妾制度）的合理性，确实让人无法理解和认同。另一种复归是重新发现、重新选择传统，这是一条漫漫之途，取决于几代学人的学识、能力和锲而不舍的精神。对于现代知识分子来说，如何既发扬五四新文化运动的变革精神，又继承中华民族的优秀文化遗产，成为真正意义上的"现代人"，至今仍是一个艰难的课题，更毋庸说在上个世纪处在那样境况下的中国，那更是十分严峻。

反叛传统，言论上可以全盘否定过去的一切，但实际上根本无法实现。抛弃过往历史留下来的真空，不是简单的借鉴或移植就能填补的，那就需要对传统重新审视，舍弃不合时宜的，寻找能够重新解释、焕发生机的文化。这看似回归了传统，但绝不是鲁迅笔下的吕纬甫式的，像蜂蝇那样绕了一圈就飞回来了，而是飞得更高、更远，是一种上升和前进。借由"公安三袁"回归传统的林语堂，找到了中西文化的融合点，也找到了他品味传统文化的路径。不仅如此，潜藏于林语堂天性中的率性自由、真挚多情、浪漫不羁等因素也由此得到了传统文化的深切滋养，以前所未有的蓬勃气象渐渐展现在其笔端，与充满诗意的中国传统文化交融在一起，构成了林语堂充满魅力的诗性人格和独特的文本气质。

正如金宏达所评："留学欧美的人，后来在文化上都有些综错，彻底西化很难做到，于是又攀援于祖邦的固有文化，要找一个立足的平衡点，边缘行走，期于不倒。他们既可以说是不同文化折冲的牺牲者，也可以说是不同文化交会的幸运儿，善于发现优势和强项如林博士者，就自觉到'对中国人讲西方文化，对西方人讲中国文化'，大可回旋腾挪，因而成就一番事业。"①

第二节　林语堂的作品和跨文化传播

林语堂创作的作品是其人格的精神投射与诗性显现，同时又是其跨文化传播的工具和载体。以林语堂的作品为媒介，探讨其诗性人格与跨文化传播的内在联系，不仅能更好地解读他的作品，也能更深刻地认识林语堂，更能透彻把握其跨文化传播取得如此成功的奥秘。在进一步分析之前，首先要弄清"跨文化传播"的含义。

一　什么是　"跨文化传播"

有人类就有传播，传播学的研究对象主要是人类的传播行为，而文化传播不过是人类传播行为中的一种表现。像我们熟知的儒家先师孔子，他创办私学、广收门徒，做的就是文化传播工作。由此推知，教师、文艺创作者、今日的传媒人等，他们都是文化传播者。可见，文化传播渗透于人类社会的一切活动之中，推动了社会的变迁和发展。没有文化的传播活动，就没有人类社会的生存和发展，更没有人类的文明和进步。然而，受时代的限制，尽管孔子当年曾周游列国，但他在当时的影响力还只局限于神州中原一带。随着社会的发展、科技的进步，文化传播跨越了种族、群体、区域、国界，成为不受时空限制的常见的人类传播行为。随之而来，人们对跨文化传播活动越来越关注，研究者日渐增多，跨文化传播学成为传播学中的显学。

跨文化传播是来自不同文化群体的人们交换信息的过程。它是伴随着人类成长的历史文化现象，也是现代人的一种生活方式，更重要的是，它一直是文化发展的内在动力。在学术层面上，美国作为传播学的发祥地，也是最早开始跨文化传播研究的地方。"二战"之后，美国在世界各地建立了许多海外基地；同时，联合国属下很

---

① 子通编《林语堂评说七十年》，中国华侨出版社，2003，第1页。

多国际性的机构也纷纷成立。任职于这些机构的驻外人员首先遇到的就是文化的沟通和交流问题。文化人类学家爱德华·霍尔（Edward Hall）是当时美国驻外事务处负责选拔和训练到国外工作的美国人的专家之一，根据学员们的要求，他率先将课程的重点从宏观文化知识转向微观文化知识，如声调、手势、表情、时间与空间的概念等，向学员们传授如何与不同文化背景的人进行沟通的知识和技能。1955 年，霍尔在一篇题为《举止人类学》（The Anthropology of Manners）的论文中提出了跨文化的研究范式；1959 年，他出版《无声的语言》（The Silent Language）一书，从此开创了跨文化传播研究领域。

跨文化传播研究的学科基础是文化人类学、语言学、社会学、心理学等不同学科，它们不仅构成了跨文化传播学最为直接的理论来源，也为之提供了研究方法和研究方向，而且，它们的前沿进展也为这一领域与其他知识系统的交汇提供了更多的可能性。关于跨文化传播学的学科特质，国际传播协会指出：这是一门致力于不同文化之间传播的理论与实践的学科，关注不同文化、国家和族群之间传播系统的差异，并与国际传播研究、传播与国家发展研究等密切相关。跨文化传播学的研究对象是文化与传播之间的关系，以及不同文化之间理解、合作与共存的可能与机制。①

作为一门新兴的多学科交叉而形成的边缘性学科，跨文化传播在借鉴和汲取其他学科有益的研究方法的基础上，形成诸多的适应于自身的研究方法，常用的研究方法有：实地调查法、访谈法、个案分析法、问卷法、控制实验法等。本论文就是采用个案分析法，把在跨文化传播中取得巨大成就的林语堂作为一个成功个案进行分析。个案分析一般不在事先提出什么假设，也不用最后的结果去证实或否定假设。个案研究的结果来自一个实例，往往较难只凭该个案结果来推出一般性的结论。不过，这种方法对个别的传播和文化现象的考察却具有较高的深度和较强的力度，能够挖掘出许多不为人重视的详细资料。林语堂就是一个可遇而不可求的难得个案，以他创作的作品为分析对象，我们能更深刻理解其人、其文、其传播行为。

---

① 孙英春：《跨文化传播学导论》，北京大学出版社，2008，第 1 页。

二 跨文化传播的特点

早在林语堂出版《新的文评》（1930），向国人引入克罗齐的表现说；并在 20 世纪 30 年代创办刊物大力倡导"幽默、性灵、闲适"的小品文之时，他其实就在从事着跨文化传播的工作。不过这些西方文化观念的引入，因为林语堂在中国传统文化中找到了很好的结合点而变得不太明显，也不符合当时左翼作家们的口味。对于跨文化传播工作的认识，林语堂和鲁迅有着不同的看法，这直接导致了他们第二次决裂。1934 年 8 月 13 日，鲁迅在给曹聚仁的信件中提到了他对林语堂的劝告，鲁迅劝林语堂不要再提倡什么幽默之流的东西，不如翻译一些英国文学的名著更切合实际。以林语堂的英文根基和中文水平，这并非难事，林语堂若真按鲁迅说的去做，保不定成为一代翻译大家。可是，林语堂并没有听从鲁迅的劝告，鲁迅的思维重点仍停留于西学东渐，而林语堂在赛珍珠的启示下，已转向到东学西渐的道路上去了。

林语堂从事文化传播工作时，尚未有相关的传播理论作为指导，但凭着他天性的敏感和过人的才华，在赛珍珠和其丈夫华舍尔的协助下，林语堂的跨文化传播渐渐形成了林氏的特点和风格。在进一步分析之前，不妨将林语堂为西方读者创作的、在国外出版的作品做一个简单的列表。

年份	作品
1935	《吾国与吾民》（文化著作）
1936	《中国新闻舆论史》（新闻类专著）
1937	《生活的艺术》（文化著作）
1938	《孔子的智慧》（文化著作）
1939	《京华烟云》（小说）
1940	《讽颂集》（散文集）
1941	《风声鹤唳》（小说）
1942	《中国印度之智慧》（文化著作）
1943	《啼笑皆非》（散文集）
1944	《枕戈待旦》（散文集）
1947	《苏东坡传》（他传）

年份	作品
1948	《唐人街》（小说）、《老子的智慧》（文化著作）
1950	《美国的智慧》（文化著作）
1951	《寡妇、妾与歌妓：英译三篇小说集》（翻译）
1952	《英译重编传奇小说》（翻译）
1953	《朱门》（小说）
1955	《远景》（又名《奇岛》）（小说）
1957	《武则天传》（他传）
1958	《匿名》（散文集）
1959	《中国的生活》（散文集）、《从异教徒到基督徒》（自传）
1960	《中国著名诗文选译》（翻译）
1961	《辉煌的北京》（散文集）、《不羁》（散文集）、《红牡丹》（小说）
1963	《赖柏英》（传记小说）
1964	《逃向自由城》（小说）
1967	《中国画论》（翻译）

　　从上面的作品列表可知，林语堂的作品主要可以分为以下几类：一是文化著作；二是小说作品；三是散文集；四是传记作品；五是翻译作品。在这五类作品里，本书以文化著作、小说、传记等作品为主要研究对象，因为它们代表性强，且具有较高的跨文化传播价值，例如文化著作其实也是散文式的著译结合的译介小品，可以涵盖散文集、翻译作品的主要特点，同时又具有丰富的文化内涵。

（一）诗性演绎的特点

　　林语堂跨文化传播的第一个特点就是诗性演绎。具体而言，首先，林语堂在表达上喜欢采用较为自由的散文小品式的体裁，以便于他自由地阐述观点和抒发情感。即便是小说，也具有散文化的风格。林语堂的小说不太讲求情节的跌宕起伏，但很重视对风俗民情、优美环境的描述，例如《京华烟云》，营造出历史厚重、人杰地灵的感觉；而且，他还喜欢插入议论和抒情，在《奇岛》中就有很多旁逸斜出的议论，尽管用语精妙，有时也难免有破坏小说整体感的弊端，但林语堂却格外偏爱这种表达方式。这种独特的林氏表达，有些类似于散文化小说。散文化小说是把情节化淡，人物化虚，结构化散，从文体史看，这并非是林语堂首创，郁达夫的自传体小说《沉沦》及《春风沉醉的晚上》、《迟桂花》等作品早就体现出这样的文体特点；另外，废名、沈从文、萧红、孙犁、汪曾祺、邓友梅等作家的创作也比林语堂更鲜明地具备这种特点。然而，从跨文化传播角度看，林语堂的散文小品本身就具有不受拘束、自由奔放的特点，而小说适当的散文化也有助于作者运笔挥洒自如，令叙述更加贴近生活，诸如历史文化、风土人情、市井民俗等各种知识可以更为自由地穿插其间，不仅使作品饶有趣味，也让西方读者从中获取到更多的异域文化知识。林语堂淡化小说情节，却浓化了作品情感，而且仍注重人物形象的刻画、环境的渲染，那种颇有点以回忆口吻娓娓道来的表达，让人读起来倍感真实和亲切，有利于增加小说的美感。

其次，林语堂的文化著作既有笼统的概述性作品，也有根据读者需求而做的针对性的专论。例如《吾国与吾民》是概述性作品，而《生活的艺术》《孔子的智慧》《老子的智慧》等作品则是专门性论著。林语堂撰写《吾国与吾民》是得力于赛珍珠的邀请，具体如何着手写作，林语堂并无参考文献。于是，林语堂将中国人的性格、气质、信仰，社会生活、文学艺术、日常生活等方面的情况进行了真实而详细的介绍。尽管表达笼统，但内容却满足了亟须了解中国国情的西方读者的热望，"它是忠实的，毫不隐瞒一切真情。它的笔墨是那样的豪放瑰丽，巍巍乎，焕焕乎，幽默而优美，严肃而愉悦。对于古往今来，都有透澈的了解与体会。我想这一本书是历来有关中国的著作中最忠实、最钜丽、最完备、最重要的成绩"。① 赛珍珠的评价点明了该书在跨文化传播中的价值。在《吾国与吾民》之后，已有经验的林语堂，在书商的要求和指导下，根据西方读者的需求，开始了一系列有针对性的专著写作。《生活的艺术》是典型的应制之作，专讲西方读者关注的中国人的性灵、人情，家庭生活的乐趣，日常生活的审美享受。《孔子的智慧》《老子的智慧》是对中国文化源头的两位伟人的思想和影响进行专章介

---

① 〔美〕赛珍珠：《赛珍珠序》，《吾国与吾民》，黄嘉德译，陕西师范大学出版社，2002，第6页。

绍；而《中国印度之智慧》《美国的智慧》则是从边缘人的角度介绍、总结、比较了东西方文明及各自的特点，从系统上完成了林语堂跨文化传播的文化体系。不可否认的是，无论是概述还是专论，林语堂的语言一样的"幽默而优美，严肃而愉悦"，非常的通俗易懂。

最后，从所有作品的内容上看，林语堂对传播的文化是经过精心选择和创造再现的。林语堂根据自己诗性人格的特点和喜好，在创作中偏向中国传统文化中自由、和谐、审美的诗性部分，主观性选择非常明显。中国传统文化是诗性的（这前文已有论述），正因如此，中国传统文化中对自由的追求和艺术展现可谓硕果累累，林语堂在创作时如鱼得水、信手拈来。不管是对老庄思想的推崇，对陶渊明、苏东坡人格的赞美，还是对明清士子生活方式、艺术追求的强烈共鸣，都有此原因在内。

中国传统文化是自由的，也是和谐的。孟子说："天时不如地利，地利不如人和。"中国古代先贤仰观天文，俯察地理，中究人事，将天、地、人作为一个完整的统一体来思考，进而展开对宇宙、人生的深层次探索，并在这种宏伟的思想体系中努力寻求人与自然、人与社会、人与人、人与内心之间的整体和谐。《礼记·中庸》开篇说："中也者，天下之大本也。和也者，天下之达道也。致中和，天地位焉，万物育焉。"因此，尽管中华民族族群众多、中华文化驳杂多样，但和谐是大家自始至终共同追求的目标。中国传统文化主要就是由儒、道、释三家相互融合而成，就和谐宏旨而言，三家思想各有侧重：儒家重视人与社会的和谐，道家提倡人与自然的和谐，佛家追求灵与肉的和谐。三家和而不同，亦有互补合流，遂成多姿多彩的中华文化气象。

中国传统文化还是审美的。审美文化是人类在审美实践过程中所获得的审美能力和审美创造的成果。自人类对现实产生审美关系始，迄今已积累了异常丰富的物质性和精神性的审美文化。有着悠久文明史的中国，其审美文化更是绚烂无比，美丽的自然山川陶冶了人们的审美情操，诗词曲赋、琴棋书画、古玩器皿、茶酒烹饪等衣食住行的一切，无不汇聚着审美的结晶。在林语堂时代，西方世界因为经济与科技的快速发展，人类社会物化的痕迹越来越明显，人们沉浸在纸醉金迷、人欲横流的现代工业文明中不能自拔，对美已经淡忘了，审美的感觉麻木了。于是，他们就想重新寻觅失落了的美好事物，找回审美的能力，希望重新构建一个能逃避滚滚红尘的精神家园。这就出现了一个非常有趣的现象：西方高度现代化的国家对东方的审美文化产生了浓厚的兴趣，认为东方的诗性文化具有本质意义的美，是"天人合一"的、最符合宇宙本来面目的审美文化。林语堂意识到了这一点，便顺应民意，将中国传统审美文化做了最大化的展现。有哲学层面的思想介绍，如他的"智慧书系"；较多是通过小说、传记等更为通俗的方式全面介绍中国古今的日常生活状态。如《苏东坡》是介绍与林语堂一样富有诗性人格的天才大家——古人苏轼的人生和创作；《红牡丹》《京华烟云》《朱门》《赖柏英》等则是展现中国近现代人的生活图景。这样的内容安排，既体现了中国传统文化古今相通、一脉相承，也兼顾了高雅与通俗，做到了雅俗共赏。

（二）文化融合的特点

林语堂跨文化传播的第二个特点就是文化融合。因为林语堂独特的家庭环境和教育背景，他的文化融合早就成了潜移默化的自觉行为。当林语堂旅居国外后，他的文化融合变得更加主动，进而体现出包容性大、变通性强的特点。

前文曾提到，林语堂自认为是"世界公民"，这是他对自己曾为边缘人、希望获得认同心理的一种自我修补，这使得他的内心更为坚定，能够进行自我调适以包容、应对不同的文化。如同前文所论述的那样，林语堂吸收的文化很驳杂，首先有西方文化的成分，再有中国传统文化的深刻烙印，随着其视野的扩大，还有印度智慧元素的添加，例如他对禅学的吸纳以及撰写《中国印度之智慧》。台湾学者邢光祖对此评价说："语堂先生谈到思想方法的比较，独标中国集直觉大成的禅学，并借以批评西方的宗教哲学，可见语堂先生，像日本的铃木大拙一样，不是一宗一派或一教所能束缚的'绝学无为闲道人'。"①

面对不同的文化，林语堂体现出强大的包容性，他对自己多元文化人的角色定位也越来越鲜明。何为"多元文化人"？这是由爱

---

① 邢光祖：《记林语堂论东西思想法之不同》，梦琳等编《林语堂散文经典全编》（第一卷），九州出版社，2002，第618页。

德勒（Adler）提出来的一个概念：multicultural man，指的是一个人在思维和情感上既能把握整个人类的基本统一，但同时又能意识、承认、接受并欣赏不同文化的人们之间所存在的根本差异。[①]也就是说，对于一个多元文化人来说，他能够认识到差异的重要性并因差异去接纳、包容不同的文化。林语堂就是这样一位多元文化人，他所具备的性格特征使得他能与不同文化很好地沟通、交流、吸收、融化。也正是因为这种性格特征，他在跨文化中能较好地处理人际关系，使得文化传播更为顺利。

　　然而，并不是每一个人都能成为多元文化人。一个多元文化人首先必须拥有强大的心理适应能力，而且这种能力可以在行动中反映出来。在克服和包容文化差异的过程中，个体会持续经历思想、心态的变化，这种变化会令个体变得脆弱，从而失去自我；但是，若超越了这种变化，就会练就个体思维方式的灵活性，从而提高跨文化的沟通技能。回顾林语堂在国内曾多次变更他的文化主张，表达过一些相互矛盾的观点，可见林语堂在成为一个多元文化人之前，同样经历了思想、心态变化的历练。幸运的是，林语堂诗性人格中那种率性自由、追求自然的天性使得他更容易超脱这些变化，进而脱胎换骨成为一个多元文化人。

　　成为一个多元文化人是非常具有挑战性的，最大的挑战就来自文化的传播。要做好文化传播，仅仅具有多元文化人的素养还不行，还要具备一种全球化心态（global minset）。所谓的"全球化心态"，是指能够透过不同的文化背景，看到人们对不同事物和观念的理解。鉴于这种理解可以提高个体的能力，即人们可以通过接触不同的文化来增长自己的见识并增强对不同文化的理解；所以全球化心态更近似于一种自我永恒学习视角，换言之，全球化心态可以被定义为自愿的自我挑战，使目标接近和适应于全球化视野。由林语堂的作品简表可知，林语堂一直在努力学习、笔耕不辍，不断地给自己设置不同体裁的创作目标，尽可能尝试超越自己。

　　全球化心态是林语堂跨文化传播能力与具体行为的重要基础，在它的刺激下，林语堂产生了源源不断的艺术创作力；而且，他不

---

　　① 陈国明、安然编著《跨文化传播学关键术语解读》，中国社会科学出版社，2010，第145页。

再满足于单纯的"对西讲中",在作品中体现出越来越明显的文化融合思想。这种文化融合思想不是简单的文化叠加,而是具有很强的变通性,是不同文化的优长处的"以己之长,补人之长"。于是,林语堂试图在其作品中创造一个和谐的世界,塑造出具有完美人格的人物形象。这在他后期的小说、传记作品里体现得尤为明显,如《奇岛》《从异教徒到基督徒》《红牡丹》《赖柏英》等。这种尝试本身就带有一种高度的理想化,因而整个过程充满矛盾、挫折不断;但令人心生敬意,深受感动。

不以成败论英雄,若要深刻体味林语堂在跨文化传播中所花费的巨大心力,就要细细研读他的作品,因而,后文是对林语堂的作品进行具体的文本分析,以此见证林语堂在跨文化传播中是如何进行诗性演绎与文化融合的。

第四章
儒家思想文化的诗性演绎

在林语堂"对西讲中"的跨文化传播中,他对中国传统文化的解读充满了主观性。其实,早在林语堂对其幽默观的阐释过程里,他对中国传统文化进行选择的痕迹就已十分明显。身为边缘人,林语堂并不认同传统文化主流的定说,例如他对孔子以后越来越道统化的儒家学说极为不满,尤其痛恨宋代理学,认为他们是僵化的腐儒。相较而言,林语堂倾向于老庄,认为他们是性灵舒张的先祖,不足之处是失了温厚。林语堂尤为推崇陶潜,后来又推崇袁宏道、袁枚等人,这些人都不是中国传统文化中正统的儒家或道家,而是儒道释思想的融合者;而且在他们所处的年代,他们也不是文化、政治核心圈子里的人物,和现下的林语堂一样,都是处在社会边缘的知识分子,林语堂与他们的共鸣点自然更多。"中国真正幽默文学,应当由戏曲、传奇、小说、小调中去找,犹如中国最好的诗文,亦当由戏曲、传奇、小说、小调中去找。"① 林语堂非主流的边缘心态可见一斑。

不仅非主流,而且林语堂对中国传统文化的认识、把握、解读都是有选择性的,正如章克标所言,林语堂"实际对于中国古籍,只能算初步猎涉,有点门径,现在只是就性之所近的,精读了些而已"。② 林语堂在自己写下的多篇读书心得里也提到了他的阅读习惯和偏好:"所以读书必以气质相近,而凡人读书必找一位同调的先贤,一位气质与你相近的作家,作为老师。这是所谓读书必须得

---

① 林语堂:《论幽默》,梦琳等编《林语堂散文经典全编》(第二卷),九州出版社,2002,第 101~112 页。

② 章克标:《林语堂在上海》,子通编《林语堂评说七十年》,中国华侨出版社,2003,第 127 页。

力一家。"① 这种学习方法有助于林语堂快速获取相关知识，并形成自己的独特看法；但因为是得力于一家，也容易以偏概全，流于片面。因此，林语堂对中国传统文化的传播是"性之所好"的诗性演绎，有真精神的部分，也有一些是他主观性的想象。在林语堂的作品中，体现得最为明显的，是他对儒家和道家思想文化的诗性传播。

第一节　林语堂眼中的儒家思想

林语堂的父亲虽然是基督教牧师，但身在中国这样的大文化背景下，在林语堂幼年时，林牧师也曾指导孩子们学习过四书、《诗经》、《声律启蒙》、《幼学琼林》，因而，林语堂也算是接受过儒家思想的启蒙。但是，林语堂后来接受的是完整的基督教教会学校的教育，西方价值理念成为他认知世界的文化底色。尽管于圣约翰大学毕业后，林语堂一直怀有强烈的回归中国传统的情感，也付诸了行动，但他对中国传统的理解始终是一种西学体系下的反观和审视。即是说，不管面对的对象是什么，但标准是不变的，这个标准就是西学体系；因而，尽管谈的都是中国传统，当不同时段、面对不同的受众时，就会出现不同、甚至相反的结论。例如对儒家思想的认识，林语堂就曾有过前后矛盾的见解。早年林语堂有两篇代表性的文章谈论到他对中国传统的认识，一篇是《给玄同先生的信》（1925），另一篇是《机器与精神》（1929）。在这两篇文章里，林语堂比照西方，为改革中国现状提出了"彻底欧化"的主张。他盛赞西方的机器文明和精神文明，而对中国传统文化多有批评，首先提出的就是"非中庸""非乐天知命"。但到了《中国文化之精神》（1932）、《吾国与吾民》（1935），林语堂却对儒家的中庸之道完全改变了看法，转而认为它是中国人文主义的体现。之前不符合西学体系的中国传统，现在找到了"人文主义"的结合点，林语堂把儒家思想也纳入他的西学体系中，逐步形成其成熟的人文思想。

林语堂关注的儒家思想是先秦时期的孔子及后学的思想经典，

---

① 林语堂：《论读书》，梦琳等编《林语堂散文经典全编》（第一卷），九州出版社，2002，第 15 页。

在他眼里，他们的儒家思想是源头、是正宗；而汉儒、宋儒已然掺杂太多，尤其是对宋儒的伪道学，林语堂一直多有讽刺。例如，林语堂在《论中外的国民性》《论东西思想法之不同》等文章中论述到，孔孟思想本来是活泼泼的"动"的哲学，可惜被宋儒曲解为"静"的哲学。宋儒濂溪、横渠、二程都是浸淫禅学十几年才归儒的，要灭尽人欲、主静、主敬、主常惺惺。于是，踧踖不安、正襟危坐、说话吞吞吐吐的道学先生出现了，紧跟着凡事不要动、不许动、畏首畏尾的东亚病夫的模型也诞生了。孔子时代还强调六艺，学生除了研习诗书之外，还要学习骑马、射箭，所以培养出来的学生文能安邦、武能定国。而程朱理学教育出来的人，如同颜习斋所指骂的那样，是"弱人，病人，无用人"，离孟子所言的大丈夫相距甚远。为此，林语堂将原始儒家与宋明理学区别开来，也就是将儒家思想与后世的封建道德、封建礼教束缚相分离，以现代性的视角挖掘原始儒家思想中超越时代的价值观念，开掘其中与现代社会相契合的精神源泉。于是，林语堂在到美国后撰写的第一部正式向西方介绍中国传统文化经典的著作——《孔子的智慧》①（ *The Wisdom of Confucius* , 1938）里，介绍的是以孔子为首，兼及七十子后学和孟子等为代表的儒家思想，并持肯定的态度。"由此我认为儒家思想是具有其中心性，也可以说有其普遍性的。儒家思想的中心性与其人道精神之基本的吸引力，其本身即有非凡的力量。""儒家思想，若看做是恢复封建社会的一种政治制度，在现代政治经济的发展之前，被人目为陈旧无用，自是；若视之为人道主义文化，若视之为社会生活上基本的观点，我认为儒家思想，仍不失为颠扑不破的真理。儒家思想，在中国人生活上，仍然是一股活的力量，还会影响我们民族的立身处世之道。西方人若研究儒家思想及其基本的信念，他们会了解中国的国情民俗，会受益不浅的。"②

① 《孔子的智慧》的汉译本，国内出版的常见的是黄嘉德和张振玉这两人的译本。笔者比较了东北师范大学出版社 1994 年出版的张振玉译本和陕西师范大学出版社 2004 年出版的黄嘉德译本后，感觉张振玉的汉译本应该是在黄嘉德译本基础上修改所得，译文大体相同，但多了个译者序，还增加了古文的白话译文，便于普通读者阅读。但有个别译文处，黄著显得更佳，故此章论文皆采用黄嘉德的汉译本，若无另行说明，下文的中文引文皆出自此译本。

② 林语堂：《孔子的智慧》，黄嘉德译，陕西师范大学出版社，2004，第 1~2 页。

在《孔子的智慧》中，林语堂把孔子思想归纳为五个特点：一、政治与伦理合一，二、礼——理性化的社会，三、仁，四、修身为治国平天下之本，五、士。从政治理想到礼学教化，由仁学的心性修炼到个人的素质修养，直至士（或称为精英阶层）的模范带头作用，进行了一番梳理，形成了一个相对完整且易懂的学派思想体系。在这个思想体系中，"仁"尤为重要。若说"礼"是骨架，是人们行为上须遵循的规范；那么"仁"就是头脑，是人们精神上的终极追求。林语堂认为，孔子所说的"仁"与现代的"人"存有必然联系，"孔子的哲学精义，我觉得是在他认定'人的标准是人'这一点上。"① 于是，在这一点上，林语堂沟通了中西方文化。西方人文主义的核心是"人"，文艺复兴时期它主张一切以人为本，反对神的权威，把人从中世纪的神学枷锁下解放出来。这种以个体的人而不是以神为中心的文化取向，在后来的启蒙运动中得到了进一步的强化，它宣扬个性解放，追求现实人生的幸福；它追求自由平等，反对等级观念；它崇尚理性，反对蒙昧。这种人文主义思潮已成为近现代整个西方文化的主流。以此比照儒家思想，孔子早就有"未知生，焉知死""敬鬼神而远之"的表述，讲求经世致用的儒家主要研究的也是"人"的问题，而且是人在现实生活中如何修身、齐家、治国、平天下的问题。这种以"人"为中心的特性，具体表现为肯定人现实生活的重要性，强调人生的目的不是死后的永生而是现实生活的合理性；在人的本性或实际生活中寻求道德的根据，而不诉诸神的意志。林语堂由此概括为"中国的人文主义"，认为"中国人文主义，即儒学，集中关注人类的价值观"。② 这种价值观是中国传统智慧的结晶，不仅在中国仍有价值，也适用于当下的西方社会。

相较于走在五四新文化运动前列，对儒家文化持激进的全盘否定态度的钱玄同、鲁迅等人，林语堂对儒家思想的看法较为温和，也更客观。他认为儒家思想志在重新树立一个理性化的封建社会，这一政治理想在今天是过时了；但儒家倡导的礼学思想里却包含着

① 林语堂：《孔子的智慧》，黄嘉德译，陕西师范大学出版社，2004，第9页。
② 林语堂：《序言》，《中国印度之智慧》，杨彩霞译，陕西师范大学出版社，2006，第4页。

积极的道德力量，"礼"的最高哲学意义是理想的社会秩序，万事万物各得其宜，这一点在任何时候都不会过时。孔子思想的中心是"仁"，与当今社会提倡人性，倡导做个"真人"是相通的。所以林语堂认为"而孔子，则如现代的基督徒，他相信道德力量，相信教育的力量，相信艺术的力量，相信文化历史的传统，相信国际间某种程度的道德行为，相信人与人之间高度的道德标准，这都是孔子部分的信念"。① 其实，这何尝不是林语堂的信念？林语堂越过儒家思想在当时的中国所面临的困境，直接回到其源头，消解了儒家文化表层之上的社会历史因素，而探求其深层次的超越时代、超越民族的核心价值和思想内涵，使之与现代接轨。林语堂在西方人文主义的视域下，以现代价值理念变形和改造儒家思想，摒弃其"忠孝节义"的伦理纲常色彩，将"仁、义、礼、智、信"等传统道德规范变更为更具现代意识的"情、智、勇"，强调个体的独立自主，讲求人与人之间的平等博爱。这种独到的林氏解读与阐发，使儒家思想呈现出前所未有的鲜活色彩，不仅从中发掘出具有普遍性的人文价值，而且也易为西方读者所接受，也可算是儒家思想在现代语境下的一种发展，这跟后来新儒家的发展颇有异曲同工之妙。另外，这种改造也不是单向度的，中国人文传统中以追求身心内部的修养和境界为上的生存理念与方式，也被林语堂用以对西方文化进行深层次的精神补阙，这在林语堂日后的创作中也渐趋深化。

第二节　近情的孔子形象

从某种意义上说，林语堂阐释的儒家思想其实就是孔子的思想。孔子是儒家的圣人，"去圣乃得真孔子"，这是林语堂对孔子认识和评价的准则。许多做道貌岸然考证文章的腐儒非得否定孔子真实的人性，妄图维持孔子完美无瑕的假人形象，林语堂对此是持批判态度的。林语堂一直在努力拨开罩在孔子头上的神圣光环，尽可能还原一个他心目中真实的孔子形象。林语堂早期在国内创作的独幕悲喜剧《子见南子》，后来在国外写作的英文著作《孔子的智

① 林语堂：《孔子的智慧》，黄嘉德译，陕西师范大学出版社，2004，第4页。

慧》《中国印度之智慧》《从异教徒到基督徒》，还有不同时期的一
些散文篇章《思孔子》《论孔子的幽默》《再论孔子近情》等作品，
都可以看到林语堂一以贯之的观点：孔子是个近情者。早年林语堂
创作《子见南子》（1928）时，虽然不乏有调侃孔子的心态，却赋
予了孔子七情六欲。林语堂根据《论语》及《史记·孔子世家》
的史料记载，想象创作了孔子周游列国时在卫国见到卫灵公的夫人
南子的情形。南子对艺术和人生真谛的大胆言论强烈刺激了孔子，
孔子在激烈的内心冲突中决定离开卫国，不是为了天下苍生，而是
要拯救自我——逃避南子言行对他的诱惑。山东省立第二师范学校
的学生在游艺会上排演了这一剧作，不想在当时掀起了轩然大波①，
但多年来林语堂对孔子的看法未尝有丝毫改变。"当今世人只认孔
子做圣人，不让孔子做人，不许以有人之常情。然吾思孔子岂尝板
板六十四寒酸道学若汝辈哉！儒家以近情自许，独不许孔子近情，
是岂所以崇孔及所以认识孔子人格之道哉！夫孔子一多情人也。有
笑，有怒，有喜，有憎，好乐，好歌，甚至好哭，皆是一位活灵活
现之人的表记。"② 林语堂把孔子引为他"论语派"的同道中人，
对孔子幽默且近情的言行一直高评不断；到美国后，享有美誉，只
出版经典之作，归属蓝登书屋（Random House）公司的《现代丛
书》（Modern Library）向林语堂约稿时，林语堂首先写就的是《孔
子的智慧》，可见他对孔子的另眼相待。

在《孔子的智慧》中，林语堂不仅阐发了儒家思想，更重新塑
造了一个与众不同的孔子形象。林语堂认为，孔子之所以有那么大
的影响力，归之于三个因素：第一，孔子思想对中国人格外具有吸
引力；第二，中国古典学术与历史知识为孔门学人所专有，而孔子
是当时最渊博的学人，还开课授徒，自然备受尊敬；第三，孔子本
人的人品声望使人倾慕。林语堂归纳的这三点可谓切中肯綮。孔子
本人确实是个勤奋好学、知识渊博的人，这种博闻强识的能力尤其
体现在他对中国古代典籍和历史的掌握上，是当时其他学派所不能
与之媲美的。在儒家典籍中，对孔子的人品有着许多描写和夸赞，

① 曲阜第二师范因演《子见南子》新剧，惹起曲阜孔氏族人反对，向教育部呈控
　　该校校长宋还吾。随后各方势力持不同立场加入论战，在当时影响甚广。
② 林语堂：《思孔子》，梦琳等编《林语堂散文经典全编》（第三卷），九州出版
　　社，2002，第474~475页。

评价最高的应该是其弟子颜回的赞美："仰之弥高，钻之弥坚，瞻之在前，忽焉在后。"弟子已把孔子捧到了云端之上，以后的帝王、文人自然而然也都把孔子视为高高在上、凛然不可侵犯的圣人，甚至进一步将他加以神化。西方人也将孔子看作苏格拉底那样的智者，开口不是格言，就是警语，仿佛不食人间烟火似的。而林语堂却将孔子视为一个和蔼温逊、情感丰富的普通人，在《孔子的品格述略》中用大量的例子从五个方面论述了孔子品格，把孔子还原为一个性情中人。

第一，孔子自视为普通人，对他的门人弟子全无架子，没有什么可隐瞒。

原文：子曰："二三子，以我为隐乎？吾无隐乎尔。吾无行而不与二三子者，是丘也。"（《论语》7.24）

第二，孔子是个乐天风趣的人，还爱跟弟子开玩笑。孔子到武城，他的弟子子游当城宰。听到家家有念书弦诵的声音，孔子莞尔说："割鸡焉用牛刀。"子游反驳，称是夫子你教的啊。孔子回答，子游是对的，我刚才是和他开玩笑。（"前言戏之而"）对季文子三思而后行，孔子听到后说："再，斯可矣！"（《论语》5.20）林语堂在国内曾大力倡导幽默，而孔子多有幽默之处，这是林语堂最欣赏孔子的地方，并把孔子视为"论语派中人"。比如孔子怀才不遇，周游列国，但依然乐天幽默。

原文：子曰："饭疏食饮水，曲肱而枕之，乐亦在其中矣。不义而富且贵，于我如浮云。"（《论语》7.16）子贡曰："有美玉于斯，韫椟而藏诸？求善贾而沽诸？"子曰："沽之哉！沽之哉！我待贾者也。"（《论语》9.13）孔子适郑，与弟子相失。孔子独立郭东门。郑人或谓子贡曰："东门有人，其颡似尧，其项类皋陶，其肩类子产，然自要以下，不及禹三寸。累累若丧家之狗。"子贡以实告孔子，孔子欣然笑曰："形状，末也。而谓似丧家之狗，然哉！然哉！"（《史记·孔子世家》）

第三，孔子是个情感丰富的人，绝不是那种道貌岸然的伪君子，他也会发泄愤懑不满的情绪，更有潸然泪下的时候。

> 原文："阳货欲见孔子，孔子不见，归孔子豚，孔子时其亡也而往拜之……"（《论语》17.1）"孺悲欲见孔子，孔子辞以疾。将命者出户，取瑟而歌，使之闻之。"（《论语》17.20）；"颜渊死，子哭之恸。从者曰：'子恸矣!'曰：'有恸乎？非夫人之为恸而谁为？'"（《论语》11.10）

孔子气愤了也骂人，骂当时的王公大人等为政者是酒囊饭桶；骂原壤"老而不死是为贼"，骂了还不算，还"以杖扣其胫"。骂冉求"非吾徒也。小子鸣鼓而攻之，可也"；骂子路不得好死，"由也不得其死然"。即便是圣人，也有粗野而不能自制的时候，也会当着人面就说出很刻薄的话。林语堂认为，这样的孔子才是完全合乎人性、合乎人情的。

第四，孔子是个多才多艺的人，能歌唱，能演奏，具有艺术家的气质。孔子对穿衣饮食非常挑剔，林语堂推测孔子的妻子弃他而去可能就因为这个原因。

第五，孔子是个学问渊博的人。"我想孔子之如此受人仰望，并不见得怎么由于他是当年最伟大的智者，而倒是由于他是当年最渊博的学人，他能将古代的经典学问授予徒众。""孔门的学术研究，结果发展成为历史丰厚的遗产，而当时其他学派，在此方面，则全付阙如。因此我个人相信，儒家之能战胜其他学派如道家、墨家，一半是由于儒家本身的哲学价值，一半也由于儒家的学术地位。儒家为师者确是可以拿出东西来教学生，而学生也确实可以学而有所收获。那套真实的学问就是历史，而其他学派只能夸示一下自己的意见与看法，'兼爱'也罢，'为己'也罢，没有具体的内容。"[1] 林语堂对孔子的学术价值总结得独出机杼，却也恰如其分。

"以常情论圣人，这自然是现代人治史学的观点，与专门阐圣学者的解经不同。……圣人与我同类，必托出圣人与我心所同然，

---

① 林语堂：《孔子的智慧》，黄嘉德译，陕西师范大学出版社，2004，第17、18页。

然后圣人更得我们的了解与同情。"① 圣人、伟人是人而不是神，也不能免于人之常情，林语堂"以常情论孔子"，充满了诗意的情感内容，具有着终极关怀的人文品格。故此，西方读者能借此扫开尘封孔子的神秘面纱，一睹孔子的真貌，更容易接纳中国的传统文化。介绍孔子如此，介绍孟子、老子、庄子、陶渊明、李白、苏东坡、曹雪芹等文化伟人、名人也不例外。在介绍中国的文化和名人上，林语堂形成了自己独特的观点和风格。

第三节 《孔子的智慧》的成书体例及写作策略

比起《吾国与吾民》《生活的艺术》这两本较泛泛而谈、文化小品式的作品，《孔子的智慧》是相对学术化、有针对性的文化著作，它不仅较系统地介绍了儒家的经典著作，更有林语堂极其个人化的解读，其阐述的方式以及塑造的近情的孔子形象，都是该书获得西方读者青睐的主要原因。因而，此书自 1938 年出版后就受到美国广大读者的欢迎，并且在较长时期内，一直是西方读者了解孔子及其学说的入门之作，为促进西方读者了解中国传统文化起到了重要的作用。

一般人看题目可能会误以为《孔子的智慧》是林语堂对中国传统文化经典《论语》的翻译之作，其实不然，相比众多的《论语》英译本而言，《孔子的智慧》成书非常独特。全书共分 11 章，依次为：导言、孔子传（《史记·孔子世家》）、中庸（《礼记》第三十一章）、大学（《礼记》第四十二章）、论语、论以六艺施教（《礼记》——《经解》第二十六）、哀公问（《礼记·哀公问》）、理想社会（《礼记》第九——《礼运》）、论教育（《礼记·学记》）、论音乐（《礼记·乐记》）、孟子（《孟子·告子》）。从各章标题和相应的内容看，该书是以"导言"为核心，涉及《史记》《礼记》《论语》《孟子》等儒家经典。张振玉在其汉译本的《译者序》中说："本书英文原著不过三百页，除书前林氏一篇洋洋万言的序言，及其余各章前小序外，则为孔门经典的原文英译。除《中庸》一书

---

① 林语堂：《再论孔子近情》，梦琳等编《林语堂散文经典全编》（第二卷），九州出版社，2002，第 27 页。

为辜鸿铭之英译外，其余《孔子世家》、《论语》、《大学》、《孟子》，及《礼记》中各篇皆为林氏英译。"由此可见，《孔子的智慧》的成书目的主要是挑选合适的儒家经典，向西人简明扼要地介绍儒家思想，同时再现儒家圣人——孔子的形象。因而，《论语》实在不是该书的核心，但孔子的形象却非常重要。

林语堂认为"儒家经典"指的是五经和四书，但通常那种直接向四书下手研究孔子智慧的方法却不值得提倡。因为四书是一部未经编辑、杂乱无章的孔子语录，往往是从别处记载的长篇论说中摘来的语句，原来在别处时，结合前后文理解，其含义会清楚得多；若现在为图方便，把它们节选后放在一起翻译，是非常不利于西方读者阅读和理解的。为了避免这一点，林语堂在儒家经典的挑选和编排上可谓煞费苦心，正如他在《导言》的"本书的取材及计划"所言，除去《孔子世家》，所选译的九章中，"有六章见于《礼记》，其余两章内一部分选自《孟子》，另一部分是选自《论语》而按类别排定的，还有选自《礼记》的片段。"① 林语堂较多地选用了《礼记》的篇章，原因在于，《礼记》不仅是中国古代一部重要的典章制度书籍，同时还是一部儒家思想的资料汇编，其内容广博，是后人研究中国古代社会情况、古代典章制度和儒家思想的重要著作。四书中的《大学》《中庸》原就是《礼记》中的两篇，加上《论语》《孟子》，该书的总体编排还是合乎正统方式的。

为了便于读者理解，《孔子的智慧》除《导言》以外的十章，每章开头都会有个小序，对本章的内容做个简单的介绍；另外，对于《孔子传》《论语》《孟子》这三章，林语堂还根据译文内容设置了小标题分述之，形成一本合乎逻辑、系统全面介绍孔子生平、品格，孔子及后学思想的著作。尤其是《论语》这一章，基于西方读者对其已有的熟悉度，林语堂把这章视为全书最为隽永有味的一章，费了不少苦心：不仅小序最为详尽，而且还把《论语》原著里的语录文句按内容归类、筛选重编，大大压缩了《论语》原著的文字，增强阅读的便利性。在这一章，林语堂先概述典籍《论语》的成书价值和阅读方法，然后分设十个小标题进行具体的内容介绍：夫子自述·旁人描写，孔子的感情与艺术生活，谈话的风格，霸

---

① 林语堂：《孔子的智慧》，黄嘉德译，陕西师范大学出版社，2004，第34页。

气，急智与智慧，人道精神与仁，以人度人，中庸为理想，论为政，论教育、礼与诗。内容分得虽细，具体翻译时却不按照"学而篇第一"的顺序将典籍《论语》二十篇文字全部逐字逐句翻译出来，而是整合、选编了《论语》全书约四分之一的文句进行翻译。《孔子的智慧》其他各章的体例基本与《论语》这章相同，除全译了司马迁《史记·孔子世家》，《礼记》（包括了《中庸》《大学》）和《孟子》的有关篇章都采用了节选、编译的方式。

　　之所以采用节选、编译而不是逐字逐句全译的方式向西方读者介绍《论语》等典籍和孔子，林语堂有他的写作策略。"西方人读《论语》而研究儒家思想时，最大的困难是在于西方读书的习惯。他们要求的是接连不断的讲述，作者要一直说下去，他们听着才满意。像由全书中摘取一行一句，用一两天不断去思索，在头脑中体会消化，再由自己的反省与经验去证实，他们根本就不肯这样。"[1]其实，今日的中国读者阅读、理解这些古文也有一定难度；更何况这些西方读者，他们对中国的文化经典还存有较大文化隔阂，更难以通读理解。所以，林语堂译介中国古代经典首先要做的工作就是整编书本的内容，以求介绍的内容系统全面，文字通俗易懂。《论语》共分二十篇，分篇的依据并不是按照内容，而是从篇幅着眼，各篇长短大体相当，每篇上下章之间一般没有多少内在联系；而且，在不同篇章中还出现材料思想相近、文字大体相同的重复语句，这对于西方读者来说，无疑增加了阅读和理解的难度。林语堂针对这一点，把《论语》重新编译，通过内容分类，设置论述标题的方式以使读者对《论语》的内涵获得更为精确的了解，这是前人未有的开拓之功。

　　《孔子的智慧》没有将知名度最高的《论语》全译，而是选择其中一部分，同时还补充、摘译了《礼记》《孟子》里的部分篇章，这是林语堂的第二个写作策略。《论语》所记载的主要是孔子的伦理道德思想，然而仅凭一部《论语》来研究孔子及其后学思想是远远不够的。现存的孔子研究文献主要有《论语》《礼记》《大戴礼记》《孝经》《仪礼》以及上博简中的七十子作品等。在当时，林语堂身边的资料有限，主要参考的是《论语》《礼记》《孟子》；

---

　　① 林语堂：《孔子的智慧》，黄嘉德译，陕西师范大学出版社，2004，第26页。

尽管他不是研究儒学的专家，但有赖于其渊博的学识及认真思考的习惯，他对孔子及其后学思想的梳理是相对准确的。"但是《论语》，毕竟只是夫子自道的一套精粹语录，而且文句零散，多失其位次，因此若想获得更为充分之阐释，反须要依赖《孟子》《礼记》等书。孔子总不会天天只说些零星断片的话吧。所以，对孔子的思想之整体系统若没有全盘的了解，欲求充分了解何以孔子有如此的威望及影响，那真是缘木求鱼了。"① "研究孔子思想之特点时，须略加儒家思想经过孟子又有了何等发展。这一点之重要，一因经孟子的阐释，儒家思想的哲学价值才更为清楚，二因儒家思想的哲学价值因孟子而发生了实际的影响。孟子代表了儒家的正统发展。"② 这就是为何林语堂在《孔子的智慧》一书中还摘译《礼记》《孟子》的原因。正是参考了《礼记》《孟子》，比起当时其他单纯依靠翻译某一部完整的儒家经典来介绍中国孔子和儒家文化的学人而言，林语堂的译介工作更为系统和全面。

　　林语堂的第三个写作策略是对译文的再创造。林语堂在其文章《论翻译》中提出翻译是一门艺术，理想的译者是能进行艺术再创造的译者，应该是一个艺术家。在前文论及《孔子的智慧》的成书体例上已可看出这点；在具体的译著文字上更能体现林语堂对译者，即对自身的高要求。林语堂的英文非常地道，译文如行云流水，通俗易懂、明白晓畅。他翻译《论语》时，既不是完全的直译，也不是简单的意译，是将跨文化阐释和跨文化建构相结合。例如，他在《孔子的智慧》二十多页的导言中，就多次以摩西、耶稣、基督徒来比附孔子，借此凸显东西方的圣人"心同理同"的深刻含义。这对西方读者来说，自然深具启发性。又如《论语》中有许多文化内涵丰富的词汇，如"仁"字的翻译，林语堂结合西方的文化传统，把"仁"放在"人性"（Humanity）的认识层面加以解释，译为"true manhood"，体现的是"人性自觉"，倒也十分贴切适宜。《论语》里还有一些比较抽象的概念，读者较难理解，林语堂以读者的接受为标准，译释并用或以释代译，务求用最通俗、最直接的语言来表达。如子曰："巧言令色，鲜矣仁。"（1.3）林语

---

① 林语堂：《孔子的智慧》，黄嘉德译，陕西师范大学出版社，2004，第2～3页。
② 林语堂：《孔子的智慧》，黄嘉德译，陕西师范大学出版社，2004，第237页。

堂译为：Confucius said，"I hate the garrulous people."[1] 一个简单 "hate"，却极具有个人的价值判断，简洁明了。诸如此类的例子还有很多。《孔子的智慧》的英文用语并不艰深、词汇量也不算大，一直以来都拥有着广泛的读者，林语堂在西方读者群中普及中国古代典籍的尝试获得了成功；反过来，林语堂也以中国文化经典的翻译者和阐释者的身份进一步被西方社会所认可，进而大受欢迎。

第四节　近情与诗性演绎

林语堂在《八十自叙》第十三章"精查清点"中，提到将他所创作的英文小说合集交与台湾美亚图书公司在台湾出版[2]，这个小说合集包括了《京华烟云》（1939）、《风声鹤唳》（1941）、《唐人街》（1948）、《朱门》（1953）、《奇岛》（1955）、《红牡丹》（1961）、《赖柏英》（1963）等七部作品，而1964年创作的《逃向自由城》未被列入在内（这部作品纯粹是意识形态的产物，谈不上什么艺术魅力，区别于林语堂之前的任何一部小说，估计他自己也意识到这一点，所以未将它列入）。从上述七部小说的创作时间和各自的内容考量，它们可以分为三类：《京华烟云》《风声鹤唳》《朱门》是林语堂认可的"林氏三部曲"；《唐人街》《奇岛》涉及美国形象和移民生活，同时还体现出林语堂对西方社会及现实生活的认识变化，可放在一起比较阅读；《红牡丹》《赖柏英》创作时间相距不久，思想有一定的承继性，虽然《赖柏英》常被视为林语堂的自传体小说，但两者也可互相参看。这三类作品在中国传统文化的传播上各有特色，值得深入分析。

把《京华烟云》《风声鹤唳》《朱门》归为"林氏三部曲"，这是因为，不管是林语堂本人还是研究者，他们都认可这三部作品是以小说形式为载体，更加形象、生动地展示中国人"艺术的生活"的文化小说，它们与《吾国与吾民》《生活的艺术》并无本质的差别，其共同目的都是向西方传播中国传统文化。基于这个意

---

① Lin Yutang. *The Wisdom of Confucius.* New York：Random House Inc.，1938. 198。

② 林语堂：《林语堂自传》，工爻、张振玉译，陕西师范大学出版社，2005，第145页。

向，"三部曲"中的每部作品，都会侧重于传统文化中一种思想，如《京华烟云》以道家哲学为主导；《风声鹤唳》以佛禅精神为灵魂；《朱门》则极力宣扬儒家的"近情合理"精神。其实，在笔者看来，林语堂的每一部小说都灌输了作者极为强烈的主观情感，有意无意地宣扬他从儒家智慧中提炼出来的"近情"哲学，而这个儒家的近情人生在小说《朱门》里表现得格外明显。

专门研究小说《朱门》的文章很少，在中国知网（截至 2013 年 11 月 15 日）上以"篇名 =《朱门》"进行检索，与林语堂的小说《朱门》相关的只有三篇，分别是万平近的《〈朱门〉和林语堂的伦理道德观》（《江淮论坛》1986 年第 2 期）、黄佳骥的《林语堂与〈朱门〉》（《中国图书评论》1991 年第 5 期）、肖魁伟的《从林语堂小说〈朱门〉看"孔教乌托邦"》（《忻州师范学院学报》2011 年第 1 期）。研究者们习惯从传统文化的传播角度剖析《朱门》隐含的儒家哲学，其实，还可以从另一个角度剖析该小说，那就是"近情"的角度。近什么情呢？人之常情里包括亲情、友情、爱情，这些情感在《朱门》里都得到了很好地表现，其中最动人的还是爱情。爱情是小说亘古不变的母题，在林语堂的七部小说中，程度不一都涉及这个主题，不同的是，《京华烟云》《风声鹤唳》中传统文化的宣扬占了上风；《唐人街》《奇岛》把爱情当作小说情节的点缀；《红牡丹》《赖柏英》看似围绕着爱情进行书写，但《红牡丹》从女性角度探讨了情欲、婚姻对女性的潜在影响，是一部女性的成长小说，不仅仅写爱情那么简单；《赖柏英》是从男性角度写对理想爱情的寻觅，但当中掺杂了林语堂中西文化合璧的实验，也不是那么纯粹。真正以一男一女的纯爱贯穿始终的，只有《朱门》，它是林语堂生命体验和文学想象的结晶。

《朱门》以平民记者李飞和"朱门"大户千金小姐杜柔安的爱情为核心情节，描写了他们相识、相爱的过程。李飞和杜柔安虽然情投意合，却历尽波折才最终走到一起。门第悬殊，杜柔安的爱情并不能获得其叔父，西安前市长杜范林的认可，尤其是柔安未婚先孕更被其叔父视为"不守妇道"，迫使柔安净身离开"朱门"。而李飞因写文章得罪地方当局，不得不逃离西安，远走新疆。此时的新疆适逢"回变"，李飞在战乱中几乎丧命。柔安与李飞音讯隔绝，她怀着身孕与老仆唐妈赶到兰州定居，以家教艰难维持生计，同时多方打听李飞的下落。后来得知李飞身陷囹圄，她想方设法托人与李飞联系，并尽己全力将节省下来的钱物转交给李飞，全然不顾惜自己就快生产。最后，柔安平安生下孩子，被李飞母亲接回西安居住；李飞也在回族军官的帮助下平安回到柔安身边，一对有情人终于相逢，相守一生。小说虽然也描写了时代风云和社会百态，但始终没有离开李飞和柔安的爱情主线；在描写他们的爱情的同时，还插叙了李飞好友蓝如水、范文博的爱情故事。蓝如水倾慕鼓书艺人崔遏云，在遏云被权贵扣押时，他与范文博、柔安设计救出遏云，并护送遏云避难兰州。正当两人彼此好感渐长时，柔安叔父获知遏云住址向军警告密，致使遏云再度被捕。遏云为了不牵连朋友，在羁押回西安的途中投水自杀。蓝如水痛彻心扉，最后与杜祖仁寡妻同病相怜并相爱。范文博也对善良的春梅情根深种，当杜范林死后，重获自由的春梅也跟范文博走到了一起。这几对恋人的爱情，虽然历尽曲折，最后都水到渠成，收获美满的结果。

《朱门》可以说是林语堂创作的比较纯粹的爱情小说，它虽然被列为"三部曲"之一，但与前两部作品没有联系；《京华烟云》《风声鹤唳》两部小说的人物、故事尚有一定连续性，《朱门》却是另起炉灶，表现的主题、人物的塑造、故事情节的安排都围绕着"爱情"进行。笔者认为，林语堂创作《朱门》，一方面源于他的诗性人格，另一方面是他情感缺失体验在艺术创作获得弥补的表现。

从心理学上说，文学作品是作家人生体验的表述，这里的"体验"是"以身体之，以心验之"。德国哲学家狄尔泰曾把这个"体验"作为一个哲学美学概念进行研究，视为"生命体验"，它不同于我们平常所说的"经验"。"经验"属于认识论范畴，作为人的生物的与社会阅历的个人的见闻和经历及所获得的知识和技能，通称为经验；"生命体验"中的"体验"特指一种本体状态，源于人的个体意识对生命深层的深切领悟，对生命存在意义的审美把握，所谓体验是经验中见出意义、思想和诗意的部分。因此，体验是一种与艺术和审美相关的更为深层、更具活力的生命意义的瞬间领悟和存在状态。它融合着人的情感、想象和激情，与人的血肉、灵魂、禀赋等个体特质相交融，是饱含着意义和领悟的特殊瞬间。所以，生命和体验是不可分的，体验只能是生命的体验。

《朱门》中的李飞就是林语堂的化身，他的人生经历、他的所思所感很大一部分便是林语堂生命体验的再现。李飞是国立《新公报》社的西安特派员，出身平民家庭，他与林语堂性格相仿，都生性乐观、重情孝顺、有思想、有见识，富有正义感和冒险精神。他与母亲感情深厚，"长大后他仍继续寻母亲开心，用各种故事来愚弄她，有真有假，她被弄得糊里糊涂，从来不知道该不该相信他的话。而这种顽皮不羁、真假参半的个性，不知不觉地塑造成他的风格"。① 这一幕其实是林语堂小时候和二姐一起编故事给母亲听的场景的再现。林语堂虽然不是记者，但常在报纸杂志发表文章，尤其爱写批评时政的小品文，用语幽默、颇具讽刺意味；李飞和林语堂一样，文笔轻松诙谐，惯写幽默讽刺文章。李飞还因言获罪，不得不逃离西安，这与林语堂1926年逃离北京的缘由如出一辙。这些都是零星的证据，《朱门》的核心是爱情，李飞的爱情故事就是林语堂基于爱情缺失性体验的艺术创造。

人文主义心理学家马斯洛所分析的人类有5种不同层次的需要，若其中任何一个层次需要的未能满足，都是个体的缺失，都可能使个体产生缺失性体验。林语堂是一个情感丰富的人，他从小就生活在充满爱的基督教家庭里，充沛的亲情滋养着他的心灵，使得他以温和、宽容的态度面对社会和人生，因而林语堂的笔下鲜有大奸大恶、十恶不赦的人物形象。但非常遗憾的是，林语堂的爱情却未能像亲情那样，能够自然而然地获得并开花结果。一直生活顺遂，除去二姐美宫不幸早逝，从未在情感上遭受重创的林语堂，因与好友之妹、富家千金陈锦端的恋爱遭到锦端之父的阻拦而深受打击。这个打击成为林语堂内心永远的痛，他对锦端的爱也深埋心中。当独处时，林语堂也许常常回顾这段难以割舍、令人心伤的初恋，当真是"此情无计可消除，才下眉头，却上心头"。在这种心境之下，爱情缺失性体验变成了一种强大的创作力，狄尔泰谈到文学创作的想象时说："没有不以记忆为基础的虚构力，同样也没有不包含虚构力的某一方面的记忆。再回忆同时也就是变形。""我们

---

① 林语堂：《朱门》，谢绮霞译，陕西师范大学出版社，2006，第19页。

试图在思维中改变过去。"① 林语堂不仅给李飞安排了苦涩的初恋，一如自己曾经的伤痛；同时也回报给李飞一个完美的爱情，让他与柔安真诚相爱，历尽劫难后终成眷属。现实中萎谢调零的门第之差的爱情，终于在小说《朱门》里开花结果。

林语堂在小说开始时倒叙李飞的初恋，犹如自揭伤疤，字里行间充满了情感。

> 他在上海念大学的时候，有个同窗好友叫做蓝如水。他曾经全心地用柔情和理想去爱蓝如水的妹妹。但是蓝如水的父亲是个工厂老板，一心想找个有钱的女婿。女孩对他的印象不错，总是对他微笑，他们也曾约会过几次。然而他一直没有机会。那女孩和一个有钱的少爷定亲了。他尝到了心碎、失眠、绝望的滋味。
>
> 那年夏天，他可怜、难过、失魂落魄地回西安。他没告诉任何人，只是单独受折磨。他大嫂看得出来，他母亲也看出来了。
>
> 在一个夜晚，全家人都入睡了，他醒着躺在床上。他祈祷那个少爷善待她，使她快乐，祈求老天别让她吃苦。这是他惟一的期望。那样他就感到快乐了。
>
> 他听到母亲的床嘎吱作响，然后是划火柴的声音。她的脚步向他接近。手上拿着蜡烛，走过来坐在他的床边。
>
> 她温柔地抚摸着他。"孩子，你到底有什么烦恼？"
>
> 经她这么抚摸，泪水不禁夺眶而出，他伤心地哭，像小时候那样大哭。自从长大以后，那是他第一次哭。②

这一幕伤心的场景无疑是林语堂亲身经历的再现，所以林语堂才能对李飞因失恋而导致的心伤和对女孩的无比眷恋描绘得如此真挚动人，尤其是李飞祈祷那部分，让人心痛得不忍卒读。正因为经过这么一段刻骨铭心的恋爱，李飞之后对女性一直提不起兴趣。于

---

① 〔德〕狄尔泰：《体验与诗》，胡其鼎译，生活·读书·新知三联书店，2003，第152～153页。

② 林语堂：《朱门》，谢绮霞译，陕西师范大学出版社，2006，第20～21页。

是，作者林语堂张开了他的金手指，赐给李飞一个杜柔安。小说一开头描绘西安学生为声援上海"一·二八事变"中第十九军的抗日之举，举行了大规模的游行示威。参加过游行活动的林语堂把这画面描摹得颇为逼真。手无寸铁的学生队伍终于被全副武装的警察所驱散，不少学生被殴受伤。女师范学院的杜柔安也参加了这次示威游行，并在混乱中受了轻伤、丢了金表。在现场采访的李飞帮她找回了金表，护送她到医院治疗。不知后情的读者，初读到这里，可能会猜想小说之后将会继续叙述学生们的种种爱国壮举，但林语堂只是把这次游行作为李飞、杜柔安爱情故事的起点，一旦两人邂逅了，描述爱国运动之笔便戛然而止。由此也可证明，爱情才是这部小说的主题。

比起李飞的形象，杜柔安更为立体，她是林语堂精心塑造的现代女性的典型，她不仅是个大胆的恋人、情人；还是忠贞贤惠的妻子，柔韧坚忍的母亲。柔安受过现代新式教育，优雅大方，她并不因为出身"朱门"就高高在上，更看不起叔父自私、虚伪、斤斤计较的面孔，讥讽他充满了"咸鱼味"。柔安欣赏李飞的才情、见识，根本不理会门户之见与他倾心相恋。当李飞因撰文抨击当地政府受到通缉，不得不逃离西安，柔安与他相约在三岔驿老杜宅相会。大胆的柔安在佣人面前称李飞是已订婚的姑爷，并在美丽的湖光月色中以身相许，与心爱的恋人共度良宵。柔安并不恪守传统道学礼教那一套，"在爱情的感召下，她全心奉献了自己，她并不后悔"①，她认为这是顺乎人性，自然而然的事情，她很平静、满足。然而，当柔安返回西安后，得知自己怀孕了，一开始她准备打掉孩子，后来下定决心要当未婚母亲。面对叔父的叱责和逼迫，柔安不惜舍弃富裕的生活条件和继承遗产的权利，离开了西安的"朱门"，前往兰州。为了爱情，柔安在艰难险阻中忍辱负重，千里寻夫，堪比孟姜女。"她似乎觉得，单独在陌生的城市里独行，让雨丝飘打她，这就表达了自己对李飞的爱情。所以，她达到了苦中作乐或乐中有苦的境界。"② 杜柔安这个女性形象不同于《京华烟云》里的姚木兰，姚木兰没有实现的婚姻自主和"平民生活"的理想，柔安都身

① 林语堂：《朱门》，谢绮霞译，陕西师范大学出版社，2006，第165页。
② 林语堂：《朱门》，谢绮霞译，陕西师范大学出版社，2006，第274页。

体力行了。杜柔安更不似《风声鹤唳》里的丹妮，她比丹妮更为独立、自主。柔安不仅自力更生，还曾大胆帮助鼓书艺人崔遏云逃出虎口；此外，李飞能从新疆平安归来，与柔安千方百计托人救助有莫大关系。柔安完全按照自己的情感意愿和生活追求，走出"朱门"，努力建立属于自己的温馨、朴素的小家庭。林语堂从恋爱、婚姻、家庭、谋生等多方面、多角度地塑造杜柔安的形象，在她的温柔娴静中，蕴蓄着浪漫的情感；在她的爽朗、豁达里，包含着侠女的仁义胆识；她自强自立、有现代西方女性的风采；她柔韧忠贞、有传统的贤妻良母的风范。她较之姚木兰、丹妮的形象更接近于生活，更显得真实可信。

爱情、艺术往往结合在一起，它们的结合往往散发出无与伦比的诗性魅力。林语堂曾撰文表达过他对明代才女李香君的仰慕，其女林太乙回忆说："父亲最崇拜的女子是明末清初的李香君"，"父亲称李香君为奇女子，在上海时，他托友人由杨季眉处购得一幅李香君的画像，挂在书房，使'全室珠光宝气不复有童骏气'。他自称他'终日痴昏。吾求此画甚久，今得之，一生快事也'。他在画上并题'歪诗'一首：'香君一个娘子，血染桃花扇子。气义照耀千古，羞杀须眉男子。香君一个娘子，性格是个蛮子。悬在斋中壁上，叫我知所观止。如今这个天下，谁复是个蛮子？大家朝秦暮楚，成个什么样子？当今这个天下，都是贩子骗子。我思古代美人，不至出甚乱子。'这幅画，无论我们去哪里住，他都带在身边。"① 林语堂对李香君的"终日痴昏"，终于化作《朱门》中的鼓书艺人崔遏云这一女性形象，她是林语堂笔下唯一的"艺伎"形象。

崔遏云天性活泼开朗，喜欢自由，为人大方爽利，是一个有天赋、有才华的鼓书艺人。她从小就接受唱戏和说书的艰苦训练，并深爱鼓书这门艺术。遏云和父亲老崔逃难到西安，以其精湛过人的表演艺术赢得了大批的观众，也赢得了范文博、蓝如水他们的关注。尽管说书是一项很费力的艺术工作，每次表演完后都筋疲力尽、内衣浸湿，但遏云洁身自好、心气高傲，不屑于攀附权贵，不愿嫁给商人，不愿放弃自己的艺术追求。遏云被省主席绑架去给军

① 林太乙：《林语堂传：我心中的父亲》，陕西师范大学出版社，2002，第184～185页。

阀唱大鼓，因其不愿献媚而被囚禁治罪。在范文博、蓝如水、杜柔安等的帮助下，她逃出虎口，并在蓝如水的护送下到兰州定居。蓝如水对遏云一往情深，但遏云视他为富家公子的一时兴起，一直不肯接受他的情意。范文博以干爹的身份劝说遏云，遏云镇定地回答他们：

> "我接受你一切指控——不孝那一条例外。这个罪名太大了，我担当不起。我一直替父亲着想，女孩子到了我这个年纪谁不考虑婚姻呢？但是婚姻决定女孩子一生的命运。俗语说：'嫁鸡随鸡，嫁狗随狗。'我若是嫁如水，岂不成了'蓝夫人'？我没有念过书。他的朋友会笑我。我也不是吃燕窝、鱼翅，整天病恹恹、捧心装病的林黛玉型。我会不快活，也会让他丢脸。这是第一点。"
>
> "他说他现在为我倾倒，但我们婚后不久，他就会看上门当户对的美人，那我会杀了他。这是第二点。第三点是我还年轻。我现在暂时休息，过一段日子我要重拾旧业，再上舞台。你能想象蓝夫人在戏台上抛头露面吗？所以我对自己说，不行。第四点也是最后、最重要的一点，我不愿给任何人添麻烦。我逃出西安，多亏你帮忙，但是谁能保证我绝对安全呢？我逃出来，有卫兵被杀。他们若找到了我，我不希望别人牵连进去。所以我何必现在结婚，使局面复杂呢？"①

遏云滔滔不绝的一番阐述，可见她是一个十分理智且有主见的女性，这更令她获得蓝如水他们的敬仰。由于杜范林的出卖，遏云再次落入魔爪，为了不牵连朋友，她跳河自杀。这样一位贞烈女子，林语堂显然融入了名妓李香君的性情气节，以可歌可泣的诗性笔调描绘了这位可爱的艺伎形象，令读者叹惋不已。

与动人的女性形象相得益彰的是林语堂对美丽的自然风光的描绘。林语堂天性亲近自然，也喜欢将男女欢爱置于湖光山色当中，以显示出天人合一、顺乎人性的近情主张。这样刻意的情节安排与对自然风景的精心描摹，不仅增添了小说的艺术审美效果，同时也

---

① 林语堂：《朱门》，谢绮霞译，陕西师范大学出版社，2006，第 257～258 页。

展现了作者的诗性人格和审美追求。《朱门》里最美的地方莫过于三岔驿那个大湖,在第十五章,整个章节的大篇笔墨都落在对三岔湖的历史、现状、风景和人物的描写上。在美丽的自然环境中,人的感性被无限放大,情感的冲动遮蔽了理智,成为一切的主导。林语堂从柔安的角度,描写了在这独特的环境中,柔情顿生、千回百转的甜蜜心态。

　　虫鸣声更响了,夜风的香味吹入房间里。过了一会儿李飞的眼皮开始下垂,头也斜向一边。柔安没有动。她恨不得屏住气息。灯光映出他突出的轮廓。她太高兴了,忍不住热泪盈眶。她没有伸手去擦,怕把他吵醒,只觉得泪珠一滴滴地流在脸颊上。后来她发觉他的手松开了,就把小手抽回来,悄悄站起来,把油灯关小。然后拿出一条毯子,盖在他腿上。她静静坐着看他,心里既骄傲又满足。

　　七分满的月渐渐爬上岩顶,山谷沐浴在银色的月光下。她发觉李飞的下巴和敏锐的唇部实在太美了。她再度起身,把灯关掉,又悄悄坐下去。……

　　在这样的月色下,柔安、李飞的结合显得十分地自然。

　　月色隐没在阳台的门槛,春夜静悄悄的。远处虫鸣渐渐歇下来,大湖和山谷都酣睡了。萤火虫像流星般忽隐忽现,在树丛中闪烁出一道道光芒。

　　他们躺在枕头上,可以看见巉岩上的星星,近得伸手可及,像永恒的谜语闪闪烁烁,不是在羞他们,而是向他们微笑。

　　"下回我再看到这些星星,就会想起你,想起今夜。"柔安说。①

情到浓时,一切顺其自然。柔安虽是"朱门"里的大小姐,却大胆献身于门户并不相当的李飞。林语堂把这一过程描写得唯美自然,读者只觉得柔安的美好,二人恋情的甜蜜,而没有一丝猥琐低俗、伤风败德的感觉。

　　因此说,《朱门》确实是一部比较纯粹的爱情小说,里面有林

---

①　林语堂:《朱门》,谢绮霞译,陕西师范大学出版社,2006,第163~165页。

语堂对爱与美的不懈追求。不管是出于对爱情缺失性体验的弥补，还是对理想化爱情的讴歌赞美，小说都以真挚而丰富的情感打动、感染了读者。所以，小说中附带的林语堂的近情主张和人文主义思想也能顺理成章地被读者所接受。当然，该小说也有富含儒家思想的代表人物，如积极入世的李飞、以近情合理思想处理与回民利益纷争的士大夫杜忠，这已有研究者讨论过，本书此处就不赘述了。

第五章
道家思想文化的诗性演绎

林语堂在《孔子的智慧》出版十年之后，又完成了另一本传播中国传统文化的著作——《老子的智慧》（*The Wisdom of Laotse*, 1948）①。早在写作《京华烟云》（1939）时，林语堂思想中的道家思想已十分明显；在《中国印度之智慧》（1942）的中国卷，他把老庄哲学作为第一部分介绍，翻译了《道德经》和《庄子》三十三篇中的十一篇，此举不仅体现了他对道家思想的兴趣和重视，也表明他对老庄哲学的研究日益加深。六年后，《老子的智慧》出版，可算是这段时期林语堂对道家思想孜孜不倦地钻研的一个总结。

第一节　林语堂眼中的道家思想

林语堂对道家思想的领悟是随着他对中国传统文化的了解和认识的深入而日渐深化，并逐步形成自己的观点的。西学为底子的林语堂，走近中国传统文化之路可分为四个阶段。第一个阶段是圣约翰大学毕业之后，林语堂被聘为清华大学的英语教师，身在北京这样的文明古都和政治、文化中心，他深受刺激，开始了漫长的中国文化补课过程。这段时期，林语堂闲暇时间都扑在恶补中国文学和

---

① 《孔子的智慧》《中国印度之智慧》（*The Wisdom of China and India*, 1942）、《老子的智慧》都是由《现代丛书》约稿，蓝登书屋公司出版的；《美国的智慧》（*On the Wisdom of America*, 1950）则是由约翰·黛（John Day）公司出版。这一系列的"智慧丛书"，较系统、全面地表达了林语堂对东西方文化，尤其是对中国传统文化的见解；较为完整地呈现出林语堂成熟的东西文化观，尤其是他独特的诗性人格，在他介绍东西方文化过程中，对不同文化的审美、传播内容的选择、语言文字的表达等方面都产生了深刻影响，以至于这套"智慧丛书"都具有一种共同的诗性演绎风格。

文化知识上，读《红楼梦》，逛北京琉璃厂，跟国学底子深厚的书店老板、伙计攀谈、学习，这是他第一个补课阶段，补于教学之余，主要是常识性知识的弥补。第二个补课阶段是林语堂留学德国莱比锡大学时期，他主攻语言学，利用图书馆丰富的中文藏书，如饥似渴地学习钻研，深入阅读了《汉学师承记》《皇清经解》等古籍，同时训练了考、释等问学方法。这个阶段的补课，补于留学之余，是专业性的学理层次的深度弥补。林语堂留学归国后，一边任教一边编教材、写文章，积极投身文化活动。不管是在《语丝》时期还是在创办《论语》《人间世》《宇宙风》时期，他对中国传统文化的关注、研习、评论一直未曾中断。这是他补课的第三个阶段，补于社会文化活动之中。这时，他对中国的古典文学和传统文化有了偏好，并渐渐形成自己独立的观点和较完整的思想体系。第四个阶段是林语堂到美国专事写作时期，他由文化补课走向文学创造及文化传播。因为写作的缘故，林语堂常常深入钻研中国古代某家某派的思想学术，经过长期的补习、积累，林语堂厚积薄发，对自己的国学水平充满了信心，其代言中国文化的身份也获得了整个西方世界的认可。

在林语堂走近、深入中国传统文化的路途中，他由基督教信仰转而投入孔子人文主义的怀抱，渐渐地，他发现道家思想更符合他的天性，"倘若强迫我在移民区指出我的宗教信仰，我可能会不假思索地对当地从未听过这种字眼的人，说出'道家'二字"①。林语堂对道家思想的体认在小说《京华烟云》里已表现得非常明显，在《老子的智慧》中可算是学术上的小结。尽管林语堂在翻译的时候，尽量避免自己观点的介入，但他的道家思想在绪论、序文中表露无遗，其实，这也是《老子的智慧》的闪光点。绪论有两章，绪论一主要是比较孔子、老子的思想，点明儒家、道家哲学在价值上的互补性；绪论二不仅交代理解《道德经》的方法，比较了老子、庄子思想，还以西人爱默生的思想比附老子，同时论证道家思想在以科学为尚的现实中仍有着重要意义。序文主要是交代中国先秦时期的一些思想流派及其代表人物：苦行者墨子，慈悲之师宋钘、尹

---

① 林语堂：《老子的智慧》，黄嘉德译，陕西师范大学出版社，2004，第13~14页。

文，齐地"稷下派"之道家彭蒙、田骈、慎到，老子与关尹，庄子，惠施，等等；在介绍他们各自思想的同时，林语堂不吝表达他的看法和评价。

林语堂对道家思想价值的认识，是在与儒家思想的比较中获得的。他本来服膺于孔子的人文主义，但孔子学说有其自身的缺点，首先"孔子学说依其严格的意义，是太投机，太近人情，又太正确。人具有隐藏的情愫，愿得披发而行吟，可是这样的行为非孔子学说所容许。于是那些喜欢蓬头跣足的人走而归于道教"。其次孔子学说"过于崇尚现实，而太缺乏空想的意象的成分"。儒家思想是维持社会秩序的哲学，它所处理的是平凡世界中的伦常关系，"非但不令人激奋，反易损人对精神方面的渴慕及幻想飞驰的本性"。因而，孔子学说没有神仙之说，但由道家演变而来的道教有之，"道教代表神奇幻异的天真世界，这个世界在孔教思想中则付阙如"。① 林语堂思想中受西方人文主义、个人主义影响而崇尚自由的根底以及其浪漫不羁的天性促使他越来越向道家靠近。

　　故道家哲学乃所以说明中国民族性中孔子所不能满足之一面。一个民族常有一种天然的浪漫思想，与天然的经典风尚；个人亦然。道家哲学为中国思想之浪漫派，孔教则为中国思想之经典派。确实，道教是自始至终罗曼斯的：第一，他主张重返自然，因而逃遁这个世界；并反抗狡夺自然之性而负重累的孔教文化；其次，他主张田野风的生活、文学、艺术，并崇拜原始的淳朴；第三，他代表奇异幻象的世界，加缀之以稚气的质朴的"天地开辟"之神话。

　　中国人曾被称为实事求是的人民，但也有他的特性的罗曼斯的一面；这一面或许比现实的一面还要深刻，且随处流露于他们的热烈的个性，他们的爱好自由，和他们的随遇而安的生活。这一点常使外国旁观者为之迷惑而不解。照我想来，这是中国人民之不可限量的重要特性。每一个中国人的心头，常隐

---

① 林语堂：《老子的智慧》，黄嘉德译，陕西师范大学出版社，2004，第1、2、7页。

藏有内心的浮浪特性和爱好浮浪生活的癖性。①

在与儒家思想的比较中，道家思想的诗性特点被凸显出来。作为与儒家思想互补的重要哲学思想，道家思想的价值主要体现在以下三个方面：首先，道家思想呵护了中国先民天性中丰沛的情感，不以外力对人的情感横加约束，使人的天性能够自然释放；其次，道家思想贴近自然，"中国人心目中之幸福，所以非为施展各人之所长，像希腊人之思想，而为享乐此简朴田野的生活，而能和谐地与世无忤"；最后，道家思想提供给人们精神与思想上极端自由的境界，使人的想象力能够自由驰骋，以至于后来道教的诞生。"儒家崇理性，尚修身；道家却抱持反面的观点，偏好自然与直觉。"②林语堂认为中国人的一生中，儒家、道家思想其实都交融其中，在不同时期这两种思想呈现出此起彼伏的状态，每一个中国人当他成功发达而得意的时候都是孔教徒，失败的时候则是道教徒。因而，中国传统文化的特征是受这两种思想的共同影响而形成的；但基于道家思想的诗性特点，中国文化的审美部分还是以道家思想的影响为主。"从此以后，道家哲学常与遁世绝俗，幽隐山林，陶性养生之思想不可分离。从这点上，吾们摄取了中国文化上最迷人的特性即田野风的生活、艺术、与文学。"③

老子的"自然化哲学"的特异之处是将一般哲学的形而上学的认识论转换成生存的本体论，他关注在世人生和人的终极问题，带有浓厚的人道主义色彩。在乱世中，老子试图帮助人们摆脱俗世的干扰，超越物欲功利，进入精神寂静怡然、心灵平和安宁的人生境界。这是一种生活智慧。老子从现实生活中感受到社会环境的压迫和人生存的种种不自由状态：人类的辛勤劳动创造了物质财富，反过来却受到物质利害的奴役驱使；人们制定了社会伦理规范，却束缚了个体人性的自由和发展；随着社会生产力发展，各种知识不断积累，人们反而被拘限在特定时空与僵化的文化环境中，形成封闭性心态（庄子称之为"成心"），由此遮蔽了对"道"和人类生存

① 林语堂：《老子的智慧》，黄嘉德译，陕西师范大学出版社，2004，第2页。
② 林语堂：《老子的智慧》，黄嘉德译，陕西师范大学出版社，2004，第5、8页。
③ 林语堂：《老子的智慧》，黄嘉德译，陕西师范大学出版社，2004，第3页。

本真面目的认识。老子在当时不可能提出"异化"这个现代哲学的概念，但他从朴素的社会认识论出发，提出了"道""道法自然""绝圣弃智""致虚极，守静笃""不争""无为""守雌"等概念，希望人们能够抛开各种干扰，身心蕴有诗性的尺度，不在追求功名利禄或庸常的人生中迷失自我。林语堂说："老庄虽谈道之'捉摸不到'，却并非意味着他们就是神秘主义者，我们只能说他们是观察生命入微的人。"这种对生活、生命观察入微的智慧，哪怕放到今时今日仍有其积极的意义。"不论任何国家，任何时代的智者，似乎都已看到宇宙伟大的真理。虽然米里坎、爱因斯坦、爱丁顿、爱默生、老子和庄子等人的背景和知识不大相同，但是他们研究的重点几乎都回归到同样的一桩事——自然——上。"① 这种对自然的叩问与探究是人类终极关怀的永恒问题，始终关注这一点的道家思想，它的最大价值也体现在这里。

老子否定文明，进而否定艺术，指出"五色令人目盲，五音令人耳聋"，"信言不美，美言不信"；但他却从美学意义上提出了一个极其重要的观点：见素抱朴、返朴归真。老子一贯反对繁辞藻饰，反对不真实、过分夸张雕琢的美言，这和他皈依自然的哲学思想一脉相承。真与朴素，与其说是一种风格，倒不如说是一种境界：因其自然所以朴素；因其朴素所以显得纯真；因其纯真而更近于本性，那就是大道自然。这种境界首先是属于人生的，然后才属于艺术。"道"是万物的本真，"道常无名朴"，要表达处于质朴状态且无名的"道"，就必须使用相应的素朴无华的语言。任何偏离被表现主体的本质，一味追求"美"的技巧的形式主义做法，都是与"道"背向而驰的。老子对艺术形式有限性的批判，却从反面给艺术创作提出了严格要求，并引发了文艺理论的一个重要命题：如何妥善处理内容与形式，使二者达到和谐统一。这或许可以用后代文论中"莫以文害质""文质彬彬"作为老子"返朴归真"的注脚。几千年来，"返朴归真"的终极境界一直被志向远大的艺术家奉为圭臬，至于如何才能达到这一境界，通过什么样的途径到达，则是人们梦寐以求、孜孜探寻的。纵观中国文化发展史，每当审美

---

① 林语堂：《老子的智慧》，黄嘉德译，陕西师范大学出版社，2004，第15、16页。

艺术走向片面追求形式时，"返朴归真"的高标就会引领文学艺术朝着质朴、自然复归。"大象无形，大音希声"的积极影响，促使艺术家在欣赏、创造过程中努力追求更高的艺术境界，不断地提升审美和创作的能力。当然，道家思想涉及审美的还有"天人合一"的意境、"虚静"的审美心态等，但"返朴归真"这一点，与克罗齐的表现说有相通之处，也是最打动林语堂的地方。

道家思想在文学上的影响，主要是通过庄子的影响体现的。林语堂认为："道家文学及学者所以受人欢迎，主要原因便是庄子散文的魅力；就吸引人的标准和思想形态来说，庄子不愧是古典时期的散文泰斗。"① 庄子散文在先秦诸子散文中具有独特的风格。它吸收了神话创作的精神，大量采用并虚构寓言故事，作为论证的根据；因此想象奇幻，最富于浪漫主义色彩。庄子自称其创作方法是"以卮言为曼衍，以重言为真，以寓言为广"（《天下》），"三言"之中，"寓言十九"。《庄子》一书的文学价值，不仅由于其寓言数量多，全书仿佛是一部寓言故事集，还在于这些寓言表现出超常的想象力，构成了奇特的形象世界，"意出尘外，怪生笔端"（刘熙载《艺概·文概》）。庄子散文的另一特点是善用比喻。战国时代的文章一般都有这种特点，而庄子散文则几乎任何情况、任何事物都可以用作比喻，也可以容纳比喻。它不但比喻多，而且运用灵活，在先秦诸子散文中是最为突出的。庄子散文还有一个特点就是语言如行云流水，汪洋恣肆，跌宕跳跃，仪态万方；它的节奏鲜明，音调和谐，具有诗歌语言的特点。清人方东树说："大约太白诗与庄子文同妙，意接而词不接，发想无端，如天上白云卷舒灭现，无有定形。"（《昭昧詹言》卷十二）庄子散文的句式错综复杂，富于变化，喜用极端之词，奇崛之语，有意追求尖新奇特，具有瑰丽的散文诗般的艺术效果。然而，庄子散文毕竟是哲理散文，和其他诸子说理文一样，同属于议论文；只是它的说理不以逻辑推理为主，而是通过想象和虚构的形象世界来象征暗示。庄子散文常以寓言代替哲学观点的阐述，用比喻、象征的手法代替逻辑推理的论述，而较少直接发表自己的观点、表明自己的态度。读者从奇特荒诞、生动形象的寓言故事中，自己去体味、领悟其中的哲理；与

---

① 林语堂：《老子的智慧》，黄嘉德译，陕西师范大学出版社，2004，第9页。

其说读者是被庄子的逻辑推理所征服，不如说是被他创造的奇诡的艺术境界、充沛的情感所感染。庄子散文的辩论，超越了形式逻辑的规则，进入了"无言无意之域"，正因为这样，后人眼中的道家哲学充满了诗意。

　　林语堂对道家的评价是客观、主观各占一半。道家文化培养了中国人热爱自然、随遇而安、知足常乐的精神，赋予了中国文化自由、想象的色彩，它满足了某些群体的社会需要，是对儒家思想的一个补充。就艺术领域而言，老庄影响毫无疑问是积极的；而在思想领域，如今看来，庄子影响应该是消极居多，但林语堂却把其中的积极元素以放大化的方式加以呈现，明显遮蔽了其消极面，这也是林语堂对道家思想文化进行诗性演绎的一个鲜明体现。

第二节　《老子的智慧》的成书体例及翻译策略

　　在孔子声名远扬于西方之前，西方少数的批评家和学者早已研究过老子，并对他推崇备至；中国也有许多学者尝试将《道德经》翻译、介绍给西方。于是，《道德经》成为当时中文书中外文译本最多的书籍，有十二种英译本和九种德译本。面对这样的现实，林语堂为了在解读老子智慧上推陈出新，确实费了不少心思。《道德经》篇幅短小，语意精深，不容易解读。有些人通过研读早期道家韩非子、淮南子的著作去了解老子，林语堂则认为："了解老子的最好方法，便是配合庄子来研读。毕竟庄子是他的弟子，是最伟大的道家代表人物。""就时间而言，庄子比韩非更接近老子思想的发展体系，除此之外，他们的观点几近完全一致。"① 因此，为了更好地向西方读者全面地介绍道家思想，林语堂以老子的《道德经》为核心，同时结合《庄子》的篇章，采用以庄解老的办法，即用《庄子》的译文去解释《道德经》的译文。这种编译方式是林语堂的独创，一举两得，既梳理了老庄之间的思想传承关系，又同时介绍了两部道家经典。比起其他纯粹的《道德经》译本，该书编写可谓别具一格。

　　《老子的智慧》除去正文前的绪论、序文和正文后的"想象的

---

① 林语堂：《老子的智慧》，黄嘉德译，陕西师范大学出版社，2004，第 9 页。

孔老会谈"，主体部分由《道德经》的八十一章组成，为了帮助读者把握住每一章的主要思想，林语堂给八十一章各自取了个小标题，又将它们分为七篇，依次为：道之德（1~6章），道之训（7~13章），道之体（14~25章），力量之源（26~40章），生活的准则（41~56章），政治论（57~75章），箴言（76~81章）。《道德经》通常分为两大部分，以前37章为上篇《道经》，第38章之后为《德经》；而林语堂则认为："本书前半部的四十章为哲学原理，余则为功用论——可直接运用人类的各种问题。"不仅书的编排与众不同，林语堂在每一章的译文后，还精选《庄子》的篇章来解释译文的意思，也就是林语堂独创的以庄解老。例如第一章"论常道"，在《道德经》第一章的译文后，林语堂又从四小点分述这则译文的含义。为了避免个人意见的主观性，林语堂在分述译文的含义时，不是用自己的话去阐释，而是节选了《庄子》篇章的部分文字来印证：一、"道不可名，不可言，不可谈"，选用的是《庄子·外篇》第22章《知北游》；二、"区别"，选用的是《庄子·内篇》第2章《齐物论》；三、"万物皆一：意识和精神之眼"，选用的是《庄子·内篇》第6章《大宗师》；四、"众妙之门"，选用的是《庄子·杂篇》第23章《庚桑楚》。正文后附的"想象的孔老会谈"也是由《庄子·外篇》的七篇文章构成。如此一来，表面看似只翻译了《道德经》，其实同时还翻译了《庄子》，整本书的内容含量大大增加了。"本书选自《庄子》的精选，堪称是庄子作品及思想的代表"，"在说明《庄子》的精选时，我曾竭力为他们澄清彼此的关系，并指出其间的重点，避免加入我个人的意见。由庄子来介绍老庄时代的思想背景和特性，实是再恰当不过"。①

对于老子和庄子之间传承关系的研究，一直存有不同的观点。一种看法认为，尽管老庄各有特点，但他俩同为先秦道家学派的主要代表：老子是道家的祖师，是创始人和奠基者；庄子是道家的大宗师，是该派的集大成者。老学启发了庄学，庄子是老子的正宗后学。另一种看法则认为，老庄并非同属一派，老是老，庄是庄，不是一回事。庄之于老非但无传承相继关系，而且其哲学主张和人生追求迥然不同。林语堂采用以庄解老，以《庄子》内的篇章或文句

① 林语堂：《老子的智慧》，黄嘉德译，陕西师范大学出版社，2004，第17页。

来解释老子《道德经》八十一章各自的内容及意义，自然是赞同老庄二人间的传承关系的，并在解读老庄哲学的过程中，认为两人在道论、周而复始学说、虚静观、反对教化、反论、守雌、无为等概念上存在一致性。例如对"道"的认识，林语堂在第四、五、十四、三十二、三十五、五十二章都有论及，认为老庄之"道"是"道为万物之上，其运行时，无私又公正"，它是不能名、不能解、不能述、不可知的。林语堂还区别了"道"与"德"的不同点："道无法具体表现出来，德却可以。由此可知，道是不可知的，而德却可以预先知道。"[①] 林语堂认为老庄思想的基础是周而复始学说，或者称为动静循环说，在第四、十六、二十五、三十七、四十章内均有详细说明。"宇宙周而复始的学说——所谓生命，乃是一种不断地变迁，交互兴盛和腐败的现象，当一个人的生命力达到巅峰时，也正象征着要开始走下坡了，犹如潮水的消长，潮水退尽，接着开始涨潮。""其周而复始运行的原则（请看四十章），产生了相对论，也涌出了成败、强弱、生死等反论思想。""老子提到的反论有无用之有用、曲全、不争等，他最终的目的还是在保全人的生命及德性。""虚静的学说是由往复循环的理论而来。当'静'为道回返原始的形体时，动则为道暂时的表现。动静循环说，乃是道家的基本学理。"[②] 可见，老庄秉持的反论和虚静观都是由周而复始学说引申出来的。

为了向西人讲清何为"周而复始的学说"，林语堂一开始还在绪论里以爱默生的短文《循环论》《超灵论》来比附说明，以此作为另一种研究老子的方法。爱默生说："终即始；黑夜之后必有黎明，大洋之下另有深渊"，"自然无定"，"人亦无定"，"新大陆建于旧行星的毁灭，新种族兴于祖先的腐朽"。由这些循环论，爱默生也发展出一套类似老子的反论："最精明即最不精明"，"社会的道德乃圣者之恶"，"人渴望安定，却得不到安定"。[③] 从这些表述的相似性，林语堂认为老子和爱默生两人有相同的思想体系，老庄

① 林语堂：《老子的智慧》，黄嘉德译，陕西师范大学出版社，2004，第21、102页。

② 林语堂：《老子的智慧》，黄嘉德译，陕西师范大学出版社，2004，第12、24、73、57页。

③ 林语堂：《老子的智慧》，黄嘉德译，陕西师范大学出版社，2004，第13页。

哲学可以在古今中外找到许多的共鸣。由老庄的周而复始学说和反论，林语堂进一步悟出了人类最恰当的生活方式和最明智的生活态度，例如他在第三十七章评论说：

> 前面几章讨论的寂静无为，乃是代表不朽的自然，和所有力量的泉源。我们活在这个世上，完全不活动是绝不可能的事。因此，只有综合虚静、恬淡、寂寞、无为，才是最恰当的生活方式。
>
> 以下的精选乃是最完整的无为说，是经由自然无为和天地行而不说的论点来探讨，同时还告诉人们：虚静、恬淡、寂寞、无为是人类最明智的生活态度。①

无怪乎林语堂会由儒家转投道家的怀抱，会百般推崇道家思想，原因就在于林语堂由老庄哲学开启了自身的生活哲学。林语堂倾心于老庄，由此进入了与老庄精神气质神韵相契合的境域，也为自己的创作打开了崭新的天地，《生活的艺术》《京华烟云》等作品便是明证。

当然，老庄之间存在着差别，林语堂对此并未视而不见，他在绪论中就介绍说："写本书前，我为自己做了一篇老、庄思想索引，发现他二人教人的特性虽一致，表达的方法却颇不相同。""一般说来，老庄思想的基础和性质是相同的。不同的是：老子以箴言表达，庄子以散文描述；老子凭直觉感受，庄子靠聪慧领悟；老子微笑待人，庄子狂笑处世；老子教人，庄子嘲人；老子说给心听，庄子直指心灵。"于是，这两位智者就给人截然不同的印象，林语堂善用比附进行描述，他以西方的智者比拟道："若说老子像惠特曼，有最宽大慷慨的胸怀，那么，庄子就像梭罗，有个人主义粗鲁、无情、急躁的一面。再以启蒙时期的人物作比，老子像那顺应自然的卢梭，庄子却似精明狡猾的伏尔泰。"在正文解读老庄思想时，林语堂不时插入自己对二人思想差异性的评论，以期增强西方读者对此二人的辨识。林语堂认为，老庄最大的不同点就是"不争"的观念，老子曾说有"三宝"：一曰慈；二曰俭；三曰不敢为天下先，

---

① 林语堂：《老子的智慧》，黄嘉德译，陕西师范大学出版社，2004，第118页。

这个"不敢为天下先"就是"不争"。老子无时不教人谦恭，再三重复柔和、忍耐、柔弱、低位、知足等概念，就是保有"不争"的状态。庄子不提这些言辞，是因为他有自己的表达方式，"老子的不争，正是庄子口中的寂静、保守、及透过平和以维持精神均衡的超然力量；老子认为水是'万物之至柔'和'寻向低处'的智慧象征，庄子则坚信水是心灵平静和精神澄澈的征象，是保存'无为'的巨力"。因此，林语堂认为老子、庄子面对同一事物，表达上虽有区别，但实质还是一致的，"老子激赏失败，表现失败（老子是最早的伪饰家），庄子则嘲笑成功；老子赞扬谦卑者，庄子苛责自大的人；老子宣扬知足之道，庄子让人的精神在肉体之外'形而上学'中徜徉"。比之老子，林语堂认为庄子的进步之处在于他更能洞彻生死，"有关生之悲哀和死之神秘这方面的感触，老子虽有，却很少提到。而庄子，不但慨叹世俗生命的短促，对死亡的神秘感到迷惑，而且以天赋的诗人文笔，写下了自己的感言"。① 这些文字无疑是庄子最优美动人的篇章，最令后人惊叹感动。

基于林语堂以庄解老的独创性，《老子的智慧》不仅是译作，更是一本原创性很高的英文哲学散文集。林语堂的翻译原则是：忠实、通顺和美，为了贯彻这三点，林语堂极力在原作者与译者、译者和读者、对原作的忠实与译作的艺术表现力等多种关系中寻找一个和谐共存的平衡点。由于林语堂具有异质文化传播的最大优势：精通中西文化和语言，同时他在《老子的智慧》的编译过程中还采取了相应的翻译策略，这种平衡便较容易实现。具体看来，林语堂采取的第一个策略就是翻译的通俗化。林语堂论及英文创作的文字表达曾说："英文用字很巧妙，真可以达到'生花妙笔'的境界，英文可能语大语小，能表现完全的口语化，因此，往往能感动人，一些看起来很平常的语句，却能永远留在人的心底。"② 为了使西方读者系统而全面地了解老子这位伟大的东方智者和他看似玄奥的哲理，林语堂运用了散文式的现代英语，以通俗易懂、简洁流畅的方式将深奥的思想传播给美国读者。例如：

---

① 林语堂：《老子的智慧》，黄嘉德译，陕西师范大学出版社，2004，第9、10、11、148 页。

② 林太乙：《林语堂传：我心中的父亲》，陕西师范大学出版社，2002，第219 页。

原文：天长地久。天地所以能长且久者，以其不自生，故能长生。（《道德经》第 7 章）

译文：The universe is everlasting. The reason the universe is everlasting is that it does not live for self. Therefore it can long endure. ①

　　东、西方对世界的认知、表达是有区别的。在中国，向来用"天地"二字表示整个世界；而西方则惯用"universe"（宇宙）来表示世间的万事万物。林语堂在此处没有使用直译，他不拘泥于字面忠实，而是采用了翻译的归化策略（即在翻译中为了避免文化冲突，以遵循目标语的文化为原则，尽可能使译文接近目标语读者的世界，从而达到源语文化与目标语文化间的文化对等），使得西方读者可以直接领会其中的意义所指。在很多名词的翻译中，都会运用到这种归化策略，究其原因，与其将直译的风马牛不相及的英文单词凑在一起生造出中文的概念，不如直接采用西方读者熟悉的名词来对等替换，这样更加通俗易懂。又如：

原文：道可道，非常道；名可名，非常名。无，名天地之始；有，名万物之母。（《道德经》第 1 章）

译文：The Tao that can be told of
Is not the Absolute Tao;
The Names that can be given
Are not Absolute Names;
The Nameless is the origin of Heaven and Earth;
The Named is the Mother of All Things.

　　因为译文的最终目的是传播中国的哲学思想，如果东西方都存在类似的概念，自然可以采用归化策略；但如果是中国哲学思想的独有概念，只能直译后再做相应的解释，这样效果才佳。如"道"这一概念，林语堂便直译为"Tao"，然后以极简单易懂的文字将中国艰深的哲理稀释为自然浅白的道理。可想而知，西方读者通过这

---

① 《老子的智慧》的英文原著选用了外语教学与研究出版社 2009 年的版本。

几句翻译，很容易就识记了老子思想的核心——"道"概念。这种赋予古典思想文化以现代表达的特点就是少用术语，浅显易懂，哪怕文化层次中等偏下的读者也能理解接受。

林语堂采取的第二个策略就是翻译的艺术化。林语堂视翻译为一项艺术，"翻译于用之外，还有美一方面须兼顾的，理想的翻译家应当将其工作做一种艺术，以爱艺术之心爱他，以对艺术谨慎不苟之心对他，使翻译成为美术之一种（translation as a fine art）"①。林语堂以审美的态度对待翻译工作，自然而然，《老子的智慧》的译文便追求技巧与艺术的完美结合，表现出一种自然流畅、不着痕迹的美学气质。比如：

原文：上善若水。水善利万物而不争，处众人之所恶，故几于道。居善地，心善渊，与善仁，言善信，正善治，事善能，动善时。（《道德经》第8章）

译文：The best of men is like water; water benefits all things and does not compete with them. It dwells in（the lowly）places that all disdain—where in it comes near to the Tao. In his dwelling,（the sage）loves the（lowly）earth; in his heart, he loves what is profound; in his relations with others, he loves kindness; in his words, he loves sincerity; in government, he loves peace; in business affairs, he loves ability; in his actions, he loves choosing the right time.

原文第三句的几个分句用字工整，都以一个"善"字做修饰语或中心词。为求译文的艺术效果不缺失，林语堂翻译时也采取工整的格式，只不过结构稍微复杂些，都使用一个介词短语"in his……"外加一个以"he loves……"为开头的句子，组成排比的句式，读起来朗朗上口，既保留了原作的语言风格，又具有现代散文铺陈渲染气质。又如：

① 林语堂：《论翻译》，梦琳等编《林语堂散文经典全编》（第一卷），九州出版社，2002，第296页。

原文：祸莫大于不知足，咎莫大于欲得。故知足之足，常足矣。(《道德经》第46章)

译文：There is no greater curse than the lack of contentment.

No greater sin than the desire for possession.

Therefore he who is contented with contentment shall be always content.

(亚瑟·韦利的译文：No disaster greater than not to be content with what one has. No presage of evil greater than that man should be wanting to get more. Truly："He who has once known the contentment that comes simply through being content will never again be otherwise than contented.")

没有比较，不显优劣。英国汉学家亚瑟·韦利1934年出版的《道德经》英译本在西方享有盛誉，堪称经典。但同样是这段译文，韦利的英译形义相合，一字不落，还用了许多文字解释了内容，看似忠实，却显累赘；尤其是"故知足之足，常足矣"的英译絮絮叨叨，失却原文凝练的风格，美感不足，与原文相比，读之如同嚼蜡。林语堂的译文借鉴并超越了韦利所译，字数仅占韦利所译的一半，而且使用了自由诗体，更便于阅读。林语堂用语简练，传达出文言文的简洁精妙，还彰显了道家哲学思想的深邃。林译之简明源于原文的精要，更源于他把握到了《道德经》的精髓。

可见，林语堂以其精湛的译文践行了他所倡导的"忠实、通顺和美"的翻译标准。其实，对应这三个标准的是译者的三重责任，即译文不仅要对原作者老子负责，更要对广大的西方英语读者负责，还得在语言艺术上达到一个审美高度。这种对译者责任的确定，实际上是突出了译者的主体地位，它促使林语堂在选择、翻译文本时必须遵从个人的审美情趣、性格气质、处世态度和表达习惯。因此，也就不难理解林语堂之前编译作品为何不迎合当时的主流价值取向：多谈革命而少谈性灵。林语堂翻译作品一般只选取适合他自身文化气质和审美观点的作品，他以自己日渐深厚的中国传统哲学修养，选择翻译《老子的智慧》，其目的便是向西方人介绍中国，传播中国传统哲学和文化，同时将自我的哲学观、人生观、处世理想等展现于世人面前。他以学贯中西的底蕴，把艰深的中国文化通俗地介绍给西方读者，看到如此曼妙的译文，西人怎能不惊叹林语堂在翻译时，其主体性是多么的鲜明而富有创造力，他对翻译艺术之美的追求实在是令人敬佩。难怪有论者说林语堂对翻译理论的贡献，主要在于他的翻译美学论。

值得一提的是，在《老子的智慧》中，林语堂偶尔会把以老庄为代表的道家与后来的道教放在一起论述。事实上，林语堂很清楚这二者的区别，正如他在绪论中所说：“老子本身与‘长生不老’之药毫无关系，也不涉于后世道教的种种符箓巫术。他的学识是政治的放任主义与伦理的自然主义的哲学。”不仅如此，林语堂还扼要地叙述了道教在中国的发展史。在正文第四十七、五十九章，林语堂提及了道教是如何从道家哲学获取思想资源的。“在老子的作品里，有些被近代道家取来研究法术和招魂术的词句，尤其在庄子的著作中出现得更多。”“事实上，从老子的自然玄同说，到努力成仙的演变过程，本是最自然的发展。因此，中国史上的道家，充满了‘不朽’的神话故事，那些习法术的道士，更成了人们眼中的‘活神仙’。”①虽然林语堂对道家与道教的关系进行了梳理，但太过于简单，对于本来对此就一无所知的西方读者来说，这种解说或许更添迷惑。

就目前学者对老庄哲学研究的成果看，②林语堂对老庄哲学的研究、解读仍是比较粗浅和不完善的。在涉及庄子与老子关系时，“庄子”一词应分为“庄子”和《庄子》两个概念，因为《庄子》还有内、外杂篇之分，分别为庄子本人及其后学所作。老子在内篇一共出现三次，分别是在《养生主》《德充符》《应帝王》，这三个老子形象的精神内涵还并不统一。比较而言，外杂篇比之内篇与老子的联系更为紧密。比如，外杂篇多处直接引用《老子》（即《道德经》），而内篇却无一处明引《老子》；外杂篇对孔子的态度不像内篇那么庄重，多是一副嬉笑嘲讽的样子，但对老子却比内篇要礼

---

① 林语堂：《老子的智慧》，黄嘉德译，陕西师范大学出版社，2004，第3、144、177页。

② 可参看李仁群的《老子·庄子·老庄后学》（《安徽史学》1994年第2期）；孙雪霞的《〈庄子〉中老子形象的塑造及对老子的反思》[《烟台大学学报》（哲学社会科学版）2004年10月]；廖群的《庄子与老子关系的新审视》（《理论学刊》2005年11月）。

赞备至，甚至于顶礼膜拜。由此可推知，庄子后学实际上是在庄子的基础上更加自觉地吸收和继承了老子的思想。就内篇的文章看，庄子内心有超越老子、更透彻地体悟"道"的倾向，因而他的表达自成一格，不仅对《老子》书中的许多概念作了更为极端化的生发，还确立、阐发了属于其个人的哲学概念和思想。换言之，庄子实则是一位独立不倚的思想家，在他心目中除了师法"道"之外，别无所师。也正因如此，庄子成为一个无可替代的独一无二的存在。

第三节　超越现实悲剧的诗性演绎

在林语堂的所有作品中，《京华烟云》无疑是成就最高、影响最大的，它曾获得诺贝尔文学奖的提名，被称为"中国现代版的《红楼梦》"。如果说，《老子的智慧》是林语堂多年思考、不断积累后对道家思想学术性的总结，那么，《京华烟云》则是林语堂以小说形式感性表达他对道家思想的认识和偏爱之作。林语堂自称："全书以道家精神贯串之，故以庄周哲学为笼络"①，他将小说分成上中下三卷，上卷为"道家女儿"、中卷为"庭园悲剧"、下卷为"秋季歌声"，三卷分别以《庄子》里的《大宗师》《齐物论》《知北游》的文句为题辞，从形式上强化该书是以庄子思想为精神核心的。恰如林语堂长女林如斯所点评的那样："此小说实际上的贡献是消极的，而文学上的贡献却是积极的。此书的最大的优点不在性格描写得生动，不在风景形容得宛然如在目前，不在心理描绘的巧妙，而是在其哲学意义。"② 这"哲学意义"指的便是小说要宣扬的道家生活哲学。林语堂在小说的《著者序》中说："本书对现代中国人的生活，既非维护其完美，亦非揭发其罪恶。……既非对旧式生活进赞词，亦非为新式生活做辩解。只是叙述当代中国男女如何成长，如何过活，如何爱，如何恨，如何争吵，如何宽恕，如何受难，如何享乐，如何养成某些生活习惯，如何形成某些思维方

---

①　林语堂：《给郁达夫的信》，梦琳等编《林语堂散文经典全编》（第二卷），九州出版社，2002，第433页。

②　林如斯：《关于〈京华烟云〉》，《京华烟云》，张振玉译，群言出版社，2010，第11~12页。

式，尤其是在此谋事在人、成事在天的尘世生活里，如何适应其生活环境而已。"① 林语堂从道家哲学的角度来揭示生活的真谛、生命的意义，这才是全书的主旨。

为了更好地体现道家思想在精神层面对现实生活的超越，林语堂为《京华烟云》设置了一个浓厚的悲剧氛围。当然，这其中也有《红楼梦》和现实环境的影响。《京华烟云》首先体现出来的是沉重的时代和民族的悲剧感。该小说写于 1938 年，那时抗日战争已经全面打响，为了不被日本侵略者奴役，中华民族奋起抗争，整个神州大地已陷入战火之中。正如林语堂小说中的献词所言："全书写罢泪涔涔，献于奸倭抗日人。不是英雄流热血，神州谁是自由民。"基于这样的时代背景，具有强烈爱国主义情感的林语堂在创作《京华烟云》时，虽然不是以展现中国抗日战争的真实状况为写作主题，但那种家国之悲却贯穿整部小说的始终。《京华烟云》整个故事情节的设置是以现代中国风云变幻、改朝换代这样的时代为大背景，记载了从 19 世纪末义和团运动到全面抗日战争初期近四十年的历史。林语堂写信委托郁达夫翻译该小说时介绍说："大约以书中人物悲欢离合为经，以时代荡漾为纬。举凡风尚之变易，潮流之起伏，老袁之阴谋，张勋之复辟，安福之造孽，张宗昌之粗犷，五四，五卅之学生运动，三·一八之惨案，语丝、现代之笔战，至国民党之崛起，青年之左倾，华北之走私，大战之来临，皆借书中人物事迹以安插之。其中若宋庆龄、傅增湘、林琴南、齐白石、辜鸿铭、王克敏，及文学革命领袖出入穿插，或藏或显，待人推敲。"② 由此可见《京华烟云》从侧面反映出整个中国现代社会的变迁，是一部具有史诗性的全景描写作品。

尤其是接近全书尾声的部分，中国因日寇入侵而战火弥漫、生灵涂炭，家族的兴衰、个人的爱恨都显得十分渺小，举国同呼吸、共命运，一向超脱的女主人公姚木兰最后也汇入逃难的大潮中。在逃难的日子里，木兰深受震撼，"使她这样激动的，不仅仅是那些士兵，还有那广大的移动中的人群，连她自己都在内的广大的人

① 林语堂：《京华烟云》，张振玉译，群言出版社，2010，第 2 页。
② 林语堂：《给郁达夫的信》，梦琳等编《林语堂散文经典全编》（第二卷），九州出版社，2002，第 432 页。

群。她感觉到自己的国家，以前从来没有感觉得这么清楚，这么真实；她感觉到一个民族，由于一个共同的爱国的热情而结合，由于逃离一个共同的敌人而跋涉万里；她更感觉到一个民族，其耐心，其力量，其深厚的耐心，其雄伟的力量，就如同万里长城一样，也像万里长城之经历千年万载而不朽"。尽管逃难途中遭遇到数不尽的艰难困苦，但没人反对抗日，所有人宁愿要战争，也不愿当亡国奴。木兰目睹了一切，心境大为改变，"征服自我，她父亲是全凭静坐沉思而获得，她现在也获得了"，她觉得自己也是伟大民众中的一分子，"她知道这广大逃难的人潮越往内地走，中国抗战的精神越坚强。因为真正的中国老百姓是扎根在中国的土壤里，在他们深爱的中国土壤里。她也迈步加入了群众，站在群众里她的位子上"①。林语堂将最后一章写得十分悲壮，其本人信奉的个人主义也因抗日战争中爆发出来的爱国热情而得以升华。林语堂曾在《吾国与吾民》中，把中国人的"忍耐"视为应受辩证性批判的性格特点；然而在《京华烟云》文末，他却借木兰之口赞美了中国人的这种耐性。正是这种忍耐，木兰忍下了丧女、丧友的剧痛，承担了独子阿通上前线杀敌可能阵亡的担忧，并在逃难途中收养了三个孤儿和一个新生婴儿，为的是将中国人的血统传承下去。正是中国人的忍耐，尤其是千千万万母亲的忍耐和付出，最终赢得了长达十四年的抗日战争的胜利。因此，比起《红楼梦》的家族和个人悲剧，《京华烟云》的时代和民族悲剧及其结尾更具有史诗性的震撼力和感染力。

　　唇亡齿寒，与时代、民族悲剧紧密相连的是家族的悲剧。《京华烟云》的家族悲剧模仿了《红楼梦》，这一点上，没有豪门大家族生活经验的林语堂纯粹依靠阅读体验和想象进行创作，确实不如《红楼梦》的作者曹雪芹那样深有体会与感触良多，写出来就没有那么哀婉动人。林语堂设置了姚、曾、牛三大家族，姚家是商、曾家是官、牛家是官商结合，因为联姻三家间都有了联系。尽管这三个高门大户曾经鼎盛一时，但最后都因各种原因衰败下来，无论家族里的人如何努力，都难逃时代风云的变化。牛家败落最早，结局最惨，一家人除了黛云，其余多死于非命，为自己的行为付出了代

---

　　① 林语堂：《京华烟云》，张振玉译，群言出版社，2010，第743~744页。

价；曾家不与时俱进，一家之主曾文璞固执保守，儿子也无经世之才，逐渐被时代所淘汰；姚家之主姚思安虽见识独到、高瞻远瞩，却也抵不过儿子败家、战乱频仍，最后索性抛开家事、云游四海，自然辞世。如果说，《红楼梦》的家族悲剧是一曲此情可待成追忆的挽歌，寄托了曹雪芹对昔日繁华生活的追忆与伤痛的心理感受；《京华烟云》的家族悲剧则是时代变换、历史前进的见证，忠实记录了林语堂对现代中国社会变化的观感，它打动人的不是情，而是背后潜藏的理性。然而，情感丰富的林语堂绝对不会承认他是借《京华烟云》来进行说教的，但他对生命的认识、对人生的哲学思考确实是通过家族的悲剧，确切地说，是通过这三大家族中个人的悲剧体现出来的。

　　死亡是《京华烟云》里常见的人生现象，除开自然的寿终正寝，林语堂还写了很多非正常的死亡。平亚英年早逝、银屏自缢身亡、体仁坠马暴卒、红玉投水自杀、阿满惨遭枪杀、曼娘自缢后还受辱、素云被枪毙……这些年轻、美好的生命就这样消逝了。不仅是《京华烟云》，林语堂的其他小说，每一篇都会涉及死亡。可见，研究林语堂对死亡的看法是剖析林语堂的悲剧意识的一把钥匙。死亡意味着失去生命，它是每个生命个体的必然归宿，充满了神秘感和宿命感。从古至今，多少圣人先哲研究过这个命题，都难以有个统一的答案，这种研究、讨论也将持续下去。在林语堂创作《京华烟云》之前，有几个事件让他对死亡有了深刻体验，并大受影响。第一是二姐美宫的死亡。林语堂与二姐的感情极为深厚，在林语堂赴圣约翰大学读书之前，美宫因家贫不能继续上学，只能选择嫁人以成就林语堂。美宫临行前将自己的积蓄四毛钱给了林语堂，并希望林语堂能发奋读书，连带上她那一份对知识的热望、因失学产生的遗憾以及对未来的无限期许，希望林语堂能成为好人、名人。然而，当林语堂假期回家时，这个美丽聪慧的二姐怀着八个月的身孕死于鼠疫。二姐的早逝让林语堂第一次近距离接触到死亡的无常，林语堂不止一次提及二姐死亡对他的影响，"我青年时所流的眼泪，是为她流的"，"这件事给我的印象太深，永远不能忘记。"① 第二是林语堂在北京大学任教期间遭遇的几件事。首先是直面"三一

---

① 　林语堂：《林语堂自传》，工爻、张振玉译，陕西师范大学出版社，2005，第73页。

八"惨案里刘和珍、杨德群的死亡。刘和珍是林语堂颇为熟悉和欣赏的学生,但那天"下午二时,语堂到校开会,听说刘和珍死了,未免吓了一跳"。"语堂赶到国务院,一进门便看到刘和珍的尸体躺在一口棺材里。当局居然想得那么周到,事先预备好了棺材!""语堂受到很大刺激。"① 热血的林语堂原本是赞同"费厄泼赖"精神的,这个事件后立即改变了态度,同意"痛打落水狗","不但写文章,他有几次还用竹竿、砖石和警察打架,有一次被击中眉头,流血不停,后来留下很深的疤。"② 于是,林语堂跟鲁迅他们都上了政府通缉枪毙的黑名单。这是林语堂自己第一次如此靠近死亡,妻子担心得不得了,林语堂不得不和刚生产完的妻子躲藏起来,最后避走厦门。这样一段经历,林语堂在《京华烟云》里进行了再现。木兰的女儿阿满因参加三月十八日的学生游行而被枪杀,"政府当局居然那么周到,竟然事前准备好了棺材,不过他们只愿供给两口棺材而已!她(木兰,笔者注)往前走近时,看见阿满的小身体,躺在一个棺材里。"③ 这一段描写跟林语堂当年目睹刘和珍的死亡何其相像。之后立夫因写文章攻击政府而被捕,这其实也是林语堂遭遇的艺术化再现。第三是林语堂在上海写作时期。1933年,林语堂的亲侄儿因在家乡积极开展抗日活动而被抓枪毙;随后民盟成员杨杏佛遭凶徒枪击伤重死亡。身为民盟执行委员会委员的林语堂,自家侄儿的公道尚未讨回,自己的亲密战友又遭屠杀,一个月内面对两起恐怖杀戮,这是林语堂第二次面临死亡的威胁。"我记得杨杏佛被杀之后,父亲有两个星期没有出门,而在我们的门口总有两三个人站着,不知道他们是谁,我很害怕。后来他们不再站在门口了,父亲才敢出去。我也记得,父亲如果出门晚一点回家,母亲就很忧虑,怕他出了什么事。看见她的愁脸,我也会担心起来,要等到爸回家了才松一口气。"④ 与死亡擦肩而过的林语堂,面对家人的担忧和身为一家之长的责任,让他对生命更为珍视,他停止参加社会政治活动。当时有人责备林语堂贪生怕死,但为何要做无谓的牺牲呢?

① 林太乙:《林语堂传:我心中的父亲》,陕西师范大学出版社,2002,第51页。
② 林太乙:《林语堂传:我心中的父亲》,陕西师范大学出版社,2002,第53页。
③ 林语堂:《京华烟云》,张振玉译,群言出版社,2010,第560页。
④ 林太乙:《林语堂传:我心中的父亲》,陕西师范大学出版社,2002,第78页。

之后，林语堂的生命意识显得异常强烈，"这个宝贵的人生，竟美到不可言喻，人人都愿一直活下去。但是冷静一想，我们立刻知道，生命就像风前之烛。在生命这方面，人人平等，无分贫富，无论贵贱，这弥补了民主理想的不足"。① 这种对生命的体悟具有浓郁的悲剧意味，它是建立在对死亡的宿命、无常的认识之上，是遭受过死亡带来的切肤之痛后的感悟。林语堂倍加珍惜生命，但生命又是如此脆弱，死亡又这么不期而遇，于是在林语堂的小说中，我们看他一边赞美着生命的美好，一边从容地描写着死亡，这形成了不可调和的矛盾，这种矛盾的张力也为小说增添了一种沧桑、悲凉的美感。人生的悲剧似乎难以避免，如何超脱呢？《京华烟云》以姚思安为代表，提出了"道法自然"的超脱之法。

姚思安是道家的信徒，虽有万贯家财，却视钱财为身外之物，除去书籍、古玩、儿女，他对一切事情都漠不关心，把家产商铺全部委托给冯舅爷管理，他无为而治。当儿女成婚、妻子病逝后，姚思安抛开一切，单身云游四方，长达十年之久。正因为姚思安豁达、超脱，他能世事洞明、高瞻远瞩。与信守儒家之说、十分保守顽固的曾文璞相比，姚思安思想开明，乐于接受新鲜事物，也易于适应新环境。他捐献过巨款资助革命党，对需要帮助的穷人乐善好施，还慷慨资助过有才华的年轻人，如孔立夫。姚思安顺应自然，遵循社会发展的潮流，不强迫自己的女儿缠足，赞成寡妇再婚，在女儿的婚姻问题上，支持自由结婚的新思想，因为这些都恰好合乎道家的"道法自然"。当姚思安病重垂危时，他与女儿木兰进行过一次有关"死亡"的对话。

> 木兰问："爸爸，你信不信人会成仙？道家都相信人会成仙的。"
> 父亲说："完全荒唐无稽！那是通俗的道教。他们根本不懂庄子。生死是自然的真理。真正的道家会战胜死亡。他死的时候儿快乐。他不怕死，因为死就是'返诸于道'。你记得庄子临死的时候儿告诉弟子不要葬埋他吗？弟子们怕他的尸体会

---

① 林语堂：《林语堂自传》，工爻、张振玉译，陕西师范大学出版社，2005，第137页。

被老鹰吃掉。庄子说：'在上为乌鸢食，在下为蝼蚁食。夺彼与此，何其偏也？'至少在我的丧礼上，我不愿请和尚来念经。"

……

木兰说："那么您不相信人的不朽了？"

"孩子，我信。由于你、你妹妹、阿非，和你们所生的孩子，我就等于不朽。我在你们身上等于重新生活，就犹如你在阿通、阿眉身上之重新得到生命是一样。根本没有死亡。人不能战胜自然。生命会延续不止的。"①

在人的生死问题上，道家认为生死乃是自然变化的必然轨迹，视生死为一种很普遍很平常的自然现象。"天地不仁，以万物为刍狗"，唯有本体意义上的"道"才是永恒的不生不灭，作为"道"的产生物——天地万物，包括人类则都是有生有灭的。正因为生命是不断繁衍的，新生命的诞生便超越了死亡，血脉的延续使得死亡变得不那么令人难以接受。姚思安看透生命的本质，所以他能接受新派人物的革新之论，但坚决反对破坏家庭制度；超脱的道家思想让他安心地面对死亡，"顺应自然"是人最好的选择。

身为"道家女儿"的木兰，她是林语堂最喜爱的女主人公形象，林语堂曾说过："若为女儿身，必做木兰也！"②姚木兰是林语堂理想人物的化身，是姚思安道家思想的直接继承者，她美丽聪慧、胸怀开阔，受父亲的影响，也养成自由超脱、随遇而安的性格。木兰喜欢游山玩水，虽家境富裕，却向往田园之风，希望在山林中隐居生活；她喜欢玉器古玩，喜欢有历史积淀感的古物如甲骨文。在小说中她被丈夫荪亚称为"妙想夫人"，虽然她有许多奇思妙想，但还是遵循当时的社会规范。例如木兰真爱的人是立夫，但当她发现自己所爱时，父母已经给她订婚了。姚思安"相信谋事在人，成事在天，要听天由命，要逆来顺受"③；木兰也相信"个人的婚姻大事是命里注定的"，"记得她在运粮河的船上第一次看见他

① 林语堂：《京华烟云》，张振玉译，群言出版社，2010，第654页。
② 林如斯：《关于〈京华烟云〉》，《京华烟云》，张振玉译，群言出版社，2010，第12页。
③ 林语堂：《京华烟云》，张振玉译，群言出版社，2010，第8页。

（苏亚，笔者注）时，那么个男孩子，向她咧着大嘴微笑。命运真是把他们俩撮合在一块儿了！"以姚思安开明的作风，木兰若是对婚姻提出异议的话，是有可能嫁给自己喜欢的立夫的，但木兰却顺应了命运。小说还通过阴阳五行的观点来阐发木兰与苏亚、莫愁与立夫的婚配乃天作之合。木兰是金命，苏亚是水命，"金入于水则金光闪烁"；莫愁是土命，立夫是木命，"他跟莫愁的土相配，比和木兰的金相配还要好"。① 基于此，道法自然、顺应天命才是木兰不做任何反抗，安心嫁给苏亚的真正原因。由木兰被曾家解救起，木兰与苏亚两小无猜、与曼娘情同姐妹，木兰深受曾家上上下下的喜爱，林语堂为木兰、苏亚的结合做足了铺垫，营造出一种顺理成章、命中注定的感觉。这一切是那么的自然而然，正是道家所说的"时势适然"，冥冥之中自有定数，只有顺时而为，因势利导，才能使事情朝好的方向发展。事实证明，木兰和苏亚婚后相亲相爱，生活十分和谐幸福；尽管很久之后发生了苏亚出轨的小插曲，但聪明的木兰最终化解了这场婚姻危机。总体观之，木兰的婚姻是幸福快乐的，莫愁的婚姻也一样。

《京华烟云》有很强烈的宿命感，天命在无形中操纵着众生，不管你是否能够超脱。木兰的婚姻是如此，木兰与暗香重逢也是如此。木兰当年被拐卖时，认识了另一个被拐卖的小女孩暗香，木兰获得解救后向曾文璞提出救助暗香而未获答应。谁想到十三年后，木兰要聘用女仆时竟然重遇暗香。"木兰说：'万事由天命。我的一生都是这样儿。'……所以呀，一切都是天命，天命一定，谁也逃不过的。""暗香，在大家眼里看来，是老天爷赏下来伺候木兰的。"② 然而，命定的事情不会都是些好事情，不会因为林语堂偏爱木兰而有所改变。

中卷"庭园悲剧"开始后，悲剧接二连三地发生，牛家被治罪抄家、体仁意外堕马身亡、红玉投水自尽、姚太太病逝归天……姚、曾、牛三大家族都开始走下坡路，牛家更呈现出衰败的气象。下卷"秋季歌声"里，一直道法自然的木兰也不断遭受命运的打击：大女儿阿满惨死，心爱的立夫横遭囚禁，丈夫出轨搞婚外恋，

---

① 林语堂：《京华烟云》，张振玉译，群言出版社，2010，第237～239页。
② 林语堂：《京华烟云》，张振玉译，群言出版社，2010，第362页。

父亲与世长辞，好友曼娘被逼自尽，全国爆发战争、儿子阿通参战……在纷至沓来的磨难中，木兰对道家思想由自觉地遵循、浅层的理解而进入深层体悟的阶段，这个时候她才真正理解父亲临终前那次谈话的真义。"她极力想从父亲的道家哲学里寻求一种安慰。""现在她觉得自己的人生到了秋天，儿子的人生则正在春天。秋叶的歌声之内，就含有来春的催眠曲，也含有来夏的曲调。在升降的循环的交替中，道的盛衰盈亏两个力量也是如此。""人生也是按照此理循环而有青春、成长、衰老"，"曼娘过去了，但是阿瑄则在继续。在木兰觉得自己的生命已经进入了秋季，她也清清楚楚感到生活的意义，也感到青春的力量正在阿通身上勃然兴起"。"在她回顾过去的将近五十年的生活，她觉得中国也是如此。老的叶子一片一片地掉了，新的蓓蕾已然长起来，精力足，希望大。"木兰参悟了道家的生命哲学，她的人生又获得了一次新的超越和解脱。这时的木兰"耐性渐大，更能达时知命，虽然是来日岁月渐少，她却勇气再现"，"她已经不再对死亡恐惧，也不再担心自己的遭遇，不再担心自己的利害"。① 在小说的尾声，当抗战的洪流滚滚袭来，木兰也加入"一个巨大的、顽强的、跋涉的人群，整个抛弃故国家园的人群"中，"凭着不屈不挠的勇气，向前走，向前走，到中国的内地，重建自己的家"②。最后，林语堂将木兰这个渺小的个体融入伟大的民众之中，借木兰的经历和感受，表达出中华民族是不能被毁灭的强大信心，宣扬了道家生生不息、化腐朽为神奇的哲学思想。整部小说就在这样一片慷慨激昂、宏大悲壮中画上了句号，道家精神到此也获得了淋漓尽致的阐发，实现了生命美学的诗性超越。

第四节　道家思想与多彩的女性形象

《京华烟云》70万字，篇幅长、人物多。在人物设置上，除去真实的历史人物，其他虚拟的人物，林语堂明显是以《红楼梦》为范本进行塑造的。"重要人物约八九十，丫头亦十来个。大约以红

① 林语堂：《京华烟云》，张振玉译，群言出版社，2010，第727页。
② 林语堂：《京华烟云》，张振玉译，群言出版社，2010，第735页。

楼人物拟之，木兰似湘云（而加入陈芸之雅素），莫愁似宝钗，红玉似黛玉，桂姐似凤姐而无凤姐之贪辣，迪人（即体仁，笔者注）似薛蟠，珊瑚似李纨，宝芬似宝琴，雪蕊似鸳鸯，紫薇似紫鹃，暗香似香菱，喜儿似傻大姐，李姨妈似赵姨娘，阿非则远胜宝玉。孙曼娘为特出人物，不可比拟。"①《红楼梦》的人物群像中，最夺人眼球、最打动人心的莫过于那群光彩过人的女性群体，如林黛玉、薛宝钗、史湘云、秦可卿、薛宝琴、王熙凤、探春、妙玉、迎春、惜春、晴雯、香菱、平儿、紫鹃、鸳鸯、袭人、李纨等，她们无不具有自己独特的性格气质，无不栩栩如生。她们当中很多都颇具诗才，处处充满了诗情画意，曹雪芹以无限赞美的笔触抒写她们的美丽、智慧、纯洁与善良，更通过贾宝玉之口赞叹："女儿是水做的骨肉，男子是泥做的骨肉，我见了女儿便清爽，见了男子便觉浊臭逼人"，"凡山川日月之精秀只钟于女儿，须眉男子不过是些渣滓浊沫而已"。在林语堂的小说中，林语堂表现出与曹雪芹同样的对女性的尊重与赞美。女性形象不仅是林语堂塑造和描写的重点，很多时候，林语堂就是从女性的视角着笔撰文的，这一点在《京华烟云》中表现得尤为突出。

　　林语堂为何如此关注和重视女性，依笔者看有四方面的原因。第一，林语堂接受的是完整的西式教育，那个时候的西方，尊重女性已成共识，关爱和呵护女性是一个绅士应有之举。第二，在林语堂的日常生活和一生当中，女性对他的影响远大于男性。林语堂和母亲极为亲密，对母亲也极为依恋，在他结婚前的晚上还和母亲同睡。林语堂的兄弟姐妹很多，他跟二姐美宫尤其要好；然而美宫早逝，令林语堂永远铭记着美宫对他的叮咛与期望。还有一位埋藏在林语堂内心深处，让他眷恋一生的女子——陈锦端，林语堂笔下理想化的女性或多或少都有点她的影子，而林语堂也将自己刻骨铭心的初恋写进了小说里。婚后的林语堂更是处在一个女性之家中，妻子廖翠凤为他生了三个女儿。因为没有生育儿子，翠凤一直耿耿于怀并为之深感遗憾；但林语堂却毫不在乎，他为自己有三个女儿而感到满意，而且还孩子气地跟女儿们一起称翠凤为"妈妈"。"妻

---

① 林语堂：《给郁达夫的信》，梦琳等编《林语堂散文经典全编》（第二卷），九州出版社，2002，第 432 页。

是水命，水是包容万有，惠及人群的"，"她多次牺牲自己，做断然
之决定，都是为了我们那个家的利益"①，翠凤的包容和自我牺牲
让林语堂备感母性的温暖。第三，在文学创作中，不管中国还是西
方，女性常常代表着纯洁和善良。中国古典文学常以香草、美人比
喻坚贞高洁的人格，女子这个词常常被诗化、被赋予美好的象征意
义，代表着高贵脱俗的品质。而西方以女性为标杆，塑造出伟大女
性形象的男作家更是不胜枚举。第四，这也是最重要的一点，林语
堂认为道家哲学具有推崇女性的特质。从《道德经》看，老子思想
是主阴贵柔的，而阴柔正是女性独特的气质。例如，《老子》第六
章说："谷神不死，是谓玄牝。玄牝之门，是谓天地根。绵绵若存，
用之不勤。"这里的"谷神""玄牝"都借用了母性孕育生殖的意
思，可见，老子的道家思想是从母性繁衍的角度去参透宇宙万物，
从而形成了以"道"为核心的哲学思想。比较而论，先秦诸子百家
里确实没有哪家思想学说像道家那样重视女性气质和母性繁衍。近
年来有学者研究认为"老子哲学为女性化的生命哲学"，"老子是
自觉意识到男性智慧的弱点和重新发现女性智慧和品德的伟大作用
的第一位哲学家，他正是由于着重提炼和发挥了女性之德，才形成
了具有鲜明个性的主阴哲学，创立了贵柔守雌的道家辩证法体系，
对中国哲学的发展，作出了特殊的贡献。"② 林语堂曾译介过《老
子的智慧》一书，对老庄思想作了全面的阐释和评述，他对道家哲
学的女性气质和母性崇拜还是有独到体悟的，并由此进行了艺术性
的发挥与展现，呈现在文本中，就是对女性形象的偏爱和赞美。

　　由上述分析可知，林语堂有女性崇拜的情结，他在小说创作中
倾向于对女性美好形象的塑造与赞美。与男性相比，在审美创作领
域里，女性具有得天独厚的优势，因为在审美活动中起决定作用的
是情感。在很多作品里，我们常看到血性男儿在现实世界中大行其
"义"，小女儿在心灵世界里婉转其"情"。换言之，女儿之境更接
近纯精神的领域，更富有诗性魅力。所以，林语堂更钟情于女儿的

---

①　林语堂：《林语堂自传》，工爻、张振玉译，陕西师范大学出版社，2005，第92
　　页。

②　牟钟鉴、胡孚琛、王葆：《道教通论——兼论道家学说》，齐鲁书社，1991，第
　　150～162页。美国教授赵启光也有相似观点，可参看他的著作《老子天下第
　　一》。

情与美。相比于其他同时代的作家，林语堂笔下的女性形象不是那种受苦受难、苦闷压抑的形象，而是具有母性忍耐力、能够展现女性美丽风采与无穷智慧的正面形象。《京华烟云》中的姚木兰自不必说，她是林语堂理想化的人物形象，既符合传统的审美和伦理道德标准，又具有现代意识，人又美丽大方而富有生活情趣，自然获得众人的喜爱。

再看《京华烟云》里的红玉，她与林黛玉的气质极为相像。林语堂曾说："欲探测一个中国人的脾气，其最容易的方法，莫如问他喜欢黛玉还是喜欢宝钗，假如他喜欢黛玉，那他是一个理想主义者；假使他赞成宝钗，那他是一个现实主义者。"① 明显的，林语堂是一个理想家，写到红玉投水自尽时，他伤心不已。若是以当时左派的评判标准来讨论红玉的现实意义，红玉简直就是个反面教材。然而，红玉这个人物形象还是打动了很多读者的心，具有一定的审美价值。红玉十分聪慧，可惜身体单薄，经常生病，养成敏感好胜的个性。由于身体和环境条件的限制，红玉的才华不可能向外部世界发展，便只能诉诸内心、诉之于情感。小说中红玉与阿非是青梅竹马，对阿非的爱非常纯真，不夹杂任何世俗的东西。她对阿非情根深种，但又苦恼自己身体虚弱多病恐不能幸福生活，担心会因此而失去阿非。这种患得患失的心态下，她误会阿非是因为可怜她才与她订婚，而不是出于真爱。伤痛于爱情上的不对等，红玉用死亡来结束自己的痛苦，以成全阿非的幸福。林语堂将红玉婉转的少女情感与复杂细密的心事描写得十分细腻感人，当读到红玉留给父母的血书和留给阿非祝福的短信时，读者受到的冲击和震撼十分强烈，在替红玉叹惋的同时，也忍不住伤心落泪。

小说中的曼娘也是值得一提的人物形象。整部《京华烟云》，最具有"东方女性气质"的就是曼娘。她是个朴实的女孩子，从小接受的是传统旧式的女性教育，在"德、言、容、工"四方面得到了严格的训练，于是她温柔恭顺、敦厚无私、克己守礼。曼娘天生丽质，在木兰的眼中"曼娘的眼毛美，微笑美，整整齐齐犹如编贝的牙齿美，还有长相儿美"，她"好像古书上掉下来的一幅美人

---

① 林语堂：《吾国与吾民》，黄嘉德译，陕西师范大学出版社，2002，第199页。

图"，"在现代，那类典型是渺不可见，也不可能见到了"①。曼娘
与平亚互相爱慕、情投意合。可天有不测之风云，平亚年纪轻轻就
感染了伤寒，在他生命垂危时，曾家提出以结婚来"冲喜"，曼娘
毫不犹豫就答应了。这在曾家是私心，在曼娘则为了挽救爱人而不
图任何回报。可是，平亚还是死了，曼娘以处女之身开始了漫长的
守寡生活，连木兰都觉得"曼娘是冥冥中一个巨大力量之下的牺牲
品，是受了欺骗玩弄"②，但曼娘却心甘情愿。我们可以批判曾家
的自私，批判这种不人道的守寡制度，但对曼娘却不忍苛责；对曼
娘来说，或许带着对爱人的回忆过日子未尝不是一种幸福。恐怕在
林语堂眼里，曼娘的选择也比骤结骤离、分分合合的新式婚姻要真
挚、幸福吧。可悲可恨的是，曼娘在躲避战乱时却未能幸运地逃脱
日本侵略者的魔爪，虽然她先行上吊自杀，可日本军人还是玷污了
她的尸体。曼娘这个形象令西方读者对东方女性产生无限的美感与
好感，可同时也留下深深的叹息和伤痛。

　　如果说木兰的身上有陈锦端的影子，那么莫愁身上则有廖翠凤
的影子。莫愁是一个圆润的女孩，沉稳、安静，为人实际。木兰、
莫愁姐妹俩，木兰是浪漫的"妙想家"，莫愁则是接地气的现实派。
林语堂是将莫愁作为木兰的对照组来刻画的。较木兰而言，莫愁少
一些浪漫情趣，多一些现实精神；少一些灵性、才气，多一些妻
性、母性，是一个具有"新知识"，但"旧道德"更明显的贤妻良
母形象。莫愁这个形象的塑造参照了《红楼梦》中的宝钗，但林语
堂去除了宝钗性格中保守、伪善的一面，保留了宝钗端庄大方、温
柔贤惠、浑厚坚定的大家闺秀风范。莫愁是最适合做妻子的那种女
性，她懂得怎样相夫教子，有驾驭丈夫的本领，有主理家政的才
干。莫愁虽然实际，但并不虚荣，也不看重金钱和社会地位，她嫁
给自己崇拜但没有家庭背景、较为清贫的立夫，一如廖翠凤主动选
择嫁给林语堂，因而也获得了人生的幸福。

　　在林语堂的笔下，不只是美丽的千金小姐才有光彩，即便是一
个普通的女佣或妓女，如银屏、华太太，同样具有过人的见识和影
响力。体仁是姚家的一块顽石、一截朽木，姚思安费尽心思，无论

---

①　林语堂：《京华烟云》，张振玉译，群言出版社，2010，第51页。

②　林语堂：《京华烟云》，张振玉译，群言出版社，2010，第152页。

是严加管教，还是顺其自然、任其发展，对体仁来说都没有丝毫效果，体仁依旧纨绔败家。但体仁却能听从华太太的劝告，"女人对男人的魔力真是不可思议。你看华太太对你哥哥的影响多大！"①华太太虽为妓女，但识文断字，精明能干，抓住机遇成为一家古玩店的女店主，变成一个很有身份的女人。正是在她的影响和反复规劝、训斥下，体仁改过自新，戒了大烟，正常上班，也常回家了。其实，不单单是《京华烟云》里富有多姿多彩的女性形象，综观林语堂的所有小说作品，最出彩、最令人难忘的还都是女性，例如《风声鹤唳》里的丹妮，《朱门》里的柔安、遏云，《红牡丹》里的牡丹，《赖柏英》里的柏英、韩沁等，无一不让人印象深刻。

---

①　林语堂：《京华烟云》，张振玉译，群言出版社，2010，第354页。

第六章
日常生活哲学的诗性演绎

林语堂在散文《尘世是唯一的天堂》中写道："我们的生命总有一日会灭绝的，这种省悟，使那些深爱人生的人，在感觉上加添了悲哀的诗意情调，然而这种悲感却反使中国的学者更热切深刻地要去领略人生的乐趣。我们尘世人生因为只有一个，所以我们必须趁人生还未消逝的时候，尽情地把它享受。如果我们有了一种永生的渺茫希望，那么我们对于这尘世生活的乐趣，便不能尽情领略了。"① 因死亡而倍加珍惜生命，因珍视生命而重视生活，因关注生活而讲求日常生活的审美与享乐，这便是林语堂潜在的人生观。这种思维的逻辑性或许可以解释林语堂在 20 世纪 30 年代不合时宜地谈幽默的真正原因，也是林语堂创作《生活的艺术》的根本由来。

第一节　被选择的中国传统文化

如果说《吾国与吾民》的畅销，让林语堂在美国声名鹊起；《生活的艺术》在美国高踞畅销书排行榜第一名达 52 个星期之久，并被译成十几种不同的文字，则确立了林语堂在国际文坛的地位。与《吾国与吾民》不同的是，《生活的艺术》的写作内容、阅读对象都是预先设定好的，所以《生活的艺术》的成功堪称是图书策划的经典案例。林语堂在写作《吾国与吾民》时就认为，文化是闲暇的产物。以农耕文明为主的中国人，在耕作之余的闲暇中积累了独具特色的日常生活文化，并代代相传相继。林语堂认为中国人的人

---

① 老品选编《尘世是唯一的天堂：名家笔下的生老病死》，中国国际广播出版社，2007，第 23 页。

生是和艺术结合在一起的，"他们终能戴上中国文化的皇冠——生活的艺术——这是一切人类智慧的终点"①。

一　写作《生活的艺术》的初衷

林语堂在《生活的艺术》的自序里说："本书是一种私人的供状，供认我自己的思想和生活所得的经验。我不想发表客观意见，也不想创立不朽真理。我实在瞧不起自许的客观哲学；我只想表现我个人的观点。"② 由此可见，该书的写作风格依旧延续着林语堂一贯的随意性和个人性，这成了一把双刃剑，既是林语堂独特魅力的来源，也是引发各种争议的根源。

在《吾国与吾民》热销后，林语堂起初并无意撰写《生活的艺术》，他原本计划翻译五六本中国中篇文集，如《老残游记》《影梅庵忆语》《秋灯琐忆》等，认为这些文集足以代表中国的生活艺术及文化精神。但出版商华尔希根据读者对《吾国与吾民》第九章《生活的艺术》非常感兴趣的阅读反馈，认为应该先把《生活的艺术》扩充写成一本专著，再做翻译也不迟。"因为中国人的生活艺术久为西方人所见称，而向无专书！苦不知到底中国人如何艺术法子，如何品茗、如何行酒令、如何观山玩水、如何养花蓄鸟、如何吟风弄月等……"③ 于是，林语堂就动笔写作《生活的艺术》，一边写一边将稿子送给华尔希和赛珍珠看。林太乙评论这种合作关系说："他（即林语堂）不像一般中国文人，写了文章之后不许编辑碰一个字或一个标点符号。他肯接受华尔希夫妇的批评，这种编辑与作者合作的关系，在国内是没有的。好的编辑，能对作者提出宝贵的意见，能指出一部书的长处及弱点，因为他对作品比较客观。好的编辑要能使作者尊重他的意见，聪明的作者则应该听这种专家的建议，并且同意修改他的作品。"④ 在这种沟通良好、合作无间的关系下，《生活的艺术》在动笔前就已确定了它的阅读对象和写作内容。

《生活的艺术》的阅读对象是一些什么人呢？毫无疑问，能够

① 林语堂：《吾国与吾民》，黄嘉德译，陕西师范大学出版社，2002，第91页。
② 林语堂：《生活的艺术》，越裔译，陕西师范大学出版社，2003，第1页。
③ 林太乙：《林语堂传：我心中的父亲》，陕西师范大学出版社，2002，第142页。
④ 林太乙：《林语堂传：我心中的父亲》，陕西师范大学出版社，2002，第145页。

自由选择书籍并通过阅读获取知识的人，肯定是受过一定教育，有一定经济基础和闲暇的人，这些人在美国多数归属于中产阶级，占总人口数的绝大部分。很久以前，美国就已经是一个中产阶级社会。在工业化之前，美国的老式中产阶级，包括自由农场主、店主和小企业主，曾占到过总人口的 80%。20 世纪 30 年代以后尤其是第二次世界大战以后，随着美国社会工业化的完成及向后工业社会的转变，"新中产阶级"日益增多，包括专业技术人员、经理阶层、学校教师、办公室的工作人员以及在商店内部和外部从事推销工作的人，他们成为美国中产阶级的主要构成者。不仅是美国，欧洲其他先后进入工业社会或转向后工业社会的国家和地区，新中产阶级数量也呈不断增长的趋势。① 这也就意味着，《生活的艺术》的读者群定位是十分准确的，它瞄准的是人数众多的中产阶级，它的畅销有其必然原因。美国老中产阶级的形成是美国 19 世纪自由经济时代的产物，新中产阶级的出现则是 20 世纪美国向城市工业社会转化的必然结果，这种历史性变化改革了旧的生产方式，也彻底改变了农村与城市的生活。这个为数众多的新中产阶级，他们关心什么呢？与老中产阶级不同，美国新中产阶级受教育程度较高，其生活方式一般都带有小资情调，追求生活的享受。在他们看来，不会享受生活，也就不会好好工作。那什么样的生活才最符合他们的兴趣与需求呢？适逢这个时机出版的《生活的艺术》成了一个可资借鉴的最佳对象。《生活的艺术》的原题是 *The Importance of Living*，直译是"生活的重要性"，"生活"是其核心，中文译本将"Importance"译为"艺术"，虽然富有浓厚的文学修辞色彩，但林语堂的本旨还是专注于"生活"。一开始，林语堂的初稿是以批评西方现代物质文化的内容为主体，行文较艰深又多辩论，预料到这样的文字不会讨人喜欢，经过一番深思熟虑，林语堂把这初稿尽数毁去，重新写作，才有了今日的《生活的艺术》。

夫雪可赏，雨可听，风可吟，月可弄，本来是最令西人听来如醉如痴的题目。《吾国与吾民》所言非此点，但许多人注意到短短的讲饮食园艺的《生活的艺术》末章上去。很多美国

---

① 资料来源于周晓虹主编《全球中产阶级报告》，社会科学文献出版社，2005。

女人据说是已奉此书为生活之法则，实在因赏花弄月之外，有中国诗人旷怀达观、高逸退隐、陶情遣兴、涤烦消愁之人生哲学在焉。此正足于美国赶忙人对症下药。①

林语堂在该书中阐述了他对生活的理解，介绍了他欣赏的古人的生活方式，并隆重推荐给美国人，提供给他们一个可以仿照的休闲的生活模式。事实证明，调整《生活的艺术》的写作内容是明智之举，它获得了成功。

二　文化选择的主观性

对《生活的艺术》提出诸多质疑和批判的学者，常常忽略了一个至关重要的事实，即此书不是写给那个时代的中国人看的，更不是让当时的中国人去效仿。其实，就《生活的艺术》一书，我们探讨的不应是该书提倡的生活方式是否适用于现实中国的问题，而应该是书中宣扬的中国文化是不是中国传统文化的主体，是否具有代表性的问题。《生活的艺术》里倡导的中国传统文化情怀和生活方式，它是不是古人的真实境况，是否具有代表性，这些都值得考究。

在第一章《醒觉》里，林语堂开篇就提出了中国具有一种独特的哲学，林语堂命名为"闲适哲学"。这种哲学有很强的实用性，它主要是针对日常生活的，是中国诗人和学者们的人生观。然而放眼中国历史，各主流思想的典籍中从未论述过这样一种哲学，这个"闲适哲学"从何而来？林语堂创造了一个准科学的公式来说明中国人的民族特性，即"现四、梦一、幽三、敏三，等于中国人"。这里面，"现"代表"现实感"或"现实主义"，"梦"代表"梦想"或"理想主义"，"幽"代表"幽默感"，"敏"代表"敏感性"；"四、三、二、一"分别代表程度"最高""高""中""低"。这条由林语堂独家创造的公式就是中国"闲适哲学"的来源，也是整本书的基础。这条神奇的公式是林语堂创造的，是他个人思想与感悟的总汇，林语堂没有论证它的科学性，因此，也可说明一个根本性问题："闲适哲学"同样出自林语堂的独家创造。基

---

① 林太乙：《林语堂传：我心中的父亲》，陕西师范大学出版社，2002，第143页。

于中国人的民族特性具有"伟大的现实主义，不充分的理想主义，很多的幽默感，以及对人生和自然的高度诗意感觉性"，林语堂由此进一步阐述说："中国人的哲学因为具有这种现实主义和极端不相信逻辑及智能，就变成了一种对人生本身有直接亲热感觉的东西，而不肯让它归纳到任何一种体系里去。因为中国人的哲学里有健全的现实意识，纯然的动物意识，和一种明理的精神，因此反而压倒了理性本身，而使呆板的哲学体系无从产生。中国有儒道释三教，每一种教都是宏大的哲学体系，但它们都曾被健全的常识所冲淡，因而都变成追求人生幸福的共同问题。"① "我也许可以把这种哲学称为中国民族的哲学，而不把它叫做任何一个派别的哲学。这个哲学比孔子和老子的更伟大，因为它是超越这两个哲学家以及其他的哲学的；它由这些思想的泉源里吸收资料，把它们融洽调和成一个整体；它从他们智慧的抽象轮廓，造出一种实际的生活艺术，使普通人都可看得见，触得到，并且能够了解。"所以说，中国的哲学是一种"闲适哲学"，它的特征是："第一、一种以艺术眼光对人生的天赋才能；第二、一种于哲理上有意识的回到简单；第三、一种合理近情的生活理想"。② 在这种哲学影响下，中国人比西洋人过着一种更接近大自然和儿童时代的生活，也是一种更富有诗性的生活。于是，人们产生了对诗人、农夫、放浪者的崇拜，尤其是放浪者，是林语堂最为称颂的人，在放浪者身上有着林语堂维护一生、宣扬一生的个人尊严和自由，而且，放浪者是最会享受人生的范本。

在第五章"谁最会享受人生"中，林语堂提到了五个人，依次为：庄子、孟子、老子、子思、陶渊明。在此阶段，比起道家的庄子、老子，林语堂虽然吸收了他们简朴、弃智、玩世之说，但更重视孟子和子思的主张。林语堂把孟子所说的"大人"应具备"仁、智、勇"品性改为"情、智、勇"，重点论述"情"的重要性，提倡其一贯的"近情"主张。林语堂认为生活的最高典型应该是子思所倡导的中庸生活，而非彻底的道家自然主义。因为"与人类生活

---

① 林语堂：《生活的艺术》，越裔译，陕西师范大学出版社，2003，第6、3、10页。

② 林语堂：《生活的艺术》，越裔译，陕西师范大学出版社，2003，第12、10页。

问题有关的古今哲学，还不曾发现过一个比这种学说更深奥的真理，这种学说，就是指一种介于两个极端之间的那一种有条不紊的生活——酌乎其中学说。这种中庸精神，在动作和静止之间找到了一种完全的均衡，所以理想人物，应属一半有名，一半无名；懒惰中带用功，在用功中偷懒；穷不至于穷到付不出房租，富也不至于富到可以完全不做工，或是可以称心如意地资助朋友；……书也读读，可是不很用功；学识颇广博，可是不成为任何专家；文章也写写，可是寄给《泰晤士报》的稿件一半被录用一半退回——总而言之，我相信这种中等阶级生活，是中国人所发现最健全的理想生活"。① 对比林语堂的个人生活状况，很难说这不是他真实生活的写照。可以说，这个时期的林语堂，还是偏重于儒家学说的，吸收的道家精华是与其个人主义相吻合的那一部分，他宣扬的中国文化和哲学，是经过他选择和改造的，不是原汁原味的；而这种选择和改造却恰好符合了西方读者的需求。

　　第六章到第十二章的内容是《生活的艺术》的重点，里面有林语堂闲适哲学的具体阐述，也有林语堂推崇的古人生活情状。尤其是第九章"生活的享受"、第十章"享受大自然"、第十一章"旅行的享受"，里面论及了西人向往的"品茗、酒令、饮食，赏花木石、雨雪月，观山玩水"等。林语堂说："我以为从人类文化和快乐的观点论起来，人类历史中的杰出新发明，其能直接有力地有助于我们的享受空闲、友谊、社交和谈天者，莫过于吸烟、饮酒、饮茶的发明。"② 在"茶和交友"一小节中，林语堂重点论述的是饮茶的氛围，对于茶的采摘烘焙、烹煮取饮所言不多，关于茶的诗词曲赋也未提及，只是引用了明代三部茶书（张源的《茶录》、许次纾的《茶疏》、罗廩的《茶解》）里的茶知识，而对茶书经典陆羽的《茶经》只字未提。如果从介绍中国的茶文化角度看，林语堂此举确实是以偏概全，非常之不专业；但从品茗和交友的角度看，林语堂很重视饮茶氛围的闲适性及交友的志同道合，他的言说不仅有关于茶的知识，还有个人在品茗闲适中的心得见解，也算是一家之谈了。对于烟、酒的生活享受，林语堂的阐述也是以个人心得为

① 林语堂：《生活的艺术》，越裔译，陕西师范大学出版社，2003，第92页。
② 林语堂：《生活的艺术》，越裔译，陕西师范大学出版社，2003，第173页。

主，文化常识为辅。林语堂是个吸烟者，最为享受的是口含烟斗的快乐，于是他在"淡巴菇和香"一节中详细描述了他戒烟的百般不适和复吸的快乐；而对于中国的焚香艺术，只是引用了屠隆和冒辟疆的文字简要说明其中的乐趣。林语堂不善饮酒，在"酒令"一节中，他将饮酒与近人情联系起来论述，对酒宴的快乐喧哗给予了赞美，并用英文造字的形式详细介绍了射覆、联句等酒令知识，对于其他较复杂的中国酒史、酒文学文化就不曾涉及。林语堂用来说明中国人闲适生活的资料，基本上是明清的典籍和才子们的论著或散文小品，如明代的三部茶书、屠隆的《冥寥子游》、袁中郎的《瓶史》、金圣叹的论著、李渔的《闲情偶寄》、冒辟疆的《影梅庵忆语》、张潮的《幽梦影》、沈复的《浮生六记》、蒋坦的《秋灯琐忆》等，林语堂不仅推崇他们的思想，而且把他们的生活方式奉若典范，极力宣扬。在第十章"享受大自然"中，林语堂引文并无限赞美了蒋坦之妻秋芙、沈复之妻陈芸这两位女子的性情和闲适的生活情趣；在第十一章"旅行的享受"中，内容基本上是对金圣叹语录和屠隆整篇《冥寥子游》的翻译。由此可见，《生活的艺术》中宣扬的中国文化并不是中国传统文化的主体，但具有一定的代表性；里面倡导的中国传统文化情怀和生活方式，确实是一部分古人的真实境况，但主要是明清时代文士的生活情状。

三 林语堂的明清士子情怀

中国传统文化悠久绵长，所涉甚广，如其中的琴、棋、书、画、茶、酒、山水、古玩等，而林语堂为何对晚明前清这一段文化情有独钟？这确实值得我们细细思量和不断深究。在英文原著《生活的艺术》中，林语堂在译介屠隆的《冥寥子游》时，曾标一条小注说：16 世纪的屠隆和同时代的徐文长、袁中郎、李卓吾等作家，他们一直没有得到中国正统批评家的充分承认。① 这条小注可以说明：林语堂虽然不反传统，却反正统，他不吝给予上述作家以极高的评价；因此他对正统文化的体认感不强，而他受西方现代思想影响而形成的个人主义思想却使得他一向注重一己的感受，并以

---

① Lin Yutang. *The Importance of Living*. New York：The John Day Company, Inc.. 1937. 338.

此作为文化选择、价值评判的标准。

明清时期是中国历史上最重要的社会与文化变迁时期之一。明朝中后期政治状况风雨飘摇，其周边地区处于动乱状态，少数民族对中原虎视眈眈；其海外政策虽然确立了中国在亚洲的大国地位，但随着西方殖民地势力进入亚洲，中国的地位有所削弱。这个时期，封建经济逐渐发展，它不仅超过了历史上任何一个时期，而且从明朝中后期开始，一种新制度——资本主义的萌芽在封建社会内部产生并逐步增长，日益瓦解传统的自然经济，这是封建制度渐趋衰落的物质原因。而作为意识形态的文化，一方面在传统文化和科学技术方面，依然走在世界的前列，出现了一系列科学巨匠和带总结性的科技著作，如徐光启的《几何原本》《坤舆万国全图》，宋应星的《天工开物》，还有朱载堉、王文素、黄省曾、李时珍、郑和、徐霞客、家朱、孙云球等；更重要的另一方面，因为商品经济的发展和封建制度的日趋没落，导致了反封建民主思想的产生，出现了一批杰出的思想家和优秀小说，如王守仁、王艮、王畿、李贽、黄宗羲、顾炎武、王夫之，《三国演义》《水浒传》《西游记》《金瓶梅》，等等。然而，清朝之后，其统治者花费了大半个世纪时间恢复起来的社会经济仍然是封建小农经济，16世纪以来中国经济出现的新变化就此绝迹。清朝沿用了明朝的政治模式，同时又加进了满洲固有的统治手段和统治经验，建立了以绝对皇权为中心的强大专制政权，这个政权比明朝更具有保守性和封闭性。因为清朝绝对君主权力的确立，晚明以来一些"离经叛道"的资本主义自由、民主思想也逐渐销声匿迹。毛佩琦在《从明到清的历史转折——明在衰败中走向活泼开放，清在强盛中走向僵化封闭》（《明史研究》第8辑，2003）一文中提出了这样一个观点：解体中的明朝给新事物的发展提供了可乘之机，强化的清朝却阻断了前进的步伐。因此说，明朝在衰败中走向活泼开放，而清朝则在康雍乾盛世中走向僵化封闭。鉴于明清时期特殊的环境，中国传统社会和文化出现了明显的转变。首先就是"士"与"商"的关系发生变化，大概从15世纪下半叶起，开始出现一种"弃儒就贾"的趋势。出现这种社会现象的原因有两个：第一，人口的急剧增加，科举名额定额化；第二，商业与城市化的发展。中国人口自明初到18世纪增加了好几倍，而举人、进士的名额却未相应增加，科举考试

竞争日趋激烈。而随着商业的发展，需要更多的人力物力破除旧习
的约束投入经济活动中来，这就刺激了无法从传统科举中扬名的士
子转而从商。明代方信编修的安徽歙县《竦塘黄氏统宗谱》卷五记
载，著名商人黄崇德就是因为听从父亲劝告，才放弃科举，到山东
贩盐，"一岁中其息十之一，已而倍之，成大贾"①。士转商之外，
商亦转士，社会上出现了"士商互动"现象。如文学家李梦阳、汪
道昆，理学家王艮，东林党人顾宪成、顾允成兄弟，等等，都出身
于商人家庭。所以在 16 世纪就有人指出，"士而成功者也十之一，
贾而成功者也十之九"。第二个转变是文化上的，即知识分子主动
参与到通俗文化的创建中，主要表现在两个方面：一是三教合一的
运动，一些知识分子不再局限于儒家一家之说，而是尝试将儒道释
三家的思想融会贯通以成大家之言；甚至开始接触西方思想，如李
贽和焦竑，于万历二十七年（1599），首次会见意大利的天主教传
教士、学者利玛窦。二是知识分子主动参与戏曲小说的创作，如冯
梦龙、凌濛初、汤显祖、金圣叹、李渔等。

随着文人小说戏曲和明清小品文的出现，"士"有了新的社会
和文化意义。"士"在广义上，泛指古代中国的读书人、知识阶层，
即今天所说的知识分子。明清的知识分子较之传统之士，有着他们
独特的人格魅力和文人情怀。第一，不讳言利。《明史》曾记载，
明永乐著名画家王绂居住京城时，夜里听到隔壁传来箫声，十分清
雅。第二天，他特地画了一幅竹子送上门去，说：昨夜听君箫声，
今天为君送来箫材。谁知他那邻居其实是个商人，收到名家大作自
然是喜出望外，连忙让人送上礼物，并且请王绂再画一幅，配成一
双。王绂见此，不由大怒，索回送出的画，当场撕碎。可是到了中
叶以后，情况就大相径庭了。唐伯虎、祝枝山、桑悦等名家写字作
画都是要收"润笔"的，称之为"精神"。即便是为至亲好友写字
作画，不能要钱，也要让人先拿一锭银子来，放在眼前，有了精神
动力，作好后再让人把银子取走。这并不是说他们的人格就低下
了，而是时代不同了，变化的根源就在于商品经济的发展。第二，

---

① 山东（中原）黄氏：《明刻徽州竦塘黄氏族姓地图及相关问题考略》，网络博客
文章，http://blog.sina.com.cn/s/blog_64557c6c0101dizz.html，2013 年 8 月 8
日。

放浪享乐。商品经济的发展，不仅改变了士人的一些意识形态，还促进了城市消费文化的兴起。城市作为一种生命活动场域，以丰富的物质生活与社交活动，提供士人在参加科考、追求功名行为之外，得以发展另类的生活形式与生命价值。在科举功名之外，士人于城市游乐中寻找慰藉，并逐渐形成一种放纵享乐情怀。纵乐于城市、一掷千金而面不改色的豪爽气魄，多为明清文人所赞扬，而其驰骋场域，纵非歌楼亭榭，也必与青楼女子相关。明朝是个出才子的朝代，大凡才子难免都要风流些。如李卓吾经常出入于嫱妇卧室，大白天公然携妓同浴；袁宏道认为人生有五大快活，除吃、喝、玩、乐外，还有携妓冶游；钱牧斋与柳如是，侯方域与李香君，冒辟疆与董小宛，这种文人与妓女之间的情爱在当时皆被传为佳话；就连抗清英雄陈子龙在家境不太富裕的情况下，也先后将三个风尘女子纳为爱妾。而林语堂欣赏的屠隆，他的风流程度更为出格，不仅广蓄声妓、喜欢搞同性恋，还把这些作为素材进行创作，以至于备受争议。第三，隐逸情怀。面对奢华的消费风气，有明清文人沉溺其中，并遭商人、市井小民模仿、僭越；也有明清文人为提升自我品位，有别于繁华俗世，过着另一种简朴逍遥的生活。或游山玩水，或徜徉园林，是明清文人一重要特色。而晚明文人对"游"的专心与热情，甚至呈现如痴如醉的异常状态，"游"不再是传统求学问道之手段，也不再是仕途不顺的第二选择，而是情有独钟、志之所向。李日华说"游道之盛，无如孝廉"（王叔躬《〈薄游草〉序》，《味水轩日记》卷六，万历四十二年四月二十一日记），可见晚明游风已波及下层士人，且以之为主力了。文学史上有记载的晚明文人几乎都不脱烟霞之癖，这种痴迷程度可谓是前所未有。"结庐在人境，而无车马喧"，这种陶渊明式的隐逸情怀摆脱了现实生活的物欲横流，超脱了源自现实的功名利禄、纷争苦难，尽管生活简朴，甚或捉襟见肘，但美丽的景致不仅能陶冶性情，还能成为把酒赋诗的对象，为生活增添许多雅趣，也由此创造出新的认同与价值：淡泊自守、宁静自得。林语堂一生羡艳的沈复夫妇，过的就是这种简单而充满审美的诗性生活。第四，热衷于创作通俗文学。晚明是一个文化教育相当普及的时代，张岱说："后生小子，无不读书。及至二十无成，然后习为手艺。"又如王世贞所言："虽十家村落，亦有讽读之声"，造就了一大批下层文化人，也推动了出版事业的兴盛，促进知识、信息的普及。当文化产品走上市场的时候，他们这批为数众多的士人就能影响社会文化的价值取向，并对上下层文化的互动起到推波助澜的作用。书商们也会按照他们的需求去刊行销售书籍，从而刺激了更多的士人投身到通俗文学的创作中。明清小说自不待言，它们更适合文化层次较高的士人；而戏曲则是广大下层士人乃至普通民众的心头好。戏曲在晚明的市场显然更甚于小说，就连小说的传播也常常借助于艺人的表演。受市场的影响，晚明小品文在万历、天启年间，创作进入高潮，名家迭起。相比于晚唐小品文的愤世嫉俗，晚明小品文在风格上倾向于轻灵隽永，反映出晚明文人的价值取向朝闲适自由的方向转变。晚明小品文放弃了传统创作的道德说教，而以自赏娱人为目的，更多地表现出一种不拘真心、自娱自乐的心境，一份闲情逸致、潇洒不羁的情怀。

在晚明前清时期的文化中，可以看到许多与以前不同的东西，甚至是反传统的东西。文化的特点便是那个时代的社会特点，任何历史现象都可以透过文化现象得以反映。从这一意义上来看，晚明前清时期的文化也是一段中华民族的社会发展史，甚至是更为生动的社会发展史。比较而言，晚明前清时期的总体社会状况，跟林语堂所处的清末民初时期还有些相像。明末政治不稳定，但知识分子思想相对解放，可以说是"异端频出"；经济发展，资本主义萌芽，知识分子开始重视通俗文化，重视日常生活的审美与享受。中国文化不仅是伦理本位的，而且是泛审美主义的。有着资本主义教育背景，思想自由的林语堂很容易在明末清初的士人身上找到共同点，更容易产生思想的共鸣，由林语堂极为推崇袁中郎等人的"性灵学派"就可见一斑。他认为该派其实就是个自我发挥的学派，"'性'即个人的'性情'，'灵'即个人的'心灵'。写作不过是发挥一己的性情，或表演一己的心灵"。① 到了清代，政治专制的严酷性使得更多的士人远离政治，醉心于通俗文学的创作，陶醉于日常生活的细节之美。这种追求也符合林语堂在 20 世纪 30 年代处在左右夹击之中，试图挣脱各种束缚，求得一己身心的自由、解放的内在需求。正是因为这种种因素，林语堂格外青睐明清的士子，也渐渐形

---

① 林语堂：《生活的艺术》，越裔译，陕西师范大学出版社，2003，第 280 页。

成了这种逸乐的文化情怀，在保障生活温饱的基础上（因林语堂不讳言商和利，实际上他的生活是富足有余），享受日常生活的闲适与思想、言论的自由。

第二节　闲适里的诗性

无论是明清士子的生活，还是林语堂在《生活的艺术》里倡导的生活方式，都体现出人们对闲适生活状态的向往与追求，证明了休闲作为整个人类天性的普遍意义。这种闲适与审美的诗性息息相关，让人不会因为琐碎的日常生活而导致感觉麻木、性格卑琐。"闲"的古字是"閒"，外边是"门"，里面是"月"，从造字上就显露出这种充满审美意味的闲适与愉悦。《说文解字》注："闲，隙也。从门从月。"徐锴注："夫门夜闭，闭而见月光，是有间隙也。"段玉裁《说文解字注》的解释更形象、更充满诗意："开门月入，门有缝而月光可入。"门中观月，月华似水而无处不在，让人沐浴其中，心驰神往。这显然是一种闲适中人才有的情趣，是一种经常出现在中国古代文人笔下的意境，与后世的回归田园、寄情山水同调，都是身心俱闲、物我两忘的境界。这种境界中散发出来的无限诗性正是《生活的艺术》之魅力的源头，是其深受西方读者所爱的根本原因。

一　《生活的艺术》的主体诗性

《生活的艺术》一书的内容其实可分为两部分，一部分是林语堂的思想；另一部分是他倡导的具体的生活方式。对于林语堂的思想，林太乙评价说："父亲饱满的头脑尽是思想，尽是理论，他要不是身为作家，可以发表那些独出心裁的思想，他会不知道怎么办。他对自己有十足的信心，他对什么都怀着满腔热忱，我们多多少少也受了他的影响。他的精力比别人充沛，感情比别人丰富。他对任何事都有一套理论。"① 因而，《生活的艺术》充分体现出作者本人的主体诗性。在该书中，林语堂的诗性有两个层面：第一是执着地浸润于现实人生；第二是超脱于物质困顿之外。

① 林太乙：《林语堂传：我心中的父亲》，陕西师范大学出版社，2002，第141页。

林语堂曾自评是个"现实主义的理想家"①，他的现实主义最主要的表现就是正视现实人生。受西方教育的影响，林语堂首先是从生物学的角度认识人类、面对人生的。人类是从猴子进化来的，因而和其他动物一样，有着自然的本能。当本能的需要获得满足时，我们就会感到快乐。所以，林语堂说："人类一切快乐都发自生物性的快乐，这观念是绝对科学化的。"而且他还进一步说："人类的一切快乐都属于感觉的快乐。"不同于别人抽象地讨论快乐，林语堂认为现实的人生中"精神欢乐和身体的快乐是不可分离的。精神的欢乐也须由身体上感觉到才能成为真实的欢乐。我甚至于认为道德的欢乐也是同样的"。基于此，人生的目的就是享受人生的快乐，这是林语堂的人生观，也是林语堂诗性人生的基点。然而，受生物性的制约，人类生命其实是很短暂的。"我们是属于这尘世的，而且和这尘世是一日不可离的。我们在这美丽的尘世上好像是过路的旅客，这个事实我想大家都承认的，即使这尘世是一个黑暗的地牢，但我们总得尽力使生活美满。"人生苦短，这是人尽皆知的事实，由此引发人类复杂多样的情感与思想：宿命论、悲剧意识、抗争精神、及时行乐思想……这些元素无一不是各种文学创作或艺术创造的动力，换言之也是人类文明的源泉。相比这些被动性的情感，林语堂的态度似乎更温和、主动些。"我们如要获得精神的和谐，我们对于这么一个孕育万物的天地，必须有一种感情；对于这个身心的寄托处所，必须有一种依恋之感。所以，我们必须有一种动物性的信仰，和一种动物性的怀疑，就把这尘世当做尘世看。"② 扎根于现实人生，努力获取欢乐，还有什么比这更简单更直白的了悟？

  执着于现实人生只是一个基点，尘世是美丽的，但不总是一帆风顺；人类因动物性的本能需求首先追求的是物质的满足与丰富，当人生的快乐因为物质困顿而大打折扣时，我们应该如何自处？林语堂认为要葆有人类的尊严，即超脱于物质困顿之外。谁没有贫贱时？林语堂幼时家贫，一直就读的是免费的教会学校；当他上大学

---

① 林太乙：《林语堂传：我心中的父亲》，陕西师范大学出版社，2002，第133页。
② 林语堂：《生活的艺术》，越裔译，陕西师范大学出版社，2003，第101、109、20、20页。

时，其父东拼西凑、向人借贷才筹足费用，而其姐美宫只能中断学业嫁人了事。若不是因为家贫，林语堂不会错失深爱的陈锦端，心心念念一辈子；若不是经济窘迫，林语堂不会一个星期只吃一罐麦片，不会在哈佛大学只读了一年就前往法国半工半读……然而这些都没能改变林语堂的天性，"我对于生命，对于生活，对于人类社会，总希望能采取个合理、和谐而一贯的态度"。① 经历过贫困，林语堂从不忌讳追求物质享受，对西方科技发展造就的丰富物质和便利生活也一直持赞美的态度，他曾在一次演讲时说："世界大同的理想生活，就是住在英国的乡村，屋子安装有美国的水电煤气等管子，有个中国厨子，有个日本太太，再有个法国的情妇。"②

　　然而，当林语堂到美国后，面对快速的生活节奏，面对生活在现代工业时代紧张的美国人，他对被机械控制的美国文明产生了质疑。先进的科技确实能带给人们美好的生活享受，但人类不能被物质所绑架，成为物质的奴隶。在《生活的艺术》中，林语堂把"讲求效率，讲求准时，及希望事业成功"列为美国的三大恶习，在其他语境下，这本来是倍加推崇的美德，但在林语堂的诗性语境中，这成了美国人不快乐、神经过敏的源头，享受悠闲生活的天赋权利也被它剥夺了。"闲"字古意为门缝观月，可见中国的诗性注重的不是物欲的满足，不是高成本的消费，而是与自然相融合的一番情趣，一种心境。在这种随心所欲、物我两忘的超脱状态之下，生活焕发出诗意之美，这种美经常反映在中国古代文人的诗文中，尤其是在离开尘世，寄情山水，作者身心得到解脱和升华之际。"在哲学的观点上看来，劳碌和智慧似乎是根本相左的。智慧的人绝不劳碌，过于劳碌的人绝不是智慧的，善于优游岁月的人才是真正有智慧的。"在这样的语境下，林语堂推崇中国的文化，"我认为文化本来就是空闲的产物，所以文化的艺术就是悠闲的艺术。在中国人心目中，凡是用他的智慧来享受悠闲的人，也便是受教化最深的人"。③ 超脱外物的束缚，拥有真正意义上的闲暇身心，人类才能真切感受生活的乐趣，享受人生的快乐。

---

① 林太乙：《林语堂传：我心中的父亲》，陕西师范大学出版社，2002，第 133 页。
② 林语堂：《林语堂自传》，工爻、张振玉译，陕西师范大学出版社，2005，第 6 页。
③ 林语堂：《生活的艺术》，越裔译，陕西师范大学出版社，2003，第 114 页。

二 《生活的艺术》的文本诗性

《生活的艺术》里的文字恰如林语堂的小品文，具有他一贯的特色：思想漫无边际，知识庞杂，所涉甚广；精神自由开放，见解卓尔不群；笔调幽默舒缓如闲谈，语言平淡自然似一汪清泉，愈加显得逍遥优雅，充满诗意。诗意，原就是一种情趣化的人生表达，是个体诗性的外化，林语堂的诗性人格也使得他的作品带上了诗性特征。对于林语堂向外传播中国文化的优势，1936 年 6 月《太平洋事务》评论《生活的艺术》时就有提及：①

Dr. Lin Yutang is probably the only one able to see his country from the inside, with an unclouded eye, who would at the same time take the trouble to give the full picture to Westerners and who would, in addition, be able to do it in a clear, strong and frequently beautiful English prose. His education has given him a knowledge of Western ways of thought without pulling up his Chinese roots.

大意是：林语堂博士也许是唯一一位能够从毫无遮蔽的视角，从内部观察他自己国家的人；同时，他不辞辛劳地将自己国家的全貌展现给西方人，而且，他能够以清晰、强有力、非常优美的英文散文这种方式去呈现。他接受的教育使他对西方的思维方式有个全面的了解，而他并未因此失去他的中国根。

初到美国写作时，林语堂已四十岁，其写作风格已然定型：中文是典雅从容的中文，英文是行云流水的英文。毫无疑问，《生活的艺术》是林语堂用英语解析中国诗性文化及闲适性生活方式的一部力作，也正是这部著作使得林语堂成为向西方阐述中国的翘楚。《生活的艺术》的一大特色就是写作与翻译相结合。林语堂的英文表达深受英国小品文的影响，行文半俗半雅，亦庄亦谐，涉笔成趣，诙谐里还时藏机锋。这样的文章阅读起来自有一种行云流水的气度，一种娓娓而谈的情致，一种幽默从容的胸怀，异常吻合美国读者的阅读习惯。1940 年，林语堂获得纽约艾迈拉大学颁发的文

---

① Charlotte Tyler. *Pacific Affairs*, 1936. Vol. 9 (2): 271～274.

学博士荣誉学位，该校校长赞扬他说："您以深具艺术技巧的笔锋向英语世界阐释伟大中华民族的精神，获致前人未能取得的效果，您的英文极其美妙，使以英文为母语的人既羡慕又深自惭愧。"[①]对于林语堂的英文表达和写作能力，我们无须再添谀词，也无须再费笔墨引文为证；需要强调的反而是其翻译的那部分。《生活的艺术》中，翻译内容数量较多，约占全篇四分之一的篇幅，并且基本上是古文引文，出处多且杂。该书中的译文区别于传统意义上的翻译，主要表现为原文来源的复杂性（涉及汉语原著数量较多且包含歌谣、诗歌、小说、戏剧及书信等多种体裁），译文形式的多样性（如节译、摘译、增译、编译等）和翻译标准的灵活性等方面。然而，这些译文在构建主题、主体内容和整体风格上却能与写作部分相得益彰，所以，研究林语堂"写译"中"译"的部分的诗性特征显得更有意义。

　　林语堂曾发表过一些涉及翻译理论方面的文章，如早年在《晨报》上发表的《对于译名划一的一个紧要提议》（1924 年 4 月 4 日），在《晨报副刊》发表的《征译散文并提倡幽默》（1924 年 5 月 23 日）；其中最能综合体现他的翻译思想的是近一万字的长篇论文《论翻译》（1933）。该文原是林语堂为吴曙天编选的《翻译论》一书（1937 年 1 月由光华书局出版）所作的序论，后又被收入林语堂的《语言学论丛》一书中。《论翻译》最系统、最全面地体现了林语堂的翻译思想。前文已提到，对于翻译标准，林语堂提出了三个方面的原则，即忠实、通顺和美的原则。当时译坛上正进行着以鲁迅为代表的直译与以赵景深、梁实秋为代表的意译之争，林语堂也适时提出了富有见地的主张。他在《论翻译》一文中，将忠实程度分为直译、死译、意译和胡译四个等级。他认为死译是直译的极端，可以称之为直译派中的"过激党"；同理，胡译则可以说是意译的"过激党"，并以严复和林纾失败的翻译作为例证。因此，林语堂抛开了死译和胡译不谈，而单论直译和意译，且对直译和意译这两个名称是否适用提出了质疑，"我觉得这两个名称虽然使用，而实于译文者所持的态度只可说是不中肯的名称，不但不能表示译

_____

①　孟建煌：《从"后殖民主义"话语看林语堂的东西文化观》，子通编《林语堂评说七十年》，中国华侨出版社，2003，第 374～383 页。

法的程序，并且容易引起人家的误会。"① 林语堂所说的"容易引起人家的误会"是指在直译和死译之间、意译和胡译之间无法作清晰的界定；且视具体翻译内容的不同，译者直译和意译常混合使用，致使翻译的双重标准在同时运用。林语堂当时提出的这个质疑，即直译和意译的概念界定问题，时至今日仍然困扰着翻译界；而这两种翻译方法，依然是被广大翻译界所承认和使用的主要译法。前文曾提到，在林语堂看来，翻译是一种艺术，他另辟蹊径提出了字译和句译的概念。字译是以字解字及以字译字的方法，把零碎独立的字义堆积起，便可得全句之意；句译则是先把原文整句的意义弄明白，然后依此总意义，据目标语的语法、表达习惯重新表示出来。对于字译和句译，林语堂是明显主张用句译的；在强调了忠实的标准之后，林语堂客观地表明绝对的忠实是不可能的，因为译者要在翻译中同时兼顾到文字的音、形、意、神、气等各个方面是不现实的。尽管不能全面兼顾，但译作的文字一定要有魅力，"如诗文小说之类，译者不译此等书则已，若译此等书则于达用之外，不可不注意于文字之美的问题"②。因此，林语堂进一步提出译者不但须求达意，并且须以传神为目的。

以林语堂的翻译理论观照《生活的艺术》里引文的翻译情况，林语堂从三个方面耗费心思，使译文在满足忠实、通顺、美的标准上，同时带上其个人的诗性特征。第一，是体裁的一致性。即引文是什么体裁，译文也采用相应的形式进行翻译，这是对文本语言外在形式的要求，对于译者来说相对容易把握。第二，是风格的统一性。林语堂将原文的风格看得跟内容一样重要，认为一部作品之所以具有魅力，就在于作者的风格个性能吸引读者。所以对译者而言，必须明确并欣赏原文作者的风度格调，然后再"极力摹仿"，尽可能体现原文的风格。作为审美主体的译者，必须具有与原文作者相当的性格气质、知识背景和欣赏能力。这就可以进一步解释，为何书中的引文多是明清才子的文章，除了前文所论述的原因之外，从翻译的角度看，他们身上都具有林语堂向往的诗性魅力，他

---

① 林语堂：《论翻译》，梦琳等编《林语堂散文经典全编》（第一卷），九州出版社，2002，第288页。

② 林语堂：《论翻译》，梦琳等编《林语堂散文经典全编》（第一卷），九州出版社，2002，第296页。

们的作品一直都是林语堂推崇、模仿的对象，所以林语堂用英文写作时格外喜欢引用他们的文字，翻译过来也很容易达到全书风格的内在统一。第三，翻译即创作。就诗文而言，因为不同语言、不同作者创作的诗歌蕴含了不同的文化，韵味、意境、韵律、用字的精妙、整体的风格等往往是很难移植的，林语堂提出了艺术文不可译，尤其是诗文不可译的观点。其实，这种"艺术文不可译"的观点与他的"绝对忠实是不可能的"翻译理论是相互呼应的，最好的解决途径是借用克罗齐的"翻译即创作"说（not reproduction，but production），用以突破这种翻译瓶颈。如何理解"翻译即创作"？例如，为了实现译诗意境的完美再现，可适当采用增译或节译、摘译、编译等手法，在忠实的前提下进行译者的二次创作。举个具体的例子，《冥寥子游》是被林语堂全文引用且翻译了的，其中有一小段诗如下：

> 花上露，
> 浓于酒，
> 清晓光如珠，
> 如珠惜不久。
> 高坟郁累累，
> 白杨起风吼；
> 狐狸走在前，
> 猕猴啼其后。

The Importance of Living 的译文是：

> Dew drops on flowers,
> Oh, how bright!
> So long they last, they shine
> Like pearls in morning light,
> Where grave mounds dot the wilds,
> And winds whine through the night;
> Foxes' howls and screech-owls.

这一小段诗取自《冥寥子游》中道人所吟唱的《花上露》，诗义暗指人生短暂，越是美好的事物越容易消逝，如花上的露珠虽美得晶莹剔透却转瞬即逝，于是劝告人们应该及时行乐，其中包含了道家的虚空思想和晚明士人放纵享乐的人生态度。原文通过"露珠"、"高坟"、"白杨""风吼"、"狐狸""猴啼"等意象营造出美好事物消逝后所呈现的凄清、萧索、悲凉的意境。汉语诗词是中国古典文学的重要形态，简练的文字和独特的意象往往被赋予了深刻的含义；相比之下，英语诗歌则通过节奏、韵律、声音来营造意境，其意义大多停留在语言文字的表层。对比原文和译文，中文的"浓于酒"被省略，"白杨""猕猴"分别被"黑夜"（night）、"猫头鹰"（owls）替代。译文结构整齐，节奏明快，韵律协调，朗朗上口，在形式上算是很成功的。从表达习惯看，"浓于酒"是包含中国元素的对露珠的形容，却不太符合英文的惯常描述，所以省略不译；而译文增加了"oh, how bright!"不仅为了突出露珠的明亮，也与"shine"押韵，更符合英语的表达习惯。从意象看，"白杨""猕猴"并不被西方读者所熟悉，于是狂风中的白杨和悲啼的猕猴所蕴含的诗意就会因为直译而大打折扣。为了保留中文原有的意境，"白杨起风吼"被创造性地编译为"And winds whine through the night"；最后两句"狐狸走在前，猕猴啼其后"被并为简洁的一句"Foxes' howls and screech-owls"，不仅以"howls"和"owls"两词实现了句内押韵，而且，"猕猴"改为西方常见的"猫头鹰"（owls），更增添了意境的阴冷、荒凉。英语里的"owl"（猫头鹰）一词属于拟声词，来源于拉丁语，意思是哀伤的哭叫声，代表了猫头鹰的啼叫。在西方文学中，猫头鹰意象往往预示着死亡和不祥，从文化渊源上看，做了改动的译文更为贴切。林语堂提出翻译须遵循三个原则：忠实、通顺、美，如果说忠实主要是对原文和原文作者负责，那么通顺和美则主要是为译文的读者理解、欣赏译文而服务。窥一斑而见全豹，林语堂翻译时进行的二次创作，不仅保留了原文的意义、意境，更强调译文结构、声音、意境上的美，这种创作也表明了在原文、原文作者和译文读者这三者之间，林语堂更偏重于译文读者，这也是由林语堂写作该书的初衷所决定的。

由此观之，林语堂的译文是非常圆熟地道的，他一贯重视语言的简洁自然，不拖泥带水，英语口语化的倾向较为明显。他在译文中对语言的巧妙运用，在翻译效果上不仅译出了原文的意义，而且再现了原文中独特的审美意境，其英语语言的良好悟性与表达的灵活性也尽显其中。林语堂闲适的生活哲学常常在诗一样的语言中得以图解，其闲赏生活的轻灵隽永被表达得淋漓尽致，其文字不仅形美、音美，而且意也美。

第三节　诗性的功能

《生活的艺术》刊行后极为畅销，20 世纪 90 年代有学者统计过，该书自从 1937 年发行以来，在美国已出到 40 版以上，英、法、德、意、丹麦、瑞典、西班牙、葡萄牙、荷兰等国的版本同样畅销，历经四五十年而不衰。1983 年仍被西德 Europe Bildungagem 读书会选为特别推荐书。1986 年，巴西、丹麦、意大利都重新出版过。瑞典、德国直到 1987 年和 1988 年仍再版。相比之下，新中国成立后从 1987 年开始出版《生活的艺术》，至今前后有 18 版，统共只有两个译本，还都是新中国成立前的译本。一个是 1942 年桂林的建国书局出版的林若年的汉译本，另一个是 1946 年桂林世界文化出版社出版的越裔的汉译本，越裔的译本被重复出版得最多，最常见。① 然而，林语堂对这两个汉译版本都不太满意。这种墙外开花墙外香的状况，到了 90 年代才有所改善。《生活的艺术》深受西方读者的喜爱，是在于书中倡导的生活哲学，里面的诗性人生吸引人、陶醉人，令人不由自主地心向往之；但在国内，该书在当时和之后一段时期里却深受评论家的恶评，其原由也恰是因为这一生活哲学，它在当时的中国不合时宜。时至今日，《生活的艺术》的价值是否还一如当初西方读者的评价？在当下中国，它是否具有适应性？答案是肯定的，因为书中的诗性功能永远不会过时。

一　人生的艺术化

"人诗意地栖居"是 18～19 世纪德国诗人荷尔德林晚年写的一首诗中的一个短语。自从海德格尔在《荷尔德林与诗的本质》

---

① 笔者利用中国国家图书馆的中文及特藏数据库为检索统计工具，以"著者＝林语堂"为检索式，对林语堂著作（包括独著、合著、译著和别人对其著作的选编、翻译）的出版情况进行了统计和分析，2012 年 3 月。

（1936）、《……人诗意地栖居……》（1951）等文中对这个短语做
出阐释后，这个短语就广为传诵。作为浪漫主义诗人的重要代表，
荷尔德林追求人与自然的和谐。"所谓'诗意地栖居'，就是通过
人生艺术化、诗意化，来抵制科学技术所带来的个性泯灭、生活刻
板化和碎片化的危险。"① 这种危险，在林语堂那个时代，西方已
呈愈演愈烈的趋势，当下的中国也面临着它的威胁。20 世纪以来，
西方国家科技和工业文明的发展取得了巨大的成就，同时也带来一
系列问题。"在当今世界存在的众多问题中，有三个问题十分突出，
一个是人的物质生活和精神生活的失衡，一个是人的内心生活的失
衡，一个是人与自然的关系的失衡。"② 现代技术为了生产和使用
的方便，把一切变得千篇一律，人的工作越来越单调、机械；于
是，人和自然脱节，感性和理性脱节；人作为劳动力，成为被计算
使用的物质，成为物化的存在，变成机械生活整体的一个碎片。海
德格尔的学生马尔库塞把这种异化了的人称为"单面人"，为了纠
正单面人的状况，马尔库塞提出通过艺术和审美，建立新感性。他
所说的"新感性"，就是把感性从理性的压抑中解放出来，使感性
和理性达到和谐统一，从而以新的感觉方式知觉世界。而能够发挥
这种功能、形成和建立新感性的，正是艺术和审美。

朱光潜先生建议人们应该像欣赏艺术一样欣赏世界和人生。凡
是善于欣赏的人，他"有一双慧眼看世界，整个世界的动态便成为
他的诗，他的图画，他的戏剧，让他的性情在其中'怡养'。到了
这种境界，人生便经过了艺术化"③ 恰好，林语堂就是这种人，
他在《生活的艺术》里倡导的人生观，对工业文明和工具理性的极
端发展可以进行调节、补救、纠正。准确地说，林语堂本人并没有
那么大的能力，但他背靠中国传统文化，从中汲取的养分成了西方
社会的治病良方，当然也适用于当下中国。"中国人在天地的动静，
四时的节律，昼夜的来复，生长老死的绵延，感到宇宙是生生而具
条理的。"这"生生而具条理"是天地运行的大道。所以，中国人
历来重视天人合一，《易经》把天人合一视为最高的人生理想，同

① 凌继尧：《美学十五讲》，北京大学出版社，2003，第 251 页。
② 叶朗：《胸中之竹——走向现代之中国美学》，安徽教育出版社，1998，第 30 页。
③ 朱光潜：《朱光潜全集》（第 2 卷），安徽教育出版社，1990，第 96 页。

时也是最高的审美理想。它要求理想的君子"与天地合其德，与日月合其明，与四时合其序"，人生的艺术化已融入了天地人和的大道里。"在中国文化里，从最低的物质器皿，穿过礼乐生活，直达天地境界，是一片混然无间，灵肉不二的大和谐，大节奏。"① 这是中国人的文化意识，也是中国艺术境界的原始依据。中国古代文士自觉不自觉地追求个人的艺术修养，他们自在地读书论史、吟诗作画、焚香参禅、品茗饮酒、抚琴对弈，或邀客雅集、或独卧闲眠、或纵情山水，寻求快乐的同时也成为他们积累知识的过程，积累知识的同时又将诗性智慧通过文学创作向外传播，从而完成个体诗性人格的建构。

人生的艺术化过程，同时也是个体诗性的形成过程；而生活的艺术化过程，则是个体诗性的展现过程。如果说人生的艺术化是形而上的，那么生活的艺术化可算是形而下的。冯友兰先生曾把人生分为相互交错、纠织的四种境界：自然境界、功利境界、道德境界和天地境界。在自然境界中，人浑浑噩噩地生活，满足于动物性的生存状态；在功利境界中，人为了名利或事业而熙熙攘攘；在道德境界中，人立己助人，品行高尚，志存高远；天地境界是一种审美境界，是以情感为本体的世界。"它可以表现为对日常生活、人际经验的肯定性的感受、体验、领悟、珍惜、回味和省视，也可以表现为一己身心与自然、宇宙相沟通、交流、融解、认同、合一的神秘经验。"② 诗性就随着这些情感体验，在生活中点点滴滴地展露体现。朱自清有篇脍炙人口的美文《匆匆》，他在里面写道："燕子去了，有再来的时候；杨柳枯了，有再青的时候；桃花谢了，有再开的时候。但是，聪明的，你告诉我，我们的日子为什么一去不复返呢？"对于一去不复返的生命，我们需要频频驻足，满怀深情地去咀嚼、去体味。良辰美景、香茗美食，现代人总是缺少了"闲心""闲情"去细细领略、慢慢品味。要欣赏世界，必须忙里偷闲，暂时从实用世界中走出来，在审美世界中驻足，做一回"闲人"，这里套用一句广告词："慢些前进，等一等我们的灵魂"吧。

---

① 宗白华：《宗白华全集》（第 2 卷），安徽教育出版社，1994，第 413 页。
② 李泽厚：《世纪新梦》，安徽文艺出版社，1998，第 27 页。

二　日常生活的艺术化

生活和艺术本来是两个截然不同的领域，提倡生活艺术化，不是要消弭两者之间的界限，而是要借艺术之手提升生活的质量，增加快乐和幸福感。

在古代中国，艺术与人们的日常生活一直保持着紧密联系，中国文人的生活中，可以没有高官厚禄、深宅大院、锦衣华服、珍馐美馔……但是不能没有艺术。从很早的时候起，他们就懂得了古雅、艺术的生活方式：在诗歌中寻找理想，在书法中感受风骨，在绘画中体验生命，在棋盘中忘却凡尘，在琴韵中寻找知音……林语堂在《生活的艺术》里所展现的不过是很小的一部分，然而正是这小小的一部分引起了西方读者极大的关注。"正确的生存就像一件艺术品，它是想象力的产物。"① 林语堂推崇的具有较高文学素养的明清文人小品，自然是因为他们将文学这种极富想象力的艺术品带入了生活，从而记录下他们是如何从艺术的角度去观赏生活，并努力使自己的生活符合自己的美学标准，将原本平庸的日常生活升华到艺术层面。这是一种与内心的幸福感相联系的精神境界，而不是简单的物欲享受。这类明清文人热爱生活，对生活要求精益求精，甚至到走向落魄也依然不减生活之情趣，他们世俗的日常生活中充满了艺术的气息。于是乎，他们的生活便是一种艺术，是一种艺术的陶醉和放送；他们的著作不仅是一本本闲适小品，而且是一部部包含着相当丰富的诗性的生活美学著作。

然而，对于这种生活的艺术，戏剧家曹禺在其剧作《北京人》（1941）里表达了截然不同的看法。曹禺借剧中人物江泰之口，对浸淫在此种艺术中的人物（包括江泰和主人公曾文清）进行了犀利讽刺和彻底批判。

> "对了，譬如喝茶吧，我的这位内兄（即曾文清）最讲究喝茶。他喝起茶来要洗手，漱口，焚香，静坐。他的舌头不但尝得出这茶叶的性情，年龄，出身，做法，他还分得出这杯茶用的是山水，江水，井水，雪水还是自来水，烧的是炭火，煤

---

① 〔美〕赫舍尔：《人是谁》，贵州人民出版社，1994，第90页。

火，或者柴火。茶对我们只是解渴生津，利小便，可一到他口里，他有一万八千个雅啦，俗啦的道理。然而这有什么用？他不会种茶，他不会开茶叶公司，不会做出口生意，就会一样，'喝茶'！喝茶喝得再怎么精，怎么好，还不是喝茶，有什么用？请问，有什么用？

譬如我吧，我好吃，我懂得吃，我可以引你到各种顶好的地方去吃。（颇为自负，一串珠子似地讲下去）正阳楼的涮羊肉，便宜坊的挂炉鸭，同和居的烤馒头，东兴楼的乌鱼蛋，致美斋的烩鸭条。小地方哪，像灶温的烂肉面，穆柯寨的炒疙瘩，金家楼的汤爆肚，都一处的炸三角，以至于月盛斋的酱羊肉，六必居的酱菜，王致和的臭豆腐，信远斋的酸梅汤，二妙堂的合碗酪，恩德元的包子，沙锅居的白肉，杏花春的花雕，这些个地方没有一个掌柜的我不熟，没有一个掌灶的、跑堂的、站柜台的我不知道，然而有什么用？我不会做菜，我不会开馆子，我不会在人家外国开一个顶大的李鸿章杂碎，赚外国人的钱。我就会吃，就会吃！"①

通过曾文清、江泰等人的形象，曹禺充分揭示了这种精细的生活艺术对人的腐蚀，让人们看到了人的堕落，生命的浪费，人的价值的丧失。表面上活着的人，实际不过是"生命的空壳"，是一个个废物。这种对生活艺术化的过度追求确实是近代中国积弱不振的一个原因，因此，也可以理解《生活的艺术》在当时国内何以遭受骂名。那时的中国更适合改革、革命、奋斗、振兴这种文化语境，这就是前文所说的，《生活的艺术》不是写给那时的中国人看的，它的目标读者是生活缺乏艺术的西方人。

然而，时移世易，20世纪以来，随着商品经济的全球化发展，在世界范围内出现了日常生活审美化的热潮。"日常生活审美化"这个概念是由英国文化学家迈克·费瑟斯通提出来的，现已在世界各地广泛传播，尤其在中国、日本、巴西和美国反响巨大。它既包括了第一次世界大战与20世纪初的达达主义、历史先锋派、超现实主义以及60年代以后的后现代艺术的实践，也包括了波德莱尔、福柯等人将生活转变为艺术品的谋划，还包括了目前充斥于日常生

① 曹禺：《北京人》，人民文学出版社，1994，第91~93页。

活之中的影像消费。① 换言之，林语堂当年在《生活的艺术》里所说的"生活艺术化"已改头换面，以"日常生活审美化"这一头衔通行全世界；就是在中国国内，进入 90 年代以来，这种艺术与生活相互融合、艺术实践与日常生活界限弥合的现象也变得越来越常见。无独有偶，在 20 世纪 30 年代，我国学者张竞生也提出过：应建立一种美治主义的社会生活，也就是要运用哲学、科学方法，特别是艺术方法来创造美的生活，使人们在服装、饮食、购物、娱乐、性爱等各个方面享受美感，如精致优美的环境、健康的身体、乐观的心灵等，甚至要按照美的原则来组织社会生产。可惜的是，这个常常有惊世骇俗之论的张竞生，被视为旧上海的"三大文妖"之一，其言论过于前瞻而不被世人接受。

　　"二战"之后，随着经济繁荣和大众消费文化的兴起，借助商品生产营销的庞大机制，审美真正开始从艺术殿堂与少数有闲阶级那里渗透到大众的日常生活中；衣食住行的各种设计、包装、策划、宣传，全方位地、层出不穷地把美送到大众面前，人们在视觉、听觉、感觉、触觉上被越来越多的艺术元素包围，以至于连自己的身体都成为一个按照美的标准塑造的对象，最终形成了费瑟斯通等人所说的日常生活审美化景观。这种过犹不及的社会现象，林语堂若在世也始料不及。美国当代艺术教育家艾里克·普斯曾经提出一个温和而可行的说法：艺术作品便是如何把每件事做得更好。他认为，那些艺术名作只是艺术中的冰山之尖。如果我们认为艺术只是存在于冰山之尖，那么我们就放弃了自己与生俱来的权利。艺术之于人，像性一样自然而重要，不应交给专业人员去定义。② 因此，普斯主张，我们应该承认并尊重自己所创造的艺术，意识到自己在生活中的艺术技能，把从艺术家那里借来的诀窍运用于自己的生活，从而大大丰富日常生活，提高生活的质量。在普斯看来，艺术不是梵高的名画，甚至也不止于小说、电影、摇滚音乐会等通俗文化，它关键仍取决于我们的生活态度。比如，抽空烹饪一顿可口的饭菜与家人共享；泡几杯香茗与友人一起倾心交谈；找几个驴友

---

　① 〔荷兰〕费瑟斯通：《消费文化与后现代主义》，刘精明译，译林出版社，2000，第 95~99 页。

　② 〔美〕艾里克·普斯：《经历艺术——生活的第二张面孔》，朱畅译，知识出版社，2000，第 3~26 页。

共同体验旅行中的新奇；或一个人静静地独处，细看高天流云，写下心灵的诗篇。这就是宗白华先生以诗意的语言所召唤的"同情生活"："诸君！艺术的生活就是同情的生活呀！无限的同情对于自然，无限的同情对于人生，无限的同情对于星天云月，鸟语泉鸣，无限的同情对于死生离合，喜笑啼哭。这就是艺术感觉的发生，这就是艺术创造的目的！"①

不论是中国还是西方，古代还是现代，生活永远需要艺术、需要美。在西方宗教衰落之后，在中国告别了革命、理想、英雄这样的宏大叙事之后，一向被艺术、哲学、上帝、革命所不齿的日常生活浮出水面，成为人类最关切的生存状态。英国宗教学者唐·库比特说：新教之后，下一步是日常生活的宗教。② 人生的艺术化、生活的艺术化，看似复杂却也简单，说穿了就是一种以诗性的审美情感建构日常生活的人生态度。诗性主体要求停留、执着、眷恋在情感中，品味和珍惜自己的情感所在。对情感的体味就是对人生意义、宇宙奥秘的体味。在这种体味中，人的存在就成为与大自然合为一体的存在，这样的人生就是世人孜孜以求的艺术人生。

第四节　《京华烟云》的日常生活之美

《生活的艺术》的成功令林语堂在国外获得了巨大的声誉，他为中国传统文化代言的身份也被大家所认可。不过，《生活的艺术》是概述性的，它直白地向西人传递中国这一文明古国日常生活中的诗性智慧，语多议论，显得主观；《京华烟云》则是通过生动的人物形象和细节描绘，客观形象地再现当下中国人仍极富诗性的人生，展示出日常生活中的诗意之美。

《京华烟云》有着浓厚的悲剧感，从西方读者的角度看，他们并不一定能意识到《京华烟云》对《红楼梦》悲剧情节及人物设置的仿效，但《京华烟云》本身具有的悲剧感却极为符合他们一贯的悲剧审美心理。尤其是小说中时代、民族、家国一体的厚重的悲

---

① 宗白华：《美学散步》，安徽教育出版社，2000，第 98 页。
② 〔英〕唐·库比特：《生活，生活——一种正在来临的生活宗教》，王志成、朱彩虹译，宗教文化出版社，2004，第 8 页。

剧感，让西方读者更惊叹于今日中国人那顽强的生命力，也许，他们能借此明白中国人为何如此重视日常生活细节，并从中领略到日常生活散发出来的浓厚的文化魅力。

面对悲剧，林语堂以"生命美学"的态度来对待死亡、人生等永恒命题。生命美学这个概念肇始于19世纪末20世纪初，是从传统美学中衍生出来的新的美学理论。生命美学顾名思义就是对生命本身的审美观照，从生命美学的角度看，生命可分为世俗的生命与超越的生命，即俗性与诗性是构成生命美学的基本元素；而生活的问题自然而然是生命美学关注的最大问题。与生命哲学追求学理的彻底性、纯粹性、思辨性不同，生命美学追求现实的关怀性、鲜活性、指导性，它关注的是人类当下的生活，也就是我们的日常生活的常态。《红楼梦》被称为一部中国封建社会的百科全书，毫不夸张地说，你能在书中找到当时社会的所有内容，尤其是在日常家庭生活的描写方面，它更是开创了家族（庭）文化小说的先河。中国四大名著里，《三国演义》《水浒传》都是历史小说、政治小说；《西游记》表面写神神怪怪，实质也是对现实政治的影射；其他的传统小说也多是紧紧围绕历史、政治说事；《红楼梦》是个例外。《红楼梦》里没有什么重大的历史事件，都是些日常生活的细小故事，有的细节在很多传统的创作者眼里都是不值一提的饾饤小事，但在曹雪芹的笔下却点石成金，生机勃勃，活色生香，充满情趣。很多时候，在追求宏大叙事的前提下，创作者对日常生活的描写是缺席的；而且因为距离问题，"画鬼容易画人难"，写历史可以发挥更多的主观想象，而置身其中、司空见惯的日常生活反而因为缺乏细心、耐心的观察而被忽略，更不容易着笔。曹雪芹的伟大之处就在于他对日常生活的重视与关注，所以他描写起日常生活来是游刃有余，能够无限挖掘日常生活世界的内涵，全面展示日常生活的魅力。学者王庆杰称："《红楼梦》是一部生命美学的经典。"① 轰轰烈烈的历史事件毕竟是短暂的，英雄也只是个别；只有日常生活是常态的、永恒的，它才是生命的本质。与《红楼梦》相似的《京华烟云》也具有类似的特点。

---

① 王庆杰：《谁为情种——〈红楼梦〉精神生态论》，中国书籍出版社，2013，第7页。上述关于生命美学的理论阐释也参考了该书的表达。

　　林语堂曾在《八十自叙》中提及他的雄心是要他写的小说都可以传世。从某种程度上看，《京华烟云》也可视为一幅反映中国20世纪初社会状况的全景图。林语堂在美国写作，时刻不忘自己身兼"对外国人讲中国文化"一职，正如其长女林如斯所评："《京华烟云》在实际上的贡献，是介绍中国社会与西洋人。几十本关系中国的书，不如一本地道中国书来得有效。关于中国的书犹如从门外伸头探入中国社会，而描写中国的书却犹如请你进去，登堂入室，随你东西散步，领赏景致，叫你同中国人一起过日子，一起欢快，愤怒。此书介绍中国社会，可算是非常成功，宣传力量很大。此种宣传是间接的。书中所包含的实事，是无人敢否认的。"① 这一评价体现了小说的写实性以及对中国文化全景展现的价值。当时中国社会的主要构成成分还是一个个大家庭，对于大家族而言，这更为明显。"家族制度的影响于吾人，就恰恰在于私人的日常生活中。"② 于是在《京华烟云》中，林语堂主要是围绕着女主人公姚木兰的日常生活，不仅展现了大家庭的生活文化，还展现了大量民俗。

　　关于家庭日常生活的描写，林语堂在饮食、服饰、庭园建筑、家居摆设、家庭娱乐等方面花了不少笔墨。例如对曾家屋宅的描写，林语堂分别通过木兰和曼娘的视角，描写了曾家在山东的老宅和在北京的曾公馆，以此凸显出传统大宅院和现代公馆各自的建筑特色。"曾家的宅第靠近东门，离城墙很近。……在大门前面两边伸出长的白墙，也是按照一般府第，门前有两个石狮子，油绿的四扇木屏风立在大门之内，挡住外面的视线。屏风之后的前院儿种有花木，中间一条石板路通到前厅，前厅的巨大朱红柱子和绿椽子皆极精美。木兰绕过了屏风之后，闻到一阵幽香，看见两株桂树，桂花正在盛开。""白墙有一百尺长，门口是高台阶，有二十五尺宽，左右两边儿的墙成八字状接着大门，门是朱红，上有金钉点缀。门的顶上有一个黑漆匾额，刻着一尺高的金字'和气致祥'。门旁有个白底洒金的长牌子，上写'电报局副总监曾公馆'九个鲜绿的字。门口儿高台阶前面摆着两个做张嘴狞笑的石狮子。大门前的横

① 林如斯：《关于〈京华烟云〉》，《京华烟云》，张振玉译，群言出版社，2010，第11页。
② 林语堂：《吾国与吾民》，黄嘉德译，陕西师范大学出版社，2002，第125页。

路正对大门那一段，向后展宽，后面端立一段绿色的影壁墙。这样门前宽敞，供停放车辆之用，曼娘在山东从来没有见过这种气派。"① 在《吾国与吾民》《生活的艺术》中，林语堂对传统庭园、家居的摆设都有详细介绍；在《京华烟云》里，这些内容再次出现，似曾相识。

古典为主，掺杂着现代元素的家居环境为人物的日常生活提供了一个大背景，置身其间的人却依旧如千百年来的家庭那样生活着。男主外，做官或经商谋生；女主内，孝顺老人、抚养儿女，操持衣食住行、管理佣人等家务。男孩在私塾跟先生念书，女孩在家中做女红：绣花、编穗子、缝制衣物，孩子们的日常娱乐如养蛐蛐儿、摘凤仙花染指甲、爬树找蝉蜕等。尽管林语堂尚不具备曹雪芹那种描摹日常生活细节的精湛功力，但他仍极力仿照《红楼梦》那种韵味去描写生活。由衣食住行、饮食男女、婚丧嫁娶、礼尚往来等日常消费、交往活动构成了日常生活的世界，并从中衍生出精神和文化来。《红楼梦》里有个大观园，《京华烟云》里仿写了个静宜园，姚家年轻一代在那里宴饮享乐、吟咏诗词、谈情说爱，构建出一个诗意盎然，饱含无穷文化韵味的生活世界。当然，日常生活除了在家中的作息，还包括在户外的游玩，最常见的就是逛庙会。在中国传统社会里，逛庙会是藏在深闺的女性得以外出的通行证。中国庙会浓缩了休闲购物、民间游艺、宗教信仰、游山玩水等功能，既提供了社交活动的场所，还能亲近自然山水，陶冶情操。书中的姚木兰就是参加了四月初一到十五整整15天的西山碧云寺庙会，才偶遇了志趣相投的孔立夫，由此一见倾心。

《京华烟云》中有大量描写民间民俗的文字，从对外传播的角度看，相对于西方读者而言，中国民俗文化确实是最具有中国传统文化特色的异质性文化的表现。为了彰显中国独特的民俗文化，林语堂几乎摄取了当时北京城里民俗事象的各个侧面，除家庭中常有的节庆习俗，如端午的粽子、中秋的蟹宴、冬至的元宵、腊月的腊八粥等之外，社会上的节庆礼仪、婚嫁丧葬、民间信仰与游艺活动等在小说里都得到了具体的展现。中国自古是个礼仪之邦，早在《周礼》《礼仪》《礼记》等古代典籍中就已有关于婚嫁丧葬的仪式

---

① 林语堂：《京华烟云》，张振玉译，群言出版社，2010，第48、92页。

记载。在《京华烟云》中，林语堂曾多次写到婚嫁的场面，可分成两类：一类是曼娘给平亚"冲喜"、阿非与宝芬给姚太太"冲喜"的特殊婚嫁；一类是素云、木兰、莫愁她们的正常出嫁。像曼娘的"冲喜"就具有民间的迷信或巫术性质，借结婚的喜庆为因病垂危的平亚驱赶邪气，逼走死亡，挽回生命；阿非的婚姻也具有相同性质。不同的是，曼娘"以处女之身，向爱情的神坛上郑重献祭"①，却未能挽回平亚的生命，只好青春守寡、孤独终身；阿非与宝芬彼此情投意合，虽然也没能延续姚太太的生命，却是一对恩爱眷侣。有别于"冲喜"，木兰等人的大婚，林语堂则浓墨重彩地进行了铺陈描写。整个第21章一大半的篇幅都在叙述木兰和苏亚的婚礼，包括婚礼前的呈送喜帖、下聘礼送回礼、定制烟火、布置新房、安排花轿、置办筵席、预定戏班、送嫁妆等各项事务；出嫁当天的哭嫁、敬酒、闹洞房、逗新娘、喝合卺酒；婚后敬茶、会亲戚、回门等，事无巨细，林语堂都一一描述，将整个烦琐复杂的过程和讲究细细道出，向西方读者介绍中国人是如何重视人生中这一大事件的。在着力描写喜庆的婚嫁之余，林语堂也介绍中国的丧葬习俗。鉴于小说曾叙述过多人的死亡，林语堂有重点地详写了最早提到的曼娘父亲的丧礼，介绍如何停灵吊祭，写了曼娘、平亚的守灵，以及请和尚来做法事：念经超度亡人；其余丧礼则简单带过，以免平分笔墨。

为了凸显北京城民俗文化的神韵，林语堂常常借助书中人物介绍北京民间的文化习俗和娱乐活动。例如第12章，林语堂就借木兰视角写北京城是一个人间福地："木兰是在北京长大的，陶醉在北京城内丰富的生活里。……有令人惊叹不止的戏院，精美的饭馆子、市场、灯笼街、古玩街，有每月按期的庙会，有穷人每月交会钱到年节取月饼蜜供的饽饽铺。穷人有穷人的快乐。有露天的变戏法儿的，有什刹海的马戏团，有天桥儿的戏棚子，有街巷小贩各式各样唱歌般动听的叫卖声，穿街串巷的剃头理发匠的钢叉震动悦耳的响声，还有穿街串巷到各家收买旧货的清脆的打鼓声，卖冰镇酸梅汤的一双小铜盘子的敲振声，每一种声音都节奏美妙。……木兰的想象就深受幼年在北京生活的影响。她学会了北京的摇篮曲，摇篮曲中对人生聪敏微妙的看法也影响了她。她年幼时，身后拉着美

---

① 林语堂：《京华烟云》，张振玉译，群言出版社，2010，第91页。

丽的兔儿爷灯笼车，全神贯注地看放烟火，看走马灯，看傀儡戏。……她很早就懂了北京的民俗、传说、迷信及其美好可爱之处。"① 民俗是传统文化传承中最贴近老百姓身心和生活的一种文化模式，这些关于大众日常生活的描写，包括那些繁复的文化习俗，其实在《吾国与吾民》《生活的艺术》都已有提及，而且还引发了西方读者的强烈兴趣，所以林语堂才不厌其烦地再三介绍；如果《京华烟云》是写给中国读者看的，林语堂根本不用费那么多笔墨来详加叙述，点到即止。所以，《京华烟云》以精细的笔触对以北京地区为主的民俗文化做这样全景式的展现，不仅增加了作品的民俗学价值，增强了小说的文化传播魅力，文字本身也流露出一种浓浓的"京味"风韵，体现出一种独特的审美情调。

从生命美学上看，林语堂正是从世俗性的韵味紧紧抓住了西方读者的眼球。《京华烟云》的创作受到了《红楼梦》的影响是显而易见的；但这并不意味着《京华烟云》是对《红楼梦》的简单模仿与复制再现。毕竟是不同时代的作品，笔下人物的思想意识便难以相同，更何况曹雪芹和林语堂各自表现的目的也不一样。比起曹雪芹，林语堂多了一份记录时代的雄心，增加了一份向西人传播中国传统文化的责任。正因为《京华烟云》本身的魅力，它在国际上才有那么大的影响力，也才能收获西方读者的认可与喜爱。诚如林如斯所评："《京华烟云》是一部好几篇小说联成的长篇小说，但不因此而成一部分散漫无结构的故事，而反为大规模的长篇。其中有佳话，有哲学，有历史演义，有风俗变迁，有深谈，有闲话，加入剧中人物之喜怒哀乐，包括过渡时代的中国，成为现代的中国的一本伟大小说。"② 此评或许有情感因素的好评在内，但亦不远矣。借鉴于《红楼梦》，同时又继承了中国博大精深的文化精义，终于成就了林语堂最有代表性的集大成作品——《京华烟云》。

---

① 林语堂：《京华烟云》，张振玉译，群言出版社，2010，第 157～159 页。

② 林如斯：《关于〈京华烟云〉》，《京华烟云》，张振玉译，群言出版社，2010，第 11 页。

第七章
林语堂思想变化和文化融合的轨迹

林语堂评价自己是"一团矛盾"，他的思想确实具有矛盾、复杂、变化的特点，研究者为探讨其中的原因也费尽苦心。若要细细梳理林语堂思想流变的轨迹，最好是从林语堂的传记作品着手研究。林语堂的传记作品有两类，一类是他传，即为别人写的；一类是自传，即替自己写的。在他传中，林语堂最满意的就是《苏东坡传》。林语堂与苏东坡相隔近 850 年的悠悠岁月，但二人在人格、经历、思想信仰、宗教情怀、文学见解、政治态度等方面都有着许多相似之处。因而，林语堂在塑造苏东坡的历史人物形象时，很多时候是以自己的情感喜好来选择传主的材料，潜在地改造了苏东坡，把苏东坡塑造成和自己性格相似的、具有现代精神的古代文人；同时，还借此向西方读者传播由苏、林二人共建的独特的逍遥快乐哲学。从这个角度看，虽题为《苏东坡传》，却颇有"他传即自传"的感觉。然而，尽管他传作品可以提供一些研究林语堂思想的材料和视角，但最能反映林语堂人格特点及其思想发展脉络轨迹的还是他的自传性作品。

第一节 信仰之旅与诗性演绎

林语堂自传性的作品其实不少，包括《林语堂自传》（1935）、《从异教徒到基督徒》（有些译者译为《信仰之旅》，1959）、《八十自叙》（1975），还有自传体小说《赖柏英》[①]（1963）。相较于林

[①] 本书将《赖柏英》放在自传性的作品中进行论述，但并不忽视它和严格的自传是有区别的。

语堂《吾国与吾民》《生活的艺术》《京华烟云》等作品的成功及影响力，林语堂在自传上取得的成绩就显得被人们所忽视了。之所以被忽视，是因为林语堂的自传并不符合当时传记文学的潮流。在中国，自传文学有着悠久的传统，如司马迁的《太史公自序》、王充的《〈论衡〉自纪篇》、陶渊明的《五柳先生传》、王韬的《弢园老民自传》都是大家熟悉的篇章。进入现代之后，自传文学的创作在20世纪30年代出现了一个热潮，像胡适的《四十自述》，郭沫若的《我的童年》《反正前后》《黑猫》《走出夔门》等具有连续性又可独立成篇的自传作品，沈从文的《从文自传》，瞿秋白的《多余的话》，谢冰莹的《从军日记》《一个女兵自传》，郁达夫的《日记九种》及之后续写的9篇自传都产生过重大影响。在这些自传中，有一种风格颇为盛行，曹聚仁回忆说："近年来写传之风大行，不管是闻人或非闻人，都喜欢把近代史和'我'发生直接关系，不独把'我'用放大镜放成特大，几乎无'我'就'无'大事，而发生的大事也就是'我'做的。"① 郭沫若的自传就是这种风格的典型，沈从文、谢冰莹、瞿秋白等的自传或少或多也有这种味道，但林语堂的自传就与众不同。他不跟随潮流，既不是郭沫若那种个体与历史的双重叙事，也不是郁达夫那种全人格的袒露，而是有其独特的自传文体意识。

　　林语堂的自传作品都是用英文写的②。他的第一部自传是应美国一书局之邀写的，在书的弁言，林语堂表达了自己对自传的独到看法："一个人要自知其思想和经验究竟是怎样的，最好不过是拿起纸笔一一写下来。从另一方面着想，自传不过是一篇自己所写的扩大的碑铭而已。中国文人，自陶渊明之《五柳先生传》始，常好自写传略，藉以遣兴。如果这一路的文章涵有乖巧的幽默，和相当的'自知之明'，对于别人确是一种可喜可乐的读品。我以为这样说法，很足以解释现代西洋文坛自传之风气。作自传者不必一定是夜郎自大的自我主义者，也不一定是自尊过甚的。写自传的意义只是作者为对于自己的诚实计而已。如果他恪守这一原则，当能常令

---

① 曹聚仁：《我与我的世界》，人民文学出版社，1983，第2页。
② 国内常见的译本情况是，工爻、张振玉译的《林语堂自传》、谢绮霞译的《从异教徒到基督徒》、张振玉译的《八十自叙》、谢青云译的《赖柏英》。

他人觉得有趣而不至感到作者的生命是比他人较为重要的了。"①
由此可知，林语堂把自传当作个人思想、经验的总结，是极其个人
化的东西；而且自传无须长篇大论，最好能平易近人、幽默有趣。
林语堂写自传走的是平民化、通俗化的路子，在 20 世纪 30 年代普
遍盛行崇高和宏大叙事的氛围中，他以个人化的独特风格屹立于主
流意识形态之外，表现出独立的写作态度。《八十自叙》延续了这
一写作套路，在译为中文约五万字的篇幅内，林语堂侃侃而谈自己
八十年的生命历程，显得举重若轻，写了必须交代的大事之外，他
还花了不少笔墨去叙写生活中的小细节，以增加生活的情趣，也提
高了读者的阅读兴趣。

　　林语堂不仅自己写自传，还努力倡导传记类文学作品的创作。
例如，他在《论语》杂志上写过《读〈萧伯纳传〉偶识》《读
〈邓肯自传〉》等文章，向中国读者推荐西人的自传作品。林语堂
还在其创办的杂志上大量刊登自传类作品，有研究者做过粗略的统
计，"1934 年 4 月 5 日创刊的《人间世》第一期就有蔡元培的自传
《我所受教育的回忆》，第 2 期就刊载了一个启事：《征求近代名人
像片笔迹》，林语堂作为主编对于自传类作品的重视可见一斑。还
有如郁达夫的连续性的几篇自传，《所谓自传也者》、《悲剧的出
生》、《我的梦，我的青春》、《书塾与学堂》、《水样的春愁》、《远
一程，再远一程!》、《孤独者》、《大风圈外》都刊载在《人间世》
上，从 1934 年第 16 期一直到 1935 年第 26 期。女作家谢冰莹的自
传之一章《被母亲关起来了》也发表在 1935 年 2 月 5 日的《人间
世》上。郭沫若的著名的《北伐途次》就首先刊载在 1936 年的
《宇宙风》上，后出单行本。陈独秀的《实庵自传》两章于 1938
年发表在《宇宙风》第 51、52、53 期上"。② 估计除上述文章之
外，还有一些零星作品未曾列举，但足以看到林语堂对中国自传文
学的提倡和推行之功了。林语堂喜欢奖掖后进，他最早把谢冰莹的
《从军日记》译为英文，于 1930 年在上海商务印书馆出版；到美国
后，由次女林太乙将谢冰莹的《一个女兵自传》译成英文，林语堂

---

①　林语堂：《林语堂自传》，工爻、张振玉译，陕西师范大学出版社，2005，第 3
　　页。

②　邓俊能：《论林语堂对中国现代自传文学的贡献》，《四川教育学院学报》2008
　　年第 11 期，第 74 页。

诗性林语堂及其跨文化传播

亲自校正并作序后在美国出版，向西方读者推荐当下中国人写作的传记文学，使得谢冰莹蜚声海外。从文化传播的角度看，林语堂的一系列举动在无形中促进了不同文化间的自传文学的传播与交流。

林语堂对中国现代传记文学的发展做出了不可忽视的贡献，这自不待言；他的自传作品在表达上也有别具一格的文体价值。此外，他的自传还具有很高的史料价值，不仅是对于研究林语堂的学者而言，而且也为研究和林同时代的其他文人学者的研究者提供了不一样的视角。例如在《八十自叙》中，林语堂就写到他和胡适，"语丝"同仁鲁迅、周作人、刘半农、钱玄同，以及和外国友人萧伯纳、赛珍珠等的交往，这些资料都弥足珍贵。

格外值得一提的是《从异教徒到基督徒》这部作品，它的篇幅较长、内容也较丰富，明显呈现出林语堂思想、情感变化的轨迹，它所具有的价值，值得研究者好好分析。林语堂在此书的绪言中说："本书是个人探求宗教经验的记录，记载自身在信仰上的探险、疑难及迷惘，与其他哲学和宗教的磋研，以及对往圣先哲最珍贵的所言、所诲的省求。当然，这是一次兴奋的旅程，但愿我能叙述明简。深信这种对崇高真理的探求，每一个人都必须遵循他自己的途径，每一途径人人各异。"① 每个人的思想之路都是独一无二的，这本书不是一般的自传，而是林语堂自己的思想史。

一 由基督徒到异教徒

林语堂是在浓厚的基督教氛围中长大的，他早年对基督教的信仰是属于自然而然的事情。但他对基督教的背离，可算是他思想发生的第一次重大的变化，被其视为"灵性的大旅行"的开始。由书中提供的资料分析，林语堂背离基督教有三大原因。第一，林语堂深深反感教会的教条，他说："一切神学的不真，对我的智力都是侮辱。我无法忠实地去履行。"② 这一点，林语堂在他的自传和其他作品里曾多次提到过。第二，西方人文主义潜移默化的影响，林语堂在此书中首次提到了伏尔泰对他的影响（前文已有论述），并

---

① 林语堂：《从异教徒到基督徒》，谢绮霞译，陕西师范大学出版社，2004，第1页。
② 林语堂：《从异教徒到基督徒》，谢绮霞译，陕西师范大学出版社，2004，第11页。

在中国传统文化中找到了与西方人文主义相通的思想主张。第三，林语堂民族意识的觉醒，这一点最为重要。从圣约翰大学毕业后，对基督教信仰已经动摇的林语堂到北京清华大学任教。正如林语堂所感受的那样，住在北京就等于和真正的中国社会接触，可以近距离地深刻感受中国传统文化的影响，可以看到古代中国的真相。于是，林语堂开始反思："在中国做一个基督徒有什么意义？我是在基督教的保护壳中长大的，圣约翰大学是那个壳的骨架。我遗憾地说，我们搬进一个自己的世界，在理智上和审美上与那个满足而光荣的异教社会（虽然充满邪恶、腐败及贫穷，但同时也有欢愉和满足）断绝关系。被培养成为一个基督徒，就等于成为一个进步的、有西方心感的、对新学表示赞同的人。总之，它意味着接受西方，对西方的显微镜及西方的外科手术尤其赞赏。""而同时基督教教育也有其不利之处，这点我们可以很快看出的。我们不只要和中国的哲学绝缘，同时也要和中国的民间传说绝缘。不懂中国哲学，中国人是可以忍受的，但不懂妖精鬼怪及中国的民间故事却显然是可笑的。"归罪于封闭的教会教育，林语堂与中国传统文化基本隔绝，然而在北京这个中国传统文化的中心，"身为中国基督徒，移进一个我所称为真正的中国世界里面，敞开了他的眼和他的心，他就会被羞耻感刺痛，面红耳赤，一直红到耳根。为什么我必须被剥夺？"林语堂失去了身份认同感，这令他出离愤怒，"我被骗去了民族遗产。这是清教徒教育对一个中国孩子所做的好事。我决心反抗，沉入我们民族意识的巨流"。林语堂的民族意识一旦觉醒，他对西方和教会的亲切和好感就大打折扣，"在这里我必须提及两件事，鸦片及祖先崇拜——其中之一导致中国人的一种深厚的屈辱感及对西方的厌恶感，另外一种使一个中国基督徒在某一方面有被剥夺国籍的感觉。""然后再加上第三个因素——传教士及鸦片都在战舰的荫庇之下得益，使这情形变得不但可叹，而且十分滑稽可笑。"① 基督教不许中国的基督徒祭拜祖先，而鸦片和其他不平等条约又是在西方坚船利炮的血腥侵略下强行施加在中国民众头上的，这些现实与传教士宣称的拯救国人的灵魂形成了强烈的对比，极具讽刺意

---

① 林语堂：《从异教徒到基督徒》，谢绮霞译，陕西师范大学出版社，2004，第12~14页。

味，这令林语堂颇为难受。他说："我的头脑是西洋的产品，心却是中国的。"对林语堂这样的表白，我们或许有深一层的理解：这不仅是林语堂的文化选择，也是他的身份选择，这两者之间因外在政治、社会等因素的影响，让林语堂无时不处在矛盾、割裂的痛楚中。这犹如天平的两端，要保持二者的平衡并不是一件容易的事情，思想稍稍变化，倾向立刻显现，这就是林语堂思想矛盾的源头，根本不能彻底解决。

"对一个有知识的中国人来说，加入本国思想的传统主流，不做被剥夺国籍的中国人，是一种很自然的期望。"带着原罪般的思想矛盾和归属期待，林语堂浸淫于中国文学及哲学的研究中，让原本倾向西方的天平趋向平衡，他取下的是西方这一头的基督教的砝码，添上的是中国那一头的传统文化的分量。这时候，适逢中国新文化运动，林语堂在书中提到他深受两个时代人物的影响，一个是胡适，另一个则是辜鸿铭。胡适是文学革命的旗手，林语堂直觉地同情这次运动，并积极参与；但与众不同的是，其他中国知识分子对过去所做的是一种全面的割裂，而林语堂却是紧紧抓住。"在这思想大动乱当中，我为自己的得救，而埋头研读中国哲学及语言学——每一种我可以抓得到的东西。我漂浮在中国觉醒的怒潮里。"可见，林语堂积极参与的背后，他最终的目的并不与大众相同。对于传统，别人是因为熟悉而抛弃，林语堂则是因为陌生而亲近；所以林语堂倡导的"彻底欧化"是就现实功利而言的，对其自身来说，根本难以做到，他思想的天平也不容许他彻底欧化。这使得他同情、理解辜鸿铭，并受到辜的影响。对于辜鸿铭，林语堂之前的作品曾多次提到过他的言论和事迹，但坦承自己受过他的影响，这还是第一次。"由于他把一切事情颠倒，所以在我信仰的方向上扮演着一个吹毛求疵的角色。"辜鸿铭对林语堂的影响有三个方面：首先是辜对耶稣会教士的批判深得林心。其次是辜对中国文化典籍，尤其是对儒家经典的翻译，他创作性的翻译技巧不仅启发了林语堂，获得了林的肯定和赞美，也潜在地开启了林语堂之后的文化传播道路。最后，辜鸿铭所受的教育及思想经历让林语堂获得了共鸣和启发。"辜鸿铭帮我解开缆绳，推我进入怀疑的大海。也许没有辜鸿铭，我也会回到中国的思想主流；因为没有一个富研究精神的中国人，能满足于长期对中国本身一知半解的认识，去认识自己国家的历史遗产的声音是一种从内心深处发出的渴求。"① 林语堂虽然在辜鸿铭身上获得很多共鸣和启发，但思想却不像辜鸿铭那么极端，这也许跟林语堂温和的天性有关，他能理解辜的剑走偏锋，但自己却一直致力于自身思想天平的平衡，希望自己能获得世人的认可。

二　由异教徒到基督徒

　　林语堂第二次重要的思想变化发生在他的晚年时期，也就是《从异教徒到基督徒》的写作时期。林语堂在写作了《孔子的智慧》《老子的智慧》《中国印度之智慧》《美国的智慧》等一系列文化书籍之后，他对东方，尤其是对中国哲学有了较为广泛的认知和深入的理解，再加上他在美旅居三十年，对西方形而上的哲学思想和现实政治、社会也有了清醒的认识，他这次的思想变化不像早年那么冲动，更像是水到渠成。"我之回到基督教会，不如说是由于我的道德的一种直觉知识，由中国人最为擅长的'从深处发出的讯号'的感应。我也必须说明经过的程序不是方便而容易的，我不轻易改变一直崇信的道理。我曾在甜美、幽静的思想草原上漫游，看见过美丽的山谷；我曾住在孔子人道主义的堂室，曾爬登道山的高峰且看见它的崇伟；我曾瞥见过佛教的迷雾悬挂在可怕的空虚之上；而也只有在经过这些之后，我才降在基督教信仰的瑞士少女峰，到达云上有阳光的世界。"信仰的再次变化，肯定不是一个轻易的过程。在《从异教徒到基督徒》中，林语堂花了三章笔墨梳理他在智慧丛书里提到的儒家、道家、佛家思想，再用了三章笔墨叙述他对宗教的认知和重返基督教的感悟，他认为："我最关心生命的理想及人类的品性。耶稣的教训是在一个独特的范畴里，独特而且具有奇怪的美，阐述一些在其他宗教找不到的、人所公认的教训。"② 然而，这个范畴到底是怎样的独特？林语堂并未很直白地细说，也意味着探寻林语堂这次思想变化的原因不如第一次那么容易，真有点羚羊挂角，无迹可寻的感觉。

---

① 林语堂：《从异教徒到基督徒》，谢绮霞译，陕西师范大学出版社，2004，第17、22、32页。
② 林语堂：《从异教徒到基督徒》，谢绮霞译，陕西师范大学出版社，2004，第36~37页。

林语堂认为，现代人面对宗教的态度有很大的误区，人们把笛卡尔的认识理性和科学方法引入宗教范畴里是不适当的，"因为在物质知识或事实的科学知识的范围里面，用时间、空间、活动，及因果关系等种种工具、推理是最好及最没有问题的，但在重大事情及道德价值的范围——宗教、爱，及人与人的关系——里面，这种方法奇怪地和目的不合，且其实完全不相关"。在林语堂眼中，宗教信仰纯粹是精神领域的，不需要实证，是直觉、感性、灵心的产物，"因为宗教是赞赏、惊异，及衷心崇敬的一种基本态度。它是一种用个人的全意识直觉地认知的天赋才能；一种由于他道德的天性而对宇宙所作的全身反应；而这种直觉的赞赏及了解比数学的推理精妙得多，高尚得多，且属于一种层次较高的了解"。林语堂如此执着地将面对科学与宗教的方法做泾渭分明的划分，估计是由于现代科技的快速发展，物质的极大丰富，物质主义容易使人迷失自我，"在这个世界上，真空是最危险的一种东西"，西方现代的科学主义和唯物主义思潮只能显示宇宙的本真是"怎么样"，而不能解释"为什么"，这种状况引发了思想的混乱和虚无，令林语堂深感忧虑。因而，人必须有宗教信仰，"在一个健全的社会里，一个有宗教信仰的人，应该会比一个无宗教信仰的理性主义者，以及一个只顾他的世俗责任及物质享受的人活得心安"①。

　　重新拾起对宗教的信仰，这对于一个人文主义者来说并不是不可逾越的鸿沟。林语堂曾说，对于宇宙的解释，除了真正的宗教解释之外，其他可分为三类：拜偶像者——神太多；人文主义者——一种中间地位；唯物主义者——神不够。"第二类在宇宙及人类生命中，都为上帝留有余地，一个完全无神的人文主义者是很少见的"，这意味着人文主义者和基督徒的身份可以共存。然而，林语堂兜兜转转之后，为何还是选择基督教作为最终的宗教信仰，这与他的思想天平密切相关。早年林语堂背离基督教，很大一部分原因是因为他身处国内，尤其是在北京这样一个文化古都，由身份认同引发的强烈民族意识把他推向了背离基督教之路。林语堂宣称自己是异教徒，但这"异教徒"的含义在《从异教徒到基督徒》这本

---

① 林语堂：《从异教徒到基督徒》，谢绮霞译，陕西师范大学出版社，2004，第120、155、128页。

书中显得颇为与众不同。"因为这种宗教信仰的混乱及教会的分门别派，我曾努力渡过可咒诅的地狱之火的西拉险滩及法利赛党的女妖，而自称为异教徒。我站在理性主义及人文主义的立场，想到各宗教互相投掷在别人头上的形容词，我相信'异教徒'一词可以避免信徒们的非难。因为很奇妙，异教徒一词在英文的习惯上不能应用在基督徒，犹太教，及回教等大宗教之上。""一个异教徒常是信仰上帝的，不过因为怕被误会而不敢这样说。""我观望了好多年，我相信上帝，但觉得很难去参加任何教会。"因为教会的教条和现实政治、社会环境的拘囿，林语堂背离了基督教，但对上帝的信仰是一直存留在他的精神领域之中，从未放弃。"人有纯洁的，神圣的为善之欲，而爱人及助人是不需要解释的事实。人努力趋向善，而觉得内心有一种力量逼他去完成自己。""这是人本身及人灵性的发展及寻求上帝的惊人事实。它不是信仰；它不是一种对理性的矛盾，它只是一种健全的本能，是天赋的道德意识。它是人透过道德性对宇宙的完全反应。""上帝、灵魂、永生，及人的整个道身，都包蕴在其中。"换言之，从表面上看，林语堂曾一度背离了基督教；但实质上，他根本不曾远离上帝，这种精神寄托一直潜藏在他的内心深处，并最终适时爆发出来。他自己也说："读者可能已觉得我从来没有停止过信上帝，而我也从未停止过寻求满意的崇拜形式"，"我重回我父亲的教会，只是找到一个适合我而不用教条主义来阻拦我的教会而已。它发生得极其自然。"①

　　在美国旅居多年，环境变化了，心境也自然不同，林语堂强烈的民族意识以笔耕不辍，大力传播中国传统文化的途径获得了释放，因此思想的天平向中国传统文化偏移了许多。而一直致力于中西融通的林语堂，这时选择重回基督教就似倦鸟归林，游子返乡那般自然，这是使思想天平再次获得平衡的一个重大抉择。显然，这不是简单的信仰回归，而是林语堂经过长期的思考，深刻地分析、比较不同文化体系的哲学思想的结果，是其思想的一次螺旋式的上升。在比较中，林语堂发现中国的儒家、道家思想与基督教思想有许多相似的地方，尤其是道家，相似度更高。天性近乎道家的林语

---

　　①　林语堂：《从异教徒到基督徒》，谢绮霞译，陕西师范大学出版社，2004，第137、127~128、135、167页。

堂认为："老子对爱及谦卑的力量的训言，在精神上和耶稣来自他的独创的卓识的闪光的训言相符合，有时字句的相似也是很惊人的。"而《道德经》里老子的隽语，"在精神上已升到耶稣的严峻高度"。林语堂更偏爱庄子，认为庄子比基督教的神学家聪明，"庄子智慧的美在于当他到达道的边缘的时候，知道在什么地方及什么时候'停止及休息'。基督教神学的愚蠢在于不知道何时何地当止，而继续用有限的逻辑去把上帝定义成像一个三角形，且为了求本身知识上的满足，而说怎样 B 是 A 所生，而 C 又怎样来自 B 而非直接来自 A"。尽管不同体系的思想有所相似，但各自仍有其自身的特点，林语堂最终还是做出了选择，"因此，在耶稣的世界中包含有力量及某些其他的东西——绝对明朗的光，没有孔子的自制，佛的心智的分析，或庄子的神秘主义。在别人推理的地方，耶稣施教；在别人施教的地方，耶稣命令。他说出对上帝的最圆满的认识及爱心。耶稣传达对上帝的直接认识及爱慕之感，而进一步直接地并无条件地把对上帝的爱和遵守他的诫命，就是彼此相爱的爱，视为相同。如果一切大真理都是简单的，我们现在是站在一个简单真理的面前，而这真理，包含有一切人类发展原则的种子，那就够了。""只有耶稣，没有别人，能带领我们这样直接的认识上帝。它是一个道德的而且伦理的，无可比拟的美的世界。如果这个世界仍想要一个理想，这里是一个领导人类的完美的理想。"① 秉持着上帝爱的诫命，遵循着耶稣传达的教义，林语堂重新皈依基督教。确切地说，林语堂从未离开过对上帝的信仰，这样的精神返乡，使得他的道德观、人生观与宗教信仰在晚年时获得了前所未有的统一。此时的信仰是众里寻他千百度之后的纯粹，但绝不单纯，里面还包融了不容易察觉的中国传统文化的因子。

完成《从异教徒到基督徒》这部思想自传时，林语堂已 64 岁，其思想已然定型，之后再无重大的变化。从这点上考量《从异教徒到基督徒》的价值，它为我们揭示林语堂自身思想变化的轨迹和原因提供了大量的资料，意义重大。

---

① 林语堂：《从异教徒到基督徒》，谢绮霞译，陕西师范大学出版社，2004，第82、98、158、170 页。

三 情妇与佛禅

基督教是伴随林语堂一生的宗教，但林语堂关注的宗教不仅是基督教，而且他对中国传统文化中的禅宗思想也很有研究，并在小说《风声鹤唳》中进行了展现。1941 年，美国约翰·黛公司出版了林语堂的 *A Leaf in the Storm* ，中文名为《风声鹤唳》，写的是一个身世坎坷、经历曲折的女子，在战乱的背景下四处漂泊，最后在佛禅哲理的启示下思想顿悟，从世俗爱情的迷沼中解脱出来，摆脱了个人感官的肉体情欲，全身心投入抗战救亡的行列中，灵魂得以净化，从而获得人生更高境界的精神快乐的故事。《纽约时报》在评论《风声鹤唳》这部长篇小说时，把它称为中国版的《乱世佳人》①。当然，这是一种溢美之词，《风声鹤唳》远没有《乱世佳人》那样厚重的历史背景和鲜活的人物形象。

林语堂在 1940 年 5～8 月间曾举家回国短暂停留，这期间他觉得在国内除了整天躲空袭警报之外，对抗日起不了什么实际作用；还不如回美国写文章，做好海外的抗日宣传工作。于是，林语堂又匆匆回到美国。《风声鹤唳》可算是林语堂短暂接触国内抗日战争实况后的艺术成果。正因为林语堂在国内停留的时间短，对国内真实的抗日战争仍流于表面的接触，掌握的材料不够丰富，了解也不够深入；所以，抗日战争只是《风声鹤唳》的一个大背景，提供了人物活动的环境场所，但不能像《乱世佳人》那样成为一幅反映社会政治、经济、道德、生活等诸多方面巨大而深刻变化的宏大历史画卷。从小说架构上看，《风声鹤唳》走的是小家碧玉的路子，不彰显、不大气，缺乏《乱世佳人》的史诗感，风格上更近似张爱玲的《倾城之恋》。由于内涵有限，林语堂套用了他熟悉的文化传播技巧，在乱世情缘的内容上增添佛禅思想的宣扬，共同作为小说的卖点，这就有了小说人物的独特设定与情节安排。《风声鹤唳》的人物与情节设置从主体上看是一种"三人二元"模式，女主角是崔梅玲（后改名为彭丹妮），男主人公是博雅和老彭，两人是知己好

---

① 美国电影《乱世佳人》的影响很大，它改编自美国女作家玛格丽特·米切尔唯一的小说《飘》（*Gone with the Wind*）。小说自 1936 年问世以来，一直畅销不衰，不仅在美国，而且在全世界都受到了广大读者的喜爱。该小说现已被公认是以美国南北战争为背景的爱情小说的经典之作。

友。故事情节先是"逃妾"梅玲与博雅相恋；然后是梅玲改名为丹妮，与老彭一起逃亡，二人在朝夕相处中彼此产生好感。三人形成一种三角恋爱的关系。博雅是姚家的第三代：姚思安之孙、体仁与银屏之子，所以很多读者和研究者把《风声鹤唳》视为《京华烟云》的姊妹篇。事实上，《风声鹤唳》与《京华烟云》并不相似，《京华烟云》是宣扬道家思想的文化家庭小说，《风声鹤唳》更像是浪漫艳情小说和佛教劝导修行向善故事的结合体。小说前半段写得很流畅，后半段因为佛教思想的介入而显得生硬，主要人物性格的转变和人物结局都过于刻意安排，大大削弱了小说原有的艺术魅力，降低了文本的可读性。

梅玲是全书的核心人物，也是全书唯一塑造得比较成功的人物形象。作为林语堂笔下最为典型的浪漫情妇形象，她柔情妩媚，十分艳丽，既单纯又世故，本性敏感、善良，特殊的身世和坎坷的命运给她增添了神秘、传奇的色彩。梅玲原是一大军阀的私生女，当母亲被抛弃后，母女俩在贫困的生活中相依为命。早慧的梅玲十七岁时失去了母亲，在艰难的独立谋生中不幸与仇人的儿子结了婚，被公公隔离囚禁，逼迫她自杀。她只身逃出虎口，一边当舞女谋生，一边开始了充当情妇的漂泊生涯。梅玲虽然当过多个男人的情妇，但她一直希望拥有一个属于自己的家庭，有可依靠的丈夫和可爱的孩子，做一个贤妻良母。然而不幸的人生遭遇，使她像一片不能自主的落叶，卷入政治与阴谋的旋涡里。梅玲不愿当汉奸，更不甘为虎作伥，她逃离了最后一任梁姓情夫，逃到了北平，遇到了年轻的富家公子姚博雅。博雅对梅玲一往情深，对她产生了如痴如醉的爱情。可惜，梅玲的身份暴露了，不得不先行离开北平，改名丹妮与老彭一起逃亡。老彭是一个佛教徒，一路上倾尽己力去救助难民，让丹妮深受感动。在上海，丹妮误会博雅移情别恋，抛弃了自己；伤心欲绝的她跑到汉口投奔老彭。随后，丹妮在老彭成立的"佛教红十字救难总部"的工作中找到了精神寄托，并受到老彭仁爱慈悲的感化，竭尽全力为难民服务，被难民们视为"观音姐姐"。老彭像一位导师，丹妮跟着他研习佛经、学习佛理。当博雅后来赶到汉口时，丹妮发现自己已经爱上了老彭，而老彭也爱丹妮，但"朋友妻不可欺"，老彭选择离开。丹妮反省与博雅之爱，认为两人之恋更多是偏重于感官肉体的快乐与满足，是世俗情欲，是"俗

缘"。与老彭相爱，两人志趣相投，自己投身在战中的难民收养与
救济工作之中，为"普度众生"而献身；与老彭在一起，丹妮踏
实，有着更高层次的精神快乐与满足，两人是"佛缘"。正如丹妮
追到郑州，向病中的老彭告白所说：

> "但是我并不完全了解他（指博雅，笔者注）。我完全了
> 解你，喔，彭，吃饭前我站在那儿看窗外，一切全明白了。博
> 雅爱的是我的肉体。我知道他对我的期望。但是我不能再做他
> 的姘妇了。我可以看见自己嫁给他的情形，虽然结了婚，我仍
> 然只是他的情妇，供他享乐，屈从他的意愿。不，我对自己
> 说，他爱的是梅玲，也将永远是梅玲。在你眼中我是丹妮。是
> 你创造了丹妮——我的名字和我的灵魂。你看不出我变了吗？
> 你不知道我该爱的是你？"①

一个"该爱"清楚表明，丹妮与博雅的爱源自两性的天然吸
引，是本能欲望的表现；与老彭的爱则源自理性，是佛禅哲理的点
化。丹妮把对老彭的爱视为禅宗的顿悟和觉醒，林语堂这样的安排
缺乏足够的铺垫，显得十分突兀。或许，他想通过这种突变来强调
佛禅的顿悟之理吧。赶来与丹妮、老彭会合的博雅，在抗战前线台
儿庄与日军骑兵意外遭遇，为了成全丹妮和老彭，博雅有意饮弹身
亡。博雅的死有点莫名其妙，这也是该小说的一大败笔。因为博雅
的为爱牺牲，丹妮决定生下博雅的孩子，与博雅的灵牌举行了"结
婚典礼"。怀着对博雅的旧情，敛藏着对老彭的挚爱，丹妮和老彭
在共同的奉献中找到了意想不到的幸福。

《风声鹤唳》中的老彭，是一位佛教禅宗信徒，作为丹妮的精
神导师，本来应该是一个智者的形象，但林语堂一开始描写他时，
他显得呆板、傻气。老彭颇为富有，曾一心想造福社会，有过几次
不切实际的农副业试验：在北京种番茄、用鱼肝油养进口来亨鸡、
养蜂酿蜜，最后都以失败告终。老彭还曾尝试文化工作，如苦心孤
诣地教妻子拼音字母，改善拼音符号写法、使乡下人都能懂，把一
些小学生和学徒招到家中进行义务教育，这些文化工作最后也失败

---

① 林语堂：《风声鹤唳》，张振玉译，现代教育出版社，2007，第 355 页。

了。尽管有些傻气,老彭却是一个拥有慈悲心肠,充满仁爱的坦荡君子。从博雅的视角看来,"老彭则是一个苦行者,外表邋遢又不重物质享受,一个四十五岁的鳏夫,生活中避开所有女人,然而他却察觉在老友身上有个伟大而慷慨的灵魂,心智有些不切实际,心灵却如孩子般温柔"①。抗日战争爆发后,老彭不仅暗中支持游击队,还准备将自己所有的钱财都统统带到后方,"我担心只能做到一些,我用尽全力也只能帮助少数几个人。问题太大,一个人绝对解决不了。好几百万的难民前往内地又要住哪呢?但是我们可以帮助几个人,帮助他们活下去,为人类犯下的罪恶来行善事。"② 这种尽一己全力来行善的举动让博雅深受震撼。不过可惜的是,这样一个具有强烈的爱国精神和人道主义精神,非常有内涵的人物,林语堂只从侧面描写他的形象,或简单叙述他的语言、行动,却基本不去挖掘、刻画他的内心世界,让本该立体生动的人物只徒留个平面印象。《风声鹤唳》共有二十章,从第六章起,丹妮、老彭就一起逃亡,老彭对丹妮的影响是潜移默化的,他对丹妮的感情也是日渐萌生,与日俱增的,但他又必须压抑自己这份情感,这样的心理过程本该是最能彰显人性、人格,最为打动人心的,但林语堂却没有一丝描写和交代。这就使得老彭在汉口用佛经开解、教导因误会情伤而心痛欲绝的丹妮时,显得十分地说教和符号化。因此说,林语堂对老彭的塑造还不到位,相比丹妮而言,老彭的形象有些黯然失色。

博雅是书中另一个主要男性形象,相比老彭,博雅的形象更为单薄。本来,这个人物设置颇似《乱世佳人》里的艾希礼,也是个有思想、有个性的人物,可以从多个角度展开刻画,可惜林语堂也没能把他塑造好。书中前五章主要围绕博雅和梅玲的相恋展开情节,由林语堂的描写可知,博雅就是个纨绔子弟,一个深谙吃喝玩乐精髓的富家少爷。尽管林语堂为了增添其个人魅力,写他志存高远、见解独到,他关注抗日战争的战况,有自己对这场战争的全盘战略计划,但这于实际抗战有何作用?不过是纸上谈兵而已。书中的博雅从未做过一件实实在在的事情,这个人物太虚、太空了,所

① 林语堂:《风声鹤唳》,张振玉译,现代教育出版社,2007,第6页。
② 林语堂:《风声鹤唳》,张振玉译,现代教育出版社,2007,第10页。

以博雅与梅玲的倾心相爱显得不足可信，也许正因为这样，丹妮才会移情别恋吧。这样的博雅倒有点类似张爱玲《倾城之恋》里的范柳原，但比范柳原显得单纯、可爱些。小说结尾，博雅的仓促死亡明显是个败笔，没有任何征兆和交代，虽然后面补写了博雅一则简短的日记，但也不能说明他深爱丹妮，必须以死亡来成全丹妮和老彭。这也是一个颇让人感到遗憾的角色。

从某种层面上看，丹妮才是整部小说的主角，博雅、老彭都是围绕着她而设置的配角。她因信仰佛教而超越世俗情欲，从形而下向形而上升华，显示出佛禅哲理在中国传统文化中的地位和对中国社会现实生活的影响。《风声鹤唳》以博雅的墓志铭做为小说结尾："为友舍命，人间大爱莫过于斯"，这既是《圣经》里的诗句，也是佛教包含的精义，明显可见基督教、佛教教义在一些道德追求层面的共同之处。林语堂以此作结，可见这部小说里，爱情什么的还是次要的，宣扬佛禅文化精神才是重点。《风声鹤唳》颇有点佛教变文的感觉，林语堂常常借助老彭之口，以佛禅的因果报应来解读战争，这未免过于幼稚和牵强。但小说通过老彭来宣扬佛家大慈大悲、救苦救难的文化精神；这种文化精神还将女主角丹妮由只注重个人的普通情妇感化升华为竭尽全力救助难民，具有美好心灵与高贵品格的人，这样刻意的人物设置有助于西方读者认识中国传统文化里面的优秀部分是怎样渗透在普通民众的现实生活中，并深入影响人的灵魂的。从这个角度看，人物形象塑造并不十分成功的《风声鹤唳》，在传播中国文化精神方面还是值得肯定的。

第二节　诗性演绎中文化融合思想的流变

纵观林语堂对外传播中国传统文化的整个过程，其本人的气质、人格也随着其读书、写作的偏向，更富有了中国传统文人的才情和诗性韵味；其思想文化底蕴因增添了中国传统文化的浓墨重彩，而变得更加光彩照人。作为中国传统文化的代言人，林语堂其人其文都焕发出东方文化的无穷魅力，彰显了国学对其诗性人格的深远影响。这时候的林语堂，利用自身文化成分驳杂的优势，将东西方文化的优点融合起来，业已形成了具有林语堂个人特色的人生哲学和价值评判标准，不仅在文化论著中诗性演绎着中国传统文化，更在小说创作领域里谱写出华美的篇章。

一　向传统复归

　　林语堂跨文化传播的成名作是《吾国与吾民》，提起该书的创作初衷，林太乙在《林语堂传：我心中的父亲》中回忆道："一九三三年有个晚上，赛珍珠到语堂家里吃饭。他们谈起了以中国题材写作的外国作家。那时，语堂突然说：'我倒很想写一本书，说一说我对我国的实感。'"① 林语堂的这一想法得到了赛珍珠的热烈支持，林语堂也随之付诸行动，花了约十个月的时间，于 1934 年完成了这本文化著作。林语堂怎么会突然萌生这样的想法，尽管与赛珍珠的交往是一个不可或缺的契机，但关键的原因还是受当时文化思潮的影响所致。

　　五四新文化运动的主要任务之一是启蒙，基于现实西方及其思想文化的先进性，中国大多数知识分子或汲取或借鉴西方的某种理论或主义，作为批判中国现实，解决中国问题的依据。不经意间，在短短十几年里，中国知识分子把西方几百年间的理论和主义宣扬、演绎了一遍，因为西方理论有严密的逻辑论证，有的还有成功的实践加以检验证明，把它们引入中国的知识分子都认为它们能行之有效。20 世纪 30 年代，左翼文学或无产阶级革命文学构成了中国 30 年代文学的主流和主体，这种主潮的形成和高涨并不是突如其来的文化现象，而是一种世界范围的潮流。马克思主义诞生后不到一个世纪的时间里，它不仅推动了全世界的工人运动和整个人类历史的进程，而且在俄国还取得了革命的胜利，成立了苏维埃政权，这种现实的成功也催生了各国的无产阶级革命文学，从而结束了以欧洲或以西方为中心主义的世界文学的概念。作为世界文学的一部分，中国左翼文学自然也汇入了不可阻挡的世界文学思潮之中，其形成、高涨、发展与世界文学思潮基本是同步的。然而，在主流和主体之外还有其他文学，这也是不争的事实。以梁实秋为代表的"新月派"就以"人性论"反对革命文学一统天下的局面，并对左翼文学理论的偏激处和实际作品的苍白处给予了不乏切中肯綮的批评。"左联"成立后，也开展了对"自由人""第三种人"

---

　　① 林太乙：《林语堂传：我心中的父亲》，陕西师范大学出版社，2002，第 107 页。

的论争；还集中火力批判了林语堂为首的"论语派"提倡的以"幽默、性灵、闲适"为宗旨的文学思想。

如此复杂的文坛，简化看来就是对于如何处理"文学与政治"的关系众说纷纭。在社会政治层面上，林语堂始终不愿相信什么理论或主义，因为理论总是有其适用范围，任何一种理论都只提供了一个视角，只代表了部分群体的利益。尽管条条道路通罗马，当选择了其中一条道路时，就意味着放弃了其他的可能性，也忽视了其他的合理性。当知识分子对自己所信奉的理论津津乐道、彼此争论不休的时候，他们很可能已陷入了某个狭小天地，他们所谓的批判也可能沦为某一群体的代言。林语堂为人处世和评判现实的标准始终与他的文学主张高度一致，即"近情观"。正如前文所述，林语堂的近情观不是一朝一夕形成的，是他长期思考的结果，是他诗性人格的体现。近情观的理论基础是中国的传统文化，所近之"情"是人之常情，是经过千百年来的人文历史验证了的，不是当下哪家哪派学说能轻易击溃的。于是乎，林语堂不再反传统，却走上了反正统、反主流之路。这种思想观念的定型，足见林语堂对现实生活中熙熙攘攘、纷繁复杂的各种主义、理论之争的疲倦与反感，也意味着他对现实的超越和向传统的回归。经过狂飙突进的"五四"运动之后，重回传统的，当然不止林语堂一人，正如余英时所说，《吾国与吾民》里描绘的中国其实反映了 20 世纪 30 年代一部分中国知识界的文化取向，而不能完全看作林语堂一个人的独特见解。①如果说纷至沓来的各种思潮是历史演进的动态，那么根深蒂固的传统就是持之以恒的常态。在常态思维下，林语堂对整个中华民族历史的梳理，对民族特性、民族思维方式、传统主流思想的思考，对传统文化各个方面成就的小结便是自然而然的事情，而《吾国与吾民》恰好成书于这个时期，"说一说我对我国的实感"无疑就是林语堂在这个阶段对于传统文化所思所感的总结。

（一）试图中立的视角

《吾国与吾民》的写作具有很大的偶然性，尽管它的阅读对象是潜在的西方读者，但林语堂并不能预见日后该书的热销，所以，

---

① 余英时：《试论林语堂的海外著述》，《现代学人与学术》，广西师范大学出版社，2006，第461页。

他在写作中会考虑到读者的阅读感受，却仍旧会以自身的感悟与思考作为表达的第一要务。一些研究者认为，林语堂在写作该书时受到了西方中心主义的影响，是用西方读者的期待视野来阐释中国的，于是用后殖民主义理论去解读该书。① 这种做法正是林语堂所反感的生搬硬套西方的某一主义、某一理论的行为。用后殖民主义理论解读《生活的艺术》或许还有点道理，但在《吾国与吾民》上确实不合适。

《吾国与吾民》是在中国成书的，林语堂从 1933 年冬着手写作，至 1934 年 7、8 月在庐山避暑时全部完成，这个时期中国的社会性质仍是早有公论的半殖民地半封建社会，哪来什么后殖民主义。林语堂正式用英语发表文章应该在 1927 年为武汉革命政府服务期间，通常是一稿两式，中英文各一份，各自发表，可以多赚点稿费。林语堂自 1920 年离开美国，就一直没有回去过，他对美国读者了解多少呢？迎合美国读者的说法根本就缺乏依据，更勿论迎合整个西方读者群了。不然如何解释林语堂 1936 年在美国发表的第二本书《中国新闻舆论史》（*A History of the Press and Public Opinion in China*）呢？此书是一部相对严肃的学术著作，由上海别发洋行和美国芝加哥大学出版社分别出版，与西方期待视野中的中国没有半点联系。

在写作《吾国与吾民》② 期间，林语堂首次较全面、较长时间地采用"两脚踏东西文化"的边缘人的思维来考虑问题，试图以一种中立的视角来品评中华民族及中国传统文化。在"闲话开场"，即书的序言部分，林语堂先简介了中国的现状，接着描摹、讽刺了一通所谓的"中国通"，最后又对自己写作此书的心态进行了详细的剖析，以阐明身为一个中国人该如何介绍复杂的中国。

> 每当他谈到中国，总得念及他的父亲、母亲，或追想他们的遗容遗行。那是一个活跃的生命，他们共同的生命，充满着

---

① 此类文章如孙际惠《林语堂〈吾国与吾民〉的后殖民主义解读》，黄晓珍《"他者"视角下的中国——从后殖民语境解读辜鸿铭〈中国人的精神〉与林语堂〈吾国与吾民〉》等。

② 以 1935 年 9 月第一版的《吾国与吾民》为研究对象，不涉及美国之后的 1937 年 8 月修订版、1939 年 2 月增订版。

兴奋、忍耐、痛苦、快乐和毅力，此等生命，未曾接触过现代
文化的影响，可是他们的伟大，尊贵，谦和，诚信，未见稍有
逊色。这样，他真认识了中国了！我以为观察中国之唯一方
法，亦即所以观察其他任何各国之唯一方法，要搜索一般的人
生意义，而不是异民族的舶来文化，……是以吾人只有经由丈
夫之忧虑与妇人之哭泣，始可能真确地认识一个民族，差异处
盖只在社会行为之形式而已，这是一切健全的国际批评之
基点。①

　　林语堂认为要观察并认识中国文化，必须采取一种独立而非完
全客观的态度，不能受西方的任何影响，他甚至以猪狗的生活状态
和彼此相处的形式来作比喻，希望自身能葆有一国文化的纯粹性、
绵延性。观察中国的文化，不应该是抽象的，而是具体、琐碎的，
这也影响到他的写作，是片段的、零碎的，不是逻辑的，成体
系的。

　　《吾国与吾民》全书共九章，前四章：中国人民、中国人之德
性、中国人的心灵、人生之理想，谈的是中华民族；后五章：妇女
生活、社会生活和政治生活、文学生活、艺术家生活、生活的艺
术，讲的是中国传统文化。在前四章，由于对中国现实的失望，林
语堂的批判性还是很强的，尤其是第二章：中国人之德行，其实就
是中国的国民性，而对于国民性的批判，林语堂向来是不遗余力
的。然而，此时的林语堂已逐渐回归传统，同时，鉴于该书是向外
介绍中国的，在爱国主义心态的影响下，林语堂的批判态度就有所
缓和，不再彻底地欧化。那么，以一种什么样的态度来评价中国的
国民性呢？虽然仍是以批评为主，但不再是"一元论"的简单否
定，而是以辩证的态度进行理解，从"多元"的角度进行阐释。

　　林语堂认为，中华民族的德行的最大特点就是"圆熟"，具体
又可细分为稳健、淳朴、爱好自然、忍耐、无可无不可、老猾俏
皮、生殖力高、勤勉、俭约、爱好家庭生活、和平、知足、幽默、
保守、好色等十五小点，其实这些德行任何民族都有，只是具体表
现的程度不同而已，而中华民族在忍耐、无可无不可、老猾俏皮三

---

① 林语堂：《吾国与吾民》，黄嘉德译，陕西师范大学出版社，2002，第12页。

点上表现得尤为突出，甚至是极端；于是被林语堂视为中华民族
"三大恶劣而重要的德性"，对其进行了详细分析和介绍。这三大德
行是文化与环境的产物，"忍耐的特性为民族谋适合环境之结果，
那里人口稠密，经济压迫使人民无盘旋之余地，尤其是，家族制度
的结果，家庭乃为中国社会之雏型。无可无不可之品性，大部分缘
于个人自由缺乏法律保障，而法律复无宪法之监督与保证。老滑俏
皮导源于道家之人生观，——老滑俏皮这个名词，恐犹未足以尽显
这种品性的玄妙的内容，但亦缺乏更适当的字眼来形容它"。这三
种德行的负面影响更为显著而受到了林语堂的批判，由此衍生的和
平、知足、幽默、保守等民族德行却是美质与消极因素交融共存，
需辩证地看待。"和平，亦即为一种人类的卓越的认识。若使一个
人能稍知轻世傲俗，他的倾向战争的兴趣必随之而减低，这就是一
切理性人类都是怯夫的原因。中国人是全世界最低能的战士，因为
他们是理性的民族。她的教育背景是道家的出世思想揉和以孔教的
积极鼓励，养成一种和谐的人生理想。他们不嗜战争，因为他们是
人类中最有教养、最能自爱的民族。""一个强烈底决心，以摄取人
生至善至美；一股股热的欲望，以享乐一身之所有，但倘令命该无
福可享，则亦不怨天尤人。这是中国人'知足'的精义。""中国
人人都有他自己的幽默，因为他们常常欢喜说说笑话，那种幽默是
刚性的幽默，基于人生的诙谐的观感。""此种幽默汉的滑稽性质结
果削弱了中国人办事的严肃态度，上自最重大的政治改革运动，下
至微末的葬狗典礼。""保守性是以实为一种内在的丰富之表征，是
一种值得羡妒的恩赐物。"① 可见，中国国民性的优劣处往往是相
生相克、交织发展的，林语堂对其中的缺陷仍是批判、否定，而对
于其合理部分及其在现代的价值和意义则给予了肯定、赞扬，这种
较为公允的审视态度，既克服了早期的全盘西化思路，又不是毫无
辩证地全面复古，这在中国现代作家中是少见的，颇有林语堂的个
人特色。

　　在评论中国的国民性时是这种态度，在评论中华民族的其他特
点也仍旧是这种态度，林语堂这种近似中立的多角度阐释，或许也

---

① 林语堂：《吾国与吾民》，黄嘉德译，陕西师范大学出版社，2002，第 24、34、
　 39、41、42、44 页。

是《吾国与吾民》能顺利地被外国读者所接受的一个重要原因。例如，中西在思维方式上有很大的区别，西方逻辑的严密性有助于其哲学、科学的发展，相较于中国现状，确实领先于各个领域；而中国的普通感性代替了归纳、演绎等思维路径，形成了独特的"情理"标准，是为中国人历来思考和行动的准绳。林语堂没有简单断言逻辑和普通感性哪个更优，而是很客观地介绍了中国这种截然不同的"近情观"。

中国人之判断一个问题的是与非，不纯粹以理论为绳尺，而却同时权度之以理论与人类的天性两种元素，这两种元素的混合，中国人称之为"情理"，情即为人类的天性，理为永久的道理，情代表柔韧的人类本性，而理代表宇宙不变的法则。从这两种元素的结合体，产生人类行为的是非和历史的论题的判断标准。

这个特征或可由英文中"理"与"情"的对立的意义中见其一二，亚里士多德说：人类是论理的而不是讲情理的动物。中国哲学也容认这个说法，但却加一补充，谓人类尽力成为有理性即讲情理的而不仅仅为论理的动物。中国人把"人情"放在"道理"的上面，因为道理是抽象的、分析的、理想的而趋向于逻辑的要素概念，情理的精神常常是较为实体论的，较为人情的，并密接于现实而能认识正确的地位的。

对于西方人，一个问题倘能逻辑地解决，那是够满足的了，而中国人则不然。纵令一个问题在逻辑上是正确的，还须同时衡之以人情。确实，"近乎人情"是较胜于"合乎逻辑"的伟大考量。因为一个学理可以根本违反普通感性而却很合乎逻辑。中国人宁愿采取反乎"道理"的任何行为，却不能容许任何不近人情的行为，此种情理的精神与普通感性的信仰在中国人理想上树立了最重要的态度，结果产生了"中庸之道"。①

这几段文字不仅解释了何为情理，也解释了中国人重人情的原因，还阐释了"中庸之道"与"近情观"的关系。而"中庸之道"

---

① 林语堂：《吾国与吾民》，黄嘉德译，陕西师范大学出版社，2002，第57页。

正是中国主流文化儒家学说的核心观点之一，可见，一国的文化特性与该国的民族个性、思维方式、理想信仰是密切相关的，这也是林语堂在《吾国与吾民》的前几章就详细介绍这些内容的原因，这些是中国人区别于西方人的关键所在。林语堂正视中国人"近情观"的合理性，也随之交代了它的局限性："中国人之讲情理的精神与其传统的厌恶极端逻辑式的态度，产生了同等不良的效果，那就是中华民族整个的不相信任何法制纪律"，"这样养成了缺乏社会纪律之习惯，为中华民族之最大致命伤"①。这个致命伤不仅在林语堂那个时代严重阻挠了中国向现代社会迈进的步伐，哪怕在当下还延缓了中国政治、经济快速发展的历史进程。林语堂的分析可谓一针见血，时至今日仍有其现实针对性和警醒作用。

《吾国与吾民》的后面几章主要是介绍中国文化的具体表征。对于中国的社会生活和政治生活，林语堂一如既往地以批评为主，但语气比《语丝》时期的散文要弱一些，常常是调侃的语调、幽默的讥讽，态度较为温和。值得一提的是，林语堂把"女性生活"放在中国文化介绍的首位，这种独特的视角确实值得研究。随着孔子学说的发展，女性被束缚的程度越来越高，从属于男性的地位被确定下来；尤其是宋代理学之后，女性被压抑到了偏执、病态的程度，如崇拜贞节、缠足制度，都是女子身心俱受严重戕害的明证，林语堂对此强斥之。但林语堂又认为，尽管女性在社会上没有任何地位，但在家里，只要是成了母亲，她就享有一家之内至高无上的地位和尊荣；于是林语堂盛赞女性的母亲形象，认为理想的女性是贤妻良母，她是女子教育的标准。林语堂对妇女解放运动也不是一边倒的全部赞成，对于女性向男性看齐，舍弃母亲身份的行径是否定的，这种看似中立的叙述视角，还是流露出林语堂在女性观上偏向传统的观点，希望女性以家庭为重，但这观点是建立在他的"近情观"上的，即剔除了男性施加在女性身上非人性的各种压迫，同时又认为女性应保留其女性的特质，"一切不如任其自然，因为忠实保持固有民族之本来面目，亦足称为伟大"。②

---

① 林语堂：《吾国与吾民》，黄嘉德译，陕西师范大学出版社，2002，第75、76页。

② 林语堂：《吾国与吾民》，黄嘉德译，陕西师范大学出版社，2002，第120页。

（二）隐匿的诗性

第三章"中国人的心灵"无疑是林语堂对中国人思维方式的特点的解读。通过与西方人思维特点的比较，林语堂总结出中国人的思维具有女性的气质，"心性灵巧与女性理性的性质，即为中国人之心之性质。中国人的头脑近乎女性的神经机构，充满着'普通的感性'，而缺少抽象的辞语，像妇人的口吻。中国人的思考方法是综合的，具体的而且惯用俗语的，像妇人的对话"。因而，中国人的思维缺乏逻辑性、缺少科学精神，但长于直觉、富于拟想（即联想、想象）。通过分析中国人思维的直觉、拟想特性，林语堂侧面论证了中国人在诗性人格上的绵延不息。"中国人这种思考方法是残存有原始民族之特性的，直觉的思考既无需科学方法之校正。故具有较为自由之余地，而常常接近质朴的幻想。"这种特质影响到中国的文字和表达，"中国人对于文字之魔力，迷信至深，可从生活的各方面证之，此等特性既非逻辑，又非普通感性，乃不外乎一种原始民族时代之心理。""拟想的正当用途，乃以'美'装饰这个世界。"于是中国人擅长文学、艺术方面的创作和表现，而在自然科学方面有所缺陷，以至于近现代科技的大大落伍。这种诗性特质的发展使得中国文化具有了无限的审美特性，"昔日之科举制度，亦为一种灵才之考试，故中国人盖已久经琢磨于辞藻之美的使用法与机灵之文学特性，而诗的培养尤足训练他们养成优越的文学表现技巧和审美能力。中国的绘画已达到西洋所未逮的艺术程度，书法则沿着独自的路径而徐进，达到吾所信为韵律美上变化精工之最高程度"。"在中国，生活的艺术，与绘画，诗，合而为一。"中国人的心灵是诗性的，是极端敏感、精细的，他们可以从一颗小小的石头那里去探寻它的美质，这种形而上的精神体验能让他们从悲愁惨苦的现实世界中汲取到一丝丝的快乐。"在平凡生活中寻求美，是中国的拟想之价值。"①

既然中国人重视现实的平凡生活，按照正常的逻辑推演，中国人应该大力发展科技，让现实生活更为便捷、舒适，那么原始诗性就会随着科技的发展而渐渐消亡。然而，历史事实告诉我们，这种

---

① 林语堂：《吾国与吾民》，黄嘉德译，陕西师范大学出版社，2002，第50、58、59、62、49、62、63页。

逻辑推演根本不适用于中国，中国人的现实主义与浪漫诗性竟然和谐共生着，这种悖论式的关系让中国人的信仰和文化更具其特异性的光彩。第四章"人生之理想"就是探讨中国人的信仰问题。林语堂对中国人的这种信仰，赋予了一个新的名词"中国的人文主义"。关于中国的人文主义，林语堂早有论述①，在这里，林语堂将它与人生目的、信仰、宗教等联系起来进行解读。中国的人文主义者认为人生真正的目的："在于乐天知命以享受朴素的生活。尤其是家庭生活与和谐的社会关系。""中西本质之不同好像是这样的：西方人较长于进取与工作而拙于享受，中国人则善于享受有限之少量物质。这一个特性，吾们的集中于尘俗享乐的意识，即为宗教不能存在之原因，也就是不存在的结果。"中国由此发展出两种主流性文化传统，一是儒家之说，因孔子的影响"未知生，焉知死"，中国人格外重视此生此世，无意舍弃现实生命而追求渺茫的天堂或来世。然而，人总有生老病死，命运的变幻莫测让人总有一种悲观的情绪难以排遣。林语堂认为，这种悲观，在宗教中会安排一个模糊的回答笼统地解决而使心灵安定下来，于是宗教的乐观主义毁灭了一切"诗"。中国没有宗教的排遣，"他没有现成的答复，他的神秘感觉是永远如爝火之不熄，他的渴望保护永远不得回复，也永远不能回复，于是势必驱入一种泛神论的诗境"。这种悲哀的情绪便通过文学、艺术的形式得以转化、抒发。例如诗，它"在中国的人生过程中，代替了宗教所负神感与生活情感的任务"。这种情感转移的方式更多来自另一种文化传统的影响，那就是道家之说。"中国人曾被称为实事求是的人民，但也有他的特性的罗曼斯的一面，这一面或许比现实的一面还要深刻，且随处流露于他们的热烈的个性，他们的爱好自由和他们的随遇而安的生活。这一点常使外国旁观者为之迷惑而不解。照我想来，这是中国人民之不可限量的重要特性。每一个中国人的心头，常隐藏有内心的浮浪特性和爱好浮浪生活的癖性。生活于孔子礼教之下倘无此感情上的救济，将是不能忍受的痛苦。所以道教是中国人民的游戏姿态，而孔教为工作姿态。这使你明白每一个中国人当他成功发达而得意的时候，都是孔教徒，失败的时候则都是道教徒。道家的自然主义是付镇痛剂，所

---

① 详见前文的分析。

以抚慰创伤了的中国人之灵魂者。"① 尽管林语堂的表述有时候将道家、道教混为一谈，但对于儒家、道家这两种主流文化对于中国人的影响却描述得精准到位。单有儒家，诗性无法生存；单有道家，诗性也难以为继，只有这两种文化传统的互为补充，诗性才能在这特异的文化氛围中繁衍至今。

在第七章"文学生活"里，林语堂介绍了诗性在文学上的表现。林语堂认为，中国的文学大体分为两类：载道的和抒情的；而那些专业性的文章不属于文学。受政府科举制的影响，载道文学占据了优势，那种应制式的文章也使得主流或正统文学走向绝境；反过来，文学又会影响政治，"除非这种的文学恶行根本肃清，则政治恶行亦将继续不辍"② 。对于中国文学诗性的认识，林语堂偏重于两个方面，一是非正统；二是泛神论。在介绍中国文学的体裁时，与众不同的，林语堂先散文而后诗歌、戏剧、小说，足见他对散文的重视。尽管诗在中国文学史上占有极其重要的位置，林语堂也给予其很高的评价；但在他心目中，最有魅力的还是较多使用白话表达的文体，所以戏曲、小说、散文都比诗强，而散文尤甚。"中国的诗歌是雅致洁美的，但总不能很长，也从不具阔大闳深的魄力。由于文体之简净的特性，其描写叙述势非深受限制不可。""中国散文还有光明的未来，假以时日，它可以匹敌任何国家的文学，无论在其力的方面或美的方面。" 当然，这种散文绝不是用文言文写就的，因为林语堂认为文言文简洁精炼的特性，使其写不出优美的散文来，无论是骈俪文、散文诗式的散文、赋，都不是优美的散文。"所谓优良的散文，著者的意见乃系指一种散文具有甜畅的围炉闲话的风致"③ ，它应该使用活泼泼的白话，使用从人们口角直接取下来、未经人工矫揉修饰的口语。林语堂眼里的好散文是"条畅通晓"而娓娓动人的，不能太简约含蓄，可以多用拟人、比喻等修辞手法来增加文章的灵性，要有作者的真情流露。这种有别于传统的文学批判标准是林语堂非正统观的体现。

---

① 林语堂：《吾国与吾民》，黄嘉德译，陕西师范大学出版社，2002，第 65、70、78 页。

② 林语堂：《吾国与吾民》，黄嘉德译，陕西师范大学出版社，2002，第 171 页。

③ 林语堂：《吾国与吾民》，黄嘉德译，陕西师范大学出版社，2002，第 191、172、166 页。

中国古典文学中也有好的散文，但是你得用新的估量标准去搜索它。或为思想与情感的自由活跃，或为体裁、风格之自由豪放，你要寻这样作品，得求之于一般略为非正统派的作者，带一些左道旁门的色彩的。他们既富有充实的才力，势不能不有轻视体裁骸壳的天然倾向。这样的作者，随意举几个为例，即苏东坡、袁中郎、袁枚、李笠翁、龚自珍，他们都是知识的革命者，而他们的作品，往往受当时朝廷的苛评，或被禁止，或受贬斥。他们具有个性的作风和思想，为正统派学者视为过激思想而危及道德的。①

在这种非正统观的影响下，林语堂自己也如他所举例的古代文人那样，选择了一条不见容于20世纪30年代主流文坛的文学之路。然而这种非正统思想是最容易保留原始诗性的，因为这样的作家更执着于打破各种束缚，他们的作品是自己内心深处喜怒哀乐情绪的真实流露，是个人所思所感的自然结晶；他们的写作动机无关功利，单纯是为了创造和抒情的嗜好，所以他们的文章是最富原创性的优美文学。

泛神论是指把神和整个宇宙或自然视为同一的哲学理论，中国的古人虽然没有这样明确的哲学理论，却有这样的意识和行为；它是诗性在中国文学上的另一表现，在诗歌创作上表现得最为明显。林语堂认为，中国的诗有两大功用，即代替了宗教和教导中国人以一种独特的人生观。正如前文所析，中国没有西方基督教那样具有绝对统治力量的宗教，因而未能在宗教里寻获生命的灵感、宇宙的微妙与美的感觉，以及对于人类和一切生物的仁爱与悲悯；但"中国人却在诗里头寻获了这灵感与活跃的情愫"。这种灵感和情愫影响了他们的人生观，使他们得以有一种慈悲的意识、一种对自然的莫名亲近。"总之，它教导中国人一种泛神论与自然相融合：春则清醒而怡悦；夏则小睡而听蝉声喈喈，似觉光阴之飞驰而过若可见者然；秋则睹落叶而兴悲；冬则踏雪寻诗。在这样的意境中，诗很可称为中国人的宗教。吾几将不信，中国人倘没有他们的诗——生

---

① 林语堂：《吾国与吾民》，黄嘉德译，陕西师范大学出版社，2002，第168页。

活习惯的诗和文字的诗一样——还能生存迄于今日否？"① 所以，中国的山水诗、田园诗格外发达，而中国人的终极理想莫不是归隐田园或隐逸山林。

中国的绘画与诗有着密切的关系，诗画一体十分常见，即"诗中有画，画中有诗"，二者在技巧上也有相通之处，因而，中国绘画也常常以自然景物为对象，如山水云霭、花鸟鱼石等。可见，泛神论的影响不仅在文学上，而且延伸到了艺术领域。"中国艺术家是这么一种典型的人，他们的天性安静和平，不受社会的桎梏，不受黄金的引诱，他们的精神深深地沉浸于山水和其他自然的现象之间。"中国的艺术家，尤其是中国画家，他们注重游历，徜徉于祖国的山川大河间，不仅是为了熟悉绘画的素材，更是一种人格洗礼，借以提升自身的境界和修养。"就是此恬静和谐精神，山林清逸之气又沾染一些隐士的风度，表征着一切中国绘画的特性。结果，它的特性不是超越自然，而与自然相融和。"②

不仅是绘画，在第八章"艺术家生活"里，除绘画外，林语堂还介绍了中国书法和建筑这两种有代表性的艺术形式，毫无例外，它们都贴近自然。中国的传统文化中，诗画是一体的，而书画也常常并称，艺术家通常是身兼三职：诗人、画家、书法家的多面手。中国人向来重视书法，书法是训练抽象的气韵与线条，以及轮廓美的基本艺术形式，它教给中国人最初的审美观念，同时它又能彰显个体的悟性。林语堂认为，好的书法家，一笔一画中流露出动态的美和灵动的气韵，这种灵感来自书写者对自然界树木鸟兽形态的感悟，是诗性的展现。书法大师王羲之在《笔势论十二章》中就引用自然界的物象来比喻书法的笔势，"划如列阵排云，挠如劲弩折节，点如高峰坠石，直如万岁枯藤，撇如足行趋骤，捺如崩浪雷奔，侧钩如百钧弩发"，所以林语堂说："一个人只有清醒而明察各种动物肢体的天生韵律与形态，才能懂得中国书法。"中国艺术的最高理想是气韵生动，不止书法、绘画，就是中国建筑也在随时随地设法模拟鸟兽草木的形态以谋补救直线单调的弊病，亭台楼阁、飞檐雕

① 林语堂：《吾国与吾民》，黄嘉德译，陕西师范大学出版社，2002，第173、174页。

② 林语堂：《吾国与吾民》，黄嘉德译，陕西师范大学出版社，2002，第211、213页。

栏、曲径回廊、花木山石，小桥流水，"中国建筑的最后和最重要的原则永久是保持与自然的调和"。于是，"最优良的建筑应该是这样，让吾们居住在里面，不会感觉到这一个处所天然景象消灭而人工机巧发端"。①

（三）行文的特点

《吾国与吾民》虽然是一本介绍性的文化论著，但林语堂是用写散文的笔法来写就的，不同于其他同类型的较为严谨的学术性论著。从整体看，《吾国与吾民》前后两部分还是有逻辑联系的；但从章节看，各章安排及每章内具体内容的写作就带有较大的随意性，甚至缺乏一定的联系。比如第一章"中国人民"，第一小节"南方与北方"，介绍了中国北方、南方在人种、文化上的差异；第二小节"退化"，则拉拉杂杂扯了一堆，最后才点明"中国人民于领受痛苦的忍耐力之强大，真可谓匪夷所思"，这跟退化之题实在是关系不大；第三小节"新血统之混入"，分析了中华民族长存的原因，侧面介绍了中国历史，表达了历史循环观；第四小节"文化之巩固作用"，分析了中华民族的持续力，解读了家族制、科举制的作用，还提到了中国人的田园梦；第五小节"民族的童年"，认为中华民族发展缓慢。由此观之，整个第一章节，内部缺乏强有力的逻辑性和明晰的条理性，与其说是介绍性文字，不如说是林语堂个人的感悟更为恰当。这种个人色彩强烈，表达随意，随笔性质的书写方式，跟林语堂倡导的"幽默、性灵、闲适"的小品文有一脉相承的联系；可见，林语堂撰写《吾国与吾民》虽有理性思考，但更多还是感性的表达。对于自己的观点，林语堂不是从理论的角度去分析、阐述，而是大量选用日常生活的见闻予以佐证，所以这种论著方式本身就不符合西方的逻各斯，而是中国感性、直观思维方式的体现。这种内容与形式上的相辅相成也让西方读者耳目一新，它给予读者的中国印象是全面而丰富的，生动且直观的；但这其实仍停留于表象，缺乏深入和学理层面的分析。然而，该书毕竟不是专业性的学术著作，林语堂这种表述，在读者接受的难易度上把握得刚刚好，更适合西方广大读者的理解和接受。

---

① 林语堂:《吾国与吾民》，黄嘉德译，陕西师范大学出版社，2002，第216、235、236 页。

　　除了常常采用日常生活的见闻佐证自己的观点外，林语堂还经常"引经据典"，尤其是大量引用中国的古诗文和小说、剧本，这种引用，全书较为明显的有84处。这里面，有大家熟悉的《诗经》《论语》《庄子》《韩非子》《孝经》等古代经典；有李白、杜甫、王维、刘禹锡、韦庄、辛弃疾等著名诗人的诗词；有较完整的《倩女离魂记》《思凡》《琵琶记》文本；还有为数更多的明清文人的笔记小品，如陆深、张岱、祁彪佳、金圣叹、李笠翁、顾炎武、郑板桥、夏敬渠、方绚、沈复等。林语堂对明清文人小品的偏爱自其创办《论语》杂志就开始了，在《吾国与吾民》里，这种偏爱愈加明显，很多人名和作品都不是普通读者耳熟能详的，可见林语堂非正统的思想越来越明显。最后一章"生活的艺术"里，林语堂节选了李笠翁的《闲情偶寄》、沈复的《浮生六记》、祁彪佳的《寓山志》、张岱的《陶庵梦忆》等文集内的大段文字，汇成此章，很有周作人那种"文抄公"掉书袋的架势。在这一章，林语堂对古人的衣食住格外感兴趣并专研其中，可以说，他在这种细节的精致与讲究中发现了传统文化之美，这种独到之美不仅西方没有，就连在现代的中国也渐渐消亡了。林语堂全情投入古人这种日常生活艺术的考究和赞美里，或可说是对现实的超越，也难说个中没有一些逃避的意味在内。正是这种精细和物以稀为贵，最后一章"生活的艺术"引发了西方读者的极大兴趣，之后才有畅销书《生活的艺术》的问世，这也许是林语堂和赛珍珠都始料未及的吧。

二　美国形象与文化乌托邦

　　林语堂在海外生活了近30年，其间呆在美国的时间最长，在他创作的一系列作品中，与美国直接相关的有三部，依次是《唐人街》《美国的智慧》《奇岛》。若是从研究美华文学发展的角度看，《唐人街》具有里程碑式的意义，它属于最早的"移民文学"范畴，是较早以小说形式呈现美国华裔移民生存状态的、且在美国有较大影响的文学作品。若从林语堂自身创作的脉络看，《唐人街》虽然关涉美国，也建构了美国形象；但书中植入了大量关于中国传统文化、传说、饮食、生活方式等内容，大大削减了小说本身的艺术性，使得该小说更像是他的文化论著系列的衍生品。《唐人街》成书于《老子的智慧》之前，与之后的《美国的智慧》交相辉映，塑造了一个"伟大的国家"——美国形象。然而，美国这一光辉形象却在《奇岛》中突然逆转，成为了独裁专制、战乱动荡、民生艰难的"旧世界"。探讨前后两个迥异的美国形象，及其前后产生巨变的原因，可以看到身处异国的林语堂对中国传统文化分外地珍视与怀念，也可以看到林语堂对表面上风光实则潜藏众多精神危机的美国文化十分忧虑，他借由文化互补和文化融合构建了一个文化乌托邦，继续他一贯的"对外国人讲中国文化"的文化之旅。

（一）伟大的国家

《唐人街》是林语堂在美国创作的第三部英文长篇小说，不同于前两部小说是以中国国内环境作为故事发生的背景，《唐人街》讲的是在美国国土上，中国移民一家的故事。林语堂自认为自己的最长处是"对外国人讲中国文化"，但这时候不得不首先考虑一个非常重要的问题，即在西方读者尤其是美国读者面前，如何建构美国形象。

《唐人街》中的美国形象主要是通过纽约唐人街附近的洗衣工冯老二一家人的视角来建构的。冯老二在淘金热的时候来到美国，在西海岸的排华浪潮中逃到了纽约，开了一间小小的洗衣店。两个非法入境的儿子，老大戴可娶了意大利裔的妻子弗罗拉，小两口在洗衣店给父亲当帮手；老二义可则做起了保险经纪。小说就是从十三岁的汤姆和妹妹伊娃随母亲一道，远离老家广东，到美国与父亲兄长团聚开始的。成长中的汤姆是该书建构美国形象的关键人物。小说一开篇就展现了美国先进的机械文明。一亮一灭的电灯、隆隆作响的火车、冷热水龙头、自动升降的电梯，这些早已在美国普及的东西，让原来居住在广东乡下的汤姆和伊娃充满了新奇感。尤其是汤姆，对这些机械设备不光是赞叹，还产生了强烈的研究兴趣；临近小说尾声时，青年汤姆向恋人表白进大学一定要选择科学方面，也可能选择工程的时候，就是对这种研究兴趣的回应。伴随着发达的机械文明，美国还拥有丰沛的物质财富。水是免费的，小孩上学是免费的；百货公司商品齐全、琳琅满目，不仅价廉物美，还服务周到；饭馆不用跑堂的，米饭是吃不尽的。"在这里一个小城市所丢弃掉的食物，可以养活中国的一整个村子的村民。"① 在汤

---

① 林语堂：《唐人街》，唐强译，陕西师范大学出版社，2004，第 36 页。

姆一家人眼中，美国是"金元王国"，是一个富裕的国家。

这样一个富裕的国家并不只是富人的天堂，平民百姓只要肯努力奋斗，就能实现自己的梦想。随着小说情节的展开，美国社会生活的各个方面逐渐展现出来，尤其是美国自由民主的观念，个人奋斗的精神，以及相对合理健全的社会制度，都成为林语堂用心称赞的对象。于是，每一个故事情节的背后都隐含着林语堂建构美国伟大形象的良苦用心，他试图通过汤姆一家在美国吃苦耐劳，通过自身努力得以落地生根、发家致富的经历，向读者阐明这样一个基本信念：美国是一个自由、平等、民主的国家，在这样一个充满生机与活力的国家里，人人都有成功的机会，只要你肯付出努力，你就一定会成为你想做的人，如同冯老二对儿女们所说的那样："你希望将来做什么，你就去做什么，这就是美国。你可以免费上学，只要你诚实，根本就没有人会来打扰你。你喜欢当工程师，你将会成为一个工程师；你高兴当一个破洗衣店老板，你就是一个破洗衣店老板；你希望变成酒鬼，你就会是一个酒鬼！美国是一个自由国家。"为了更好地说明这一点，小说还设置了两处颇有意味的情节。一处是伊娃进入公立学校后，发现男孩女孩都一样地精力充沛、高声尖叫、大声笑闹；凡是男孩做的，女孩都可以做，可以跑、跳、爬、滚，可以穿运动短裤打球，可以开车、游泳、溜冰、骑马，等等。"这些景象对伊娃来说，是怪异的、崭新的、陌生的，她多喜欢这一切，仿佛她发现了新的自由，以往使她变成大家闺秀的束缚也好像消失了，只觉得自己是自由的，自己是有希望的。在这个新的、丰富的、她未尝试过的世界中，任何事情都是可能的。"她意识到中国传统对女性言行诸如文静、温柔、察言观色等要求，其实是一种对自由的束缚，"伊娃心中的确有些东西被唤醒了"。另一处是冯老二带汤姆去拜访德高望重的老华侨老杜格，老杜格以自己丰富的经历告诉汤姆，美国是"一个伟大的国家"，"这个国家在成长、茁壮"，曾经"人们打起架来就像狗一样，也像狗一样地被杀死了。比较壮的赢了。可是我看着他们改变了。他们现在有了法律，而且只要你遵守法律，没有人能把你怎么样。你可以免费受教育，你可以做你想做的事"。①

---

① 林语堂:《唐人街》，唐强译，陕西师范大学出版社，2004，第28、63～64、90～91页。

美国的法制是健全的，汤姆在美国学校里接受了最重要的思想教育，"政府的存在是为了保护我们生命、自由和追求快乐的权利。没有任何人能把这些权利剥夺掉。如果政府侵犯了我们的这些权利，那么我们就可以推翻这个政府，另外建立一个新的政府"。因而在美国，纳税人是最重要的，会受到法律的严格保护，而不会像在中国国内那样被官员层层盘剥，弄得民不聊生。林语堂对这种合情合理的制度极为赞赏，并在小说中设计了弗罗拉深夜早产的情节予以证明，正当汤姆全家都手足无措时，多亏了警察的及时帮助才转危为安。林语堂通过冯老二夫妇的对话大力夸赞了这一制度："我不知道美国警察的职责是什么？他们难道也负责接生吗？我以为警察的工作只是抓小偷的。……这真是一个奇怪的国家，你可以把他当做家仆一样，在三更半夜叫他送人到医院去，他还是个警官呢！不是吗？""这就是美国，这是他们的习惯，人们根本就不怕官员。""这跟我们完全不同。这真是一种不错的习惯。"① 在家人、朋友、学校教育的灌输和社会现实的影响下，年轻一代如汤姆、伊娃等最终完成了对美国价值观念的认同，而美国作为一个"伟大的国家"的形象也矗立在老少华人移民的心目中。

（二）潜在的"对外讲中"

在这么一个"伟大的国家"里，华人移民的创业显得格外顺利，"洗衣店的问题都是很单纯的，他们童叟无欺地做生意，他们有足够的顾客，而且每一个顾客都不会赖账。……站在烫衣板前的每一分钟，都意味着更多的钱。这就好像在大街上捡钱一样。"不仅如此，但凡移民到这里的人，不管是哪国人，都十分享受这里单纯、安宁的生活："这整个地区本身就是世界的缩影，婴儿在此出生，食物被大量消耗着，死尸上了防腐剂完成其人生的过程，到处都可以看到生、老、病、死的足迹。蛰居在城市中的人，可以像只寄生蟹一样，一辈子也不用离开这些街区，这里就有一切他们所需要的东西。男孩子们在这里打架、长大。冬天来临时，就在街道上燃烧一些木头箱子，使雪溶化，夏天则几乎全裸地在水龙头或消防栓的水柱下，穿进穿出；少男少女们在幽暗的街角约会；男人为生活而奔波；女人在家里整理庭院、煮饭；老人家在夏天傍晚时，坐

---

① 林语堂：《唐人街》，唐强译，陕西师范大学出版社，2004，第100、205页。

在门前的阶梯上乘凉。这里充满了生命的气息。"① 在林语堂极富诗意的描绘下，这里的生活祥和、安逸、永恒，简直就是陶渊明笔下世外桃源的现代版。

然而，事实果真如此吗？稍微了解一下历史，便会发现历史的真相是如此残酷。为美国西部发展做出巨大贡献的华工被称为"黄祸"，美国政府还颁布了《排华法案》，西部华工因此受到了严重的种族压迫，甚至被虐杀。唐人街的生活也并非如此美好，由于美国政府出台了一系列针对华人的移民法，唐人街几乎是由清一色的华人成年男性劳工组成。男女比例的严重失调、性别和阶级的单一化使得唐人街成为了一个极度畸形的社会，各种社会问题由此衍生。这种状况直到 1943 年才开始稍有改善，因为 1882 年美国颁布的限制华人入境的移民法于这年被废止；1946 年的《战争新娘法》允许华人的妻子和儿女到美国与亲人团聚；1965 年颁布新移民法，废除了以国籍为限制的移民配额制，这是美国历史上第一次允许中国移民享受与其他国家移民平等的待遇。成书于 1948 年的《唐人街》对这些历史和现实采取了选择性漠视，林语堂虽有提及老杜格、冯老二从西部逃到纽约九死一生的经历，但把它归于当时的法律不健全而一笔带过；也提到汤姆在学校被白种小孩挑衅、在送还洗好的衣物时被白种小孩群殴，最后以忍让、绕路不了了之。林语堂这种淡化矛盾、粉饰太平的做法，令后来的华裔作家心生不满，以"华埠牛仔"自居的赵健秀指责这种做法是为了"美元和畅销"而写作，进而否认林语堂这类作家的美国华裔作家身份②。在林语堂之后的新生代华裔作家，如黎锦扬、黄玉雪、赵健秀、汤亭亭、谭恩美等，他们笔下的华人移民面对巨大的文化隔阂和冲突，精神上承受着巨大的压力；唐人街不再是温暖祥和，充满生命力和希望，而是处处透出阴暗、腐朽、绝望的气息。当下也有评论者非议林语堂在《唐人街》里的写作，"我总觉得林语堂在《唐人街》里对他笔下的人物并没有设身处地的体验与感知，他把在美国的绝大部分时间都用在'评宇宙文章'中去了，或者马不停蹄地向美国听

---

① 林语堂：《唐人街》，唐强译，陕西师范大学出版社，2004，第 12、47 页。

② Frank Chin，Jeffery Paul Chan，Lawson Fusao Inada. *An Anthology of Asian American Writers*. New York：the Penguin Group，1974. xix.

众讲解中国文化的种种妙处去了。我甚至怀疑林语堂是否真正和纽约唐人街上的那帮下层移民密切接触过，他只是凭着想象虚构着生活在唐人街上的洗衣工和开餐馆的人们的生活，所以他对他们的描写，使人总觉得'隔了一层'。"①

我们不由得深究林语堂建构美国这一"伟大的国家"形象背后的动机。正如赵健秀所言，这里面肯定有"美元和畅销"的考虑，因为林语堂的《唐人街》绝对不是写给华人移民看的，他预设的读者还是美国读者，若是一面在书里骂人家国家、一面还要人家买这书看，这显然不合情理。这是原因之一。第二个原因，与林语堂自身从小就对欧美萌生的好感有关。林语堂从小就受父亲的影响，一家人都叹服西方先进的科学技术，林语堂本人还曾有过长大当物理教员的志向，一生都对发明创造机械有着浓厚的兴趣，在写作《唐人街》之前还因发明"明快打字机"弄得倾家荡产，并与多年好友赛珍珠夫妇产生了矛盾以至于后来友谊决裂、分道扬镳。年轻时的林语堂对西方的政治制度和自由民主精神可谓仰慕已久，还曾提倡过"彻底欧化"的主张，《唐人街》的美国形象可算是对年少之心一个并不遥远的回应。由于不同国家、民族在文化上的巨大差异，对方的客观存在与己方的印象、认识之间必然会出现曲解、夸饰，甚至想象，于是新的形象就诞生了。这种认识偏差在 1936 年年底《宇宙风》上发表的《抵美印象》《游美印象记》就有端倪，在 1940 年的《讽颂集》里的《美国人》《我爱美国的什么》则看到林语堂对美国好感依旧，但对美国人的日常生活和婚姻家庭产生了中西互补的念头。这就是第三个原因，也是最关键的一点，林语堂无时无刻不记得他的"对外国人讲中国文化"的写作初衷，这在《唐人街》里也毫不例外。

《唐人街》的英文题目为：*Chinatown Family*，直译是"唐人街家庭"，结合小说的内容，"家庭"才是全书的核心，汉译本的题目确实有误导之嫌。在林语堂的认识中，"中国的社会和生活都是组织于家庭制度基础上的"，"这个制度决定并润色整个中国式生活

---

① 沈庆利：《虚幻想象里的"中西合璧"——论林语堂〈唐人街〉兼及"移民文学"》，《山东社会科学》2005 年第 5 期，第 83～86 页。

的模型"。① 也就是说，浓缩了中国文化传统的华人家庭是林语堂"对外讲中"的依据和保证，这便是"唐人街家庭"隐含的实质。在小说中，冯老二历尽艰辛才得以一家团聚，因而这个家庭的每个成员都更珍惜相聚在一起的生活，彼此关爱扶持，字里行间充满了脉脉温情。就连意大利裔的儿媳妇弗罗拉也被这样的中国大家庭所渐渐同化。一开始，弗罗拉还想着等赚到钱就独立出来，有自己的小家和店面，而丈夫戴可劝说她："我们所有的人就是一个家庭，大家互相帮忙。至于钱——是你的，是我的，也是父亲的。反正没什么差别，我们一起工作，一起吃饭，一起花钱。汤姆和伊娃就要上学了，可是，等他们长大后，他们也会帮忙，也许帮助我们的孩子上学。我们应该尽本分去工作，去帮忙。谁的能力强一点，就多帮忙一点。""父母还活着的时候，我们就是一个家庭。等他们太老了，做不动了的时候，就轮到我们来照顾他们了，因为我们小时候，是他们照顾我们。这就是理想的家庭。"② 弗罗拉被说服了，于是她也像传统的中国媳妇那样孝敬老人，善待弟、妹，勤俭持家。这种传统大家庭，被林语堂剔去了封建专制，显得格外地融洽、和谐，与西方个人主义、国家主义形成了鲜明对照。中国家庭成员的家庭意识和家庭荣誉感都非常强烈，"家庭中每个分子因须振其家声，必须好好地做人，而不得贻羞于家族"③，这或许是对法制不全的中国社会的一项弥补，让家庭去约束个人。这种具有中国特色的观念在文本中也有体现，例如老杜格鼓励汤姆说："孩子！使你的父亲以你为荣，你要使你们的姓得到光彩。"④

　　冯老二这个理想之家到底具有多大的代表性，这可以另作讨论；但可以确定的是，这个家庭其实是林语堂对自己童年家庭的艺术再现。林语堂不止一次提到和谐家庭对他人生的深远影响，"在造成今日的我之各种感力中，要以我在童年和家庭所身受者为最大。我对于人生、文学与平民的观念，皆在此时期得受深刻的感染力。究而言之，一个人一生出发时所需要的，除了健康的身体和灵敏的感觉之外，只是一个快乐的孩童时期——充满家庭的爱和美丽

① 林语堂：《生活的艺术》，群言出版社，2010，第 171 页。
② 林语堂：《唐人街》，唐强译，陕西师范大学出版社，2004，第 57~58 页。
③ 林语堂：《生活的艺术》，群言出版社，2010，第 174 页。
④ 林语堂：《唐人街》，唐强译，陕西师范大学出版社，2004，第 91 页。

的自然环境便够了。"① 很显然，小说中的汤姆就是林语堂的影子，里面的人物、父子关系、家庭生活等与林语堂本人的经历极为相似，林家家贫，在林语堂上大学时，只能牺牲姐姐美宫入学机会，林语堂为此抱憾终生，这与伊娃牺牲自己读书机会让兄长继续深造同出一辙；林语堂读书受其二哥的资助，后来他又转而帮助其弟弟入学；林语堂成名后收入大增，他也一直多方照顾林家、廖家的亲友。林语堂有很强烈的家庭观念，他通过《唐人街》宣扬了以"家庭至上"为核心内涵的中国传统文化观，很大程度上，他是通过自己的童年经验来理解中国传统家庭伦理的；换言之，林语堂对童年经验的艺术性还原与再现，更加强化了他对中国传统文化的家庭本质的认识，及凸显中国家庭文化具有比西方文化更加优质的一面。

与家庭联系得最紧密的就是夫妻，因为没有婚姻关系就无所谓有家庭。《唐人街》里的冯家有三子一女，林语堂把笔墨集中到了三个儿子的婚姻之上，以此彰显中国文化里"娶妻娶贤"的传统，"尤其是家庭生活，或苦或乐，都以他所娶的妻为定，而未来家庭的整个性质也由此而决定"②。大儿媳弗罗拉除了生性热情，其他颇合冯老二之意，与后来赴美的婆婆也相处融洽。整部小说原本没有什么波澜起伏的情节和纠结人心的矛盾，除了中途冯老二因车祸意外去世（但这悲伤的气氛很快被因祸得福所冲淡——保险公司赔偿、肇事司机母亲赠予——解决了开餐馆的资金问题和汤姆的教育费用难题），最大的冲突和曲折莫过于老二义可顶着全家人的反对，尤其是父母的不认同，径自娶了个夜总会明星。为了娶这个女人，义可欺瞒、愚弄家人，但这个女人只懂挥霍，最后还背叛了义可。义可本来是家中最为西化的一个，给自己取名为弗雷德利克·A.T.冯，这个努力融入美国社会、完全认同美国价值观的年轻人，他的婚姻其实也很美式，喜欢了就在一起，管她什么身份。但是，这种轻视婚姻的行为让他尝到了苦头。"我早知道那个女孩子不会是个贤内助，但是你根本不肯听听别人的意见。"③ 母亲的劝告再

① 林语堂：《林语堂自传》，工爻、张振玉译，陕西师范大学出版社，2005，第6页。
② 林语堂：《生活的艺术》，群言出版社，2010，第175页。
③ 林语堂：《唐人街》，唐强译，陕西师范大学出版社，2004，第304页。

次验证了中国"不听老人言，吃亏在眼前"的古训，这个西化的义可最后也以回归大家庭而告终。与二儿子西化婚姻形成对比的是老三汤姆的婚姻，他与艾丝相爱，艾丝是个华裔女孩，品性符合冯太太的喜好，因而冯太太极力撮合儿子与艾丝的婚姻。汤姆和艾丝恰好也彼此相爱，因而顺理成章。三段婚姻，足见林语堂虽赞成婚姻自由，但他确确实实是个传统、守旧的人，在婚姻观上，林语堂完全偏向中国传统，这或许跟他自身的婚姻状况有关，这种婚姻生活未尝不幸福。

《唐人街》展现了中国传统的婚姻、家庭观，还展现了中国人的人生观。最有代表性的人物就是冯老二。相比他的孩子们，冯老二最早到美国，但葆有中国传统文化最完整，而他的孩子们渐渐被美国文化所同化，接受了美国的观念和人文精神。冯老二具备了林语堂在《吾国与吾民》里描述的所有好的中国人的品性，如稳健、淳朴、忍耐、俭约、爱好家庭生活、和平、知足、保守等。如果说他的刻苦勤俭、忍耐宽容符合儒家"天行健，君子以自强不息；地势坤，君子以厚德载物"的道德规范；那么，他的和平、知足、乐天知命就是遵从着道家"水善利万物而不争"、知足常乐的处世原则。在小说文本里，冯老二这么一个年过六旬的普通老头却有着典型的中国人的人生态度。他受尽磨难才从美国西海岸逃到纽约，开了一间鸽子笼般大小的洗衣店，每天起早贪黑，不停地工作到深夜，赚取不多的金钱来养家糊口。但他很满足、很快乐，认为自己的身体仍健朗，还可以继续工作。他这种生活态度也影响到大家庭的成员，大家各司其职；虽然冯太太、汤姆、伊娃初到美国时还觉得失望，但很快就适应了环境，大家一起快快乐乐地为更好的生活而打拼。这种乐观的人生态度正如林语堂在《吾国与吾民》里所阐释的："人生真正的目的，中国人用一种单纯而显明的态度决定了，它存在于乐天知命以享受朴素的生活。尤其是家庭生活与和谐的社会关系。"① 冯老二教导挨打的汤姆要忍让，义可则让汤姆按美国的做法"以牙还牙"，当时的美国读者和现下的读者或许都认可义可的做法而难以理解冯老二的教诲。而林语堂却认为冯老二是受道家思想的影响，有其合理性。

① 林语堂：《吾国与吾民》，黄嘉德译，陕西师范大学出版社，2002，第65页。

他在这个国家中倍受压迫，但他也有自己的一套处世之方。这种方法是由道家的智慧而来，水流向低处而能渗透每一个地方。冯老二在他所听过的中国箴言中，觉得老子的哲学，是第一个教人掩饰自己的哲学，例如劝人和水一样往低处流，做人不要太露锋芒，要大智若愚，以柔克刚，沉默是真正的智慧，多言必失，身在低处的好处，以及喧哗吵闹的无益。这些哲学就是冯老二的生活哲学。老子是对的，那些身在低处的人永远不会被覆灭。①

冯老二以自己的亲身经历验证了道家处世哲学的正确性，他就是"以这种崇尚自由、独善其身的个人主义，在纽约安顿下来，就像成百成千的同胞驻脚阿拉斯加、伊利诺、利马、开普顿、德勒斯登和马赛一样"②。在林语堂看来，也许正是秉承着这种独善其身的道家处世原则，身在海外的千千万万华人才能以和平而知足的心态维持着温馨的家庭生活和宁静的社会生活，向外——面对白人不惹是生非，对内——华人社区里守望相助。

《唐人街》是关于华人移民的小说，自然而然地就会写到中国人浓重的乡情。由于在小说设定的时间范围里，中国抗日战争爆发了，这种乡情就跟爱国热情交融在一起。在抗日战争爆发前，"中国"对于冯老二这样的海外华人移民来说，与其说是一个政治实体，不如说是他们的精神、文化之乡，"他爱中国，就好像一个人爱自己的双亲一样，对他来说中国是一个群众社会，而不是一个国家——一个由相同的信仰和相同的风俗的人们所组成的群众社会"。这个时候，对于没有什么国家观念的冯老二等人，很难说他们有什么"爱国"的意识；相反，由相同的肤色、乡音、人生观、处世哲学，相同的生活习俗，乃至于相同的饮食习惯所共同构成的"文化中国"更能牵动他们的心，引发他们浓浓的乡愁。正因如此，唐人街这种文化孤岛便成为海外华人的心灵栖息之所。"中国人到了周末都挤入这些狭窄的街道，跟朋友会面、谈生意或吃上一餐大快朵

① 林语堂：《唐人街》，唐强译，陕西师范大学出版社，2004，第159页。
② 林语堂：《唐人街》，唐强译，陕西师范大学出版社，2004，第13页。

颐的中国菜。这些离乡背井的人，在假日都不愿意回家，他们站在人行道上，忘怀地看着这一切，闻着这一切，以抚慰他们工作一个星期后的疲倦心灵，同时回想着古老的中国。他们热情而奢侈地把时间投置于无所事事的呆望和回想中，仿佛在他们回忆之时，时间会为他们停留下来似的。他们可以一动也不动地站上半个小时，就像那些在沼泽地带，用一只脚站着休息的白鹤，眼里看着这个熙攘而匆忙的世界，忘怀地沉醉在其中。"因此，海外华人总有一种"过客"心态，他们不会积极地参与到所在国的政治、社会事务中，总想着老了以后落叶归根、衣锦还乡。正如老杜格对汤姆所说的："这是一个伟大的国家，你、我，还有你父亲在这个国家里，只能算是客人而已。"这种"过客"心态应该也是一直不肯加入美国国籍的林语堂其内心的真实写照。然而，不幸的是抗日战争爆发了，这场发生在遥远的中国故土上的战争让宁静祥和的唐人街炸开了锅。唐人街的华人社区组织各种抗日宣传活动，并募集捐款支援国内的抗战。洗衣工人、餐馆老板、侍者都踊跃地将自己节省下来的血汗钱捐献出来，"他们在捐钱时的慷慨，令人难以相信就是平时节俭的中国人。"① 国难当头，海外华人把昔日浓浓的乡愁转化为强烈的爱国热情，连平日不多问世事的冯老二也投身到捐款救国的热潮中，感到了满满的民族自豪感，走路也不再低头看着柏油路了，而是抬头挺胸接触来往行人的目光。在中国的抗日战争中，唐人街的华人把对故国的思念与对"中国"的国家认同紧紧地结合在一起，这也是《唐人街》这部小说最打动读者的地方。

（三）理想的文化乌托邦

美国是个超级大国，这是林语堂时代、也是当下人所共知的事实。林语堂在《唐人街》里把美国构建为民主、自由、包容的伟大国度，是千千万万移民生存、发展的好地方；然而，时过境迁，在《奇岛》② 里，美国的光辉形象被颠覆了，成为"旧世界"的代表。

《奇岛》是一部描绘人类未来社会的小说，该小说出版于1955年，里面讲的却是2004年的事情。2004年，服务于"民主世界联

---

① 林语堂:《唐人街》，唐强译，陕西师范大学出版社，2004，第13、49、90页。
② 《奇岛》（*The Unexpected Island*），原名《远景》（*Looking Beyond*），1955 年由 Prentice-Hall 出版。本书中使用的是张振玉译，现代教育出版社 2007 年出版的版本。

邦"的美国姑娘尤瑞黛与未婚夫保罗一起驾驶飞机进行科学考察，
无意中发现了一个位于南太平洋的神秘小岛，保罗为保护飞机与当
地居民产生了冲突，并在搏斗中身亡，小说就是从昏迷后被救醒的
尤瑞黛的观感写起，以她为线索，讲述了在这个与世隔绝的小岛上
的人和事。这个岛叫泰诺斯岛，岛上的居民有原住民，还有来自其
他不同国家的移民，他们文化背景不同，性格各异，但彼此却能和
睦相处。在尤瑞黛眼中，这个小岛有完好的自然生态和美丽的自然
风光，居住在这里的人们最大限度地摆脱了现代科技的枷锁和物质
追求的束缚，他们生活得很简朴，却很充实、舒适，有的是闲情逸
致，日子过得轻松自在。人们与美丽的大自然紧密相连，融合在一
起，同时也让自然人性得到了充分地发展与表现。岛民习惯赤足走
路或穿凉鞋，衣着简单，或是长袍或是衬衫短裤，没有什么多余的
缀饰。在炎热的夏天，女子也裸露着上身。岛上没有高楼大厦、灯
红酒绿，没有铁路、汽车、收音机；但在山水怀抱里、绿树掩映
中，却隐藏着一座座精美的雕塑和堂皇的建筑物，如图书馆、圆形
剧场、有着希腊圆柱门廊的博物馆等。尽管岛上的物质生活相对贫
乏，但精神生活却极为富有，人们离不开音乐、舞蹈、诗歌、戏
剧，常常举行聚会，进行闲聊和辩论。岛上每年还要庆祝一个大节
日——艾音尼基节，有盛大的游行、诗歌朗诵、戏剧演出、体育竞
赛、水上运动等，整个岛上的居民要疯狂三天，喝酒、欢宴、跳
舞，纵情欢乐。短短一个多月的相处，尤瑞黛由不得不被困在岛
上，转变为喜欢岛上的移民和生活，她被他们创新的哲学和生活方
式迷住了。当她有机会离开泰诺斯岛时，她最终还是选择留下来，
完全抛弃了美国这个"旧世界"，融入小岛这个民风简朴，却有着
浓厚的人文气息，而且合于人性自然的"快乐共和国"之中。

描写未来世界的小说通常都是科幻小说，以幻想的形式，表现
人类在未来世界的物质精神文化生活和科学技术远景，科幻小说最
精彩的地方就是小说内容交织着对未来科学事实的预见和想象。然
而，《奇岛》却与众不同。它虽然写的是未来世界，但这个世界却
充满了古典气息，不像是未来社会，倒像是古希腊文明的再现。小
说设定这个"奇岛"诞生于1974年，希腊哲学家劳思打算寻找一
个远离现世的殖民地，用以实现他对未来理想国度的构想；亿万富
翁阿山诺波利斯为了躲避即将爆发的战争的伤害，要到遥远安详的

地方度过余年，两人都想"到一个遥远而不为人知的世界，开创一种新生活，甚至是一种新的文明"，于是共同谋划、创建了泰诺斯岛。小岛整个自然环境和人文环境简直是古希腊文明的再现。碧海蓝天的周遭环境仿佛在爱琴海的拥抱之下；岛上一切景观都带有浓烈的希腊风味，如葱郁的橄榄树丛、茂盛的葡萄、牧人的白色小屋、吃草的羊群以及各种美丽的雕像。这里风景优美，没有战争，没有种族压迫，也没有民族奴役。虽然叫殖民地，但跟当下人的理解不同，"这殖民地意味着一些年代久远、古老的东西"①，岛上移民和土著和谐相处，人与人之间都是平等的，没有高低贵贱之分，到处都充满了温情与友善。劳思他们将以美国为首的世界称为"旧世界"，这个旧世界战争不断，1975 年爆发了"第三次世界大战"，1989 年爆发了"第四次世界大战"，并持续了十年之久。联合国早在"第三次世界大战"爆发之前就无声无息地瓦解了，美国的芝加哥、曼哈顿都毁于随后的战火之中。"第三次世界大战"后，作为战胜国的美国却因战争背上了沉重的负担，社会继续动荡不安，食物匮乏，人们生存艰难，原本自由民主的政治也变得独裁。美国第四十一任总统在白宫一连待了四任，从国会中榨取了专制的权力，最后于 1998 年被暗杀。与战乱频仍的外界相比，泰诺斯岛显得格外的安宁、祥和。

　　林语堂对美国本来是充满好感、赞美的，为何到《奇岛》就态度突变了呢？他对科技发展是认可的，对机械制造也颇有兴趣，为何在《奇岛》里却设置这么一个科技落后的原始岛屿？把这些问题弄明白，林语堂写作《奇岛》的目的就呼之欲出了。第二次世界大战结束后，受创最小的美国一跃成为世界上最富裕最强大的国家，美国政府的当权者一方面希望维护战争之后的和平，另一方面则希望"领导世界"。杜鲁门在他 1948 年的总统就职演说中说道："本世纪前半期以人权遭受空前残暴的践踏及历史上最可怕的两次战争为特征。我们时代的当务之急是让人们学会在安宁和谐中共同生活。"进而宣称："世界各国人民面对着一个难以预测的未来，它蕴藏着几乎等量的巨大希望和巨大恐惧。在这疑惑不安的时刻，他们比以前更迫切地期待着从美国得到善意、力量和英明的领导。"同

①　林语堂：《奇岛》，张振玉译，现代教育出版社，2007，第 57、51 页。

一时期，休伯特·汉弗莱在他著名的《争取民权》的演说中也发出同样的声音："人民——形形色色，各式各样的人——指望美国担任领导，指望美国给予帮助，指望美国指引前程"，"我们国家如今比过去任何时候更是世界上最后的最大希望所在。"① 在这种当仁不让的领导世界的意识下，美国的霸权思想越来越明显，并捆绑了联合国，插足了朝鲜内战，之后新中国也被迫加入抗美援朝，苏联也曾暗中支援朝鲜，形成了新一轮的世界性战争。这场战争持续了三年（1950 年 6 月至 1953 年 7 月），新中国付出了巨大代价，美国也蒙受了重大损失。早在抗日战争初期，美国政府奉行"孤立主义"，对被日本侵略的中国态度冷漠，那时林语堂就对美国政府颇有微词，曾奋笔疾书批判之；现如今，美国要充当"世界领袖"，林语堂预感到背后潜藏的各种危机（这在《奇岛》中有所体现），对美国难以继续认同，笔下的美国形象自然大打折扣、黯然失色了。

居住在美国，但对美国现实政治十分失望的林语堂，在 1954 年接受了新加坡南洋大学执行委员会的邀请，准备出任南洋大学的校长。林语堂曾于 1926 年出任厦门大学文学院院长，那时他雄心勃勃，希望振兴厦大文科，并从北京请来了诸多名人学者，可惜因为没有财权、实权，最后希望破灭，离开了厦大。而此时，南洋大学还在筹办阶段，鉴于曾经的教育理想有机会再次实现，林语堂对此特别重视。林语堂提出南洋大学办学的两大宗旨："学生必学贯中外""所学能有所用"；同时推出了一个建造"第一流大学"的预算方案。然而，林语堂在用人和开支上与执委会产生了巨大分歧，经讨论、争执未有结果，当了六个半月的校长后，林语堂于 1955 年 4 月辞职离开新加坡，开始了他的欧洲漫游。这次在新加坡受到的挫折，重创了林语堂和他的家人，他的教育理想再次破灭。现实中的种种不如意让林语堂产生了创作上的艺术幻想，他通过在小说里营造世外桃源，将他在现实中不能实现的理想付诸实施。早在 1933 年 8 月 18 日的《申报·自由谈》上，林语堂就曾撰文表达过他的避世念头。

---

① 参见《美国读本——感动过一个国家的文字》的相关内容，戴安娜·拉维奇编，林本椿等译，生活·读书·新知三联书店，1995。

假定我能积一点钱，我要跑到太平洋之南的岛上，或是蹿入非洲山林中。倘使富春楼老大之辈，仍然不能消此浩劫，而欧洲文明全部焚毁了，那时我居在非洲深林的树上，可以拍胸说："上帝啊！至少我诚实。"①

时隔20多年，林语堂不仅承继了当年的思路，还将它发扬光大，写出了长篇反战小说《奇岛》，并以幻想的表现手法描绘了中西文化融合的"远景"。

从阅读感受来说，作为幻想小说的《奇岛》，在情节安排上实在是太过单薄，缺乏科幻小说应有的跌宕起伏、引人入胜的故事情节；小说里的主要人物不多，但大量介绍性叙述和议论性文字取代了该有的人物塑造，造成书中人物形象过于平面、概念化；小说通篇有很多对话，丰富的哲理基本上都是被"说"出来的，尽管语言新鲜、精警、幽默，但难免有时会让读者产生啰唆的感觉。也就是说，作为一部小说，《奇岛》的艺术性不强；但作为研究林语堂中西合璧思想的文本，它却具有不可替代的价值和意义。

《奇岛》里的泰诺斯岛，是一个融合西方古典文化和中国传统文化的乌托邦，它的诞生首先是建立在对现代工业文明审慎的批判之上。小岛的创始人和精神领袖劳思，其实就是林语堂的化身，"他并非十分反对物质进步，他只是反对过度的进步会杀害人类本身"，劳思通过研究自工业革命2世纪以来的历史，他"确定人类失去的和得到的一样多"，发现"物质研究越来越进步，人类受到的注意就越来越少。人类个性改变了，他的信仰也改变了，人类与大自然的关系也改变了，人类自我在社会上扮演的角色也不同了。自精神角度而言，人类越来越贫乏"。在人类"渐渐失去自我"的时候，劳思认为"机械的进步应该暂停一下，已经有的已经不错，也很足够"②。因而，在泰诺斯岛，劳思他们虽然有财力使用当时的科技成果，但他们摒弃了，极力保留小岛的自然原貌，并通过对东西文化的融合，力图建立起适合人性发展的理想王国。

---

① 林语堂：《让娘儿们干一下吧！》，梦琳等编《林语堂散文经典全编》（第三卷），九州出版社，2002，第198页。
② 林语堂：《奇岛》，张振玉译，现代教育出版社，2007，第56~57页。

古希腊是西方历史的源头，曾产生过光辉灿烂的希腊文化，古希腊人在哲学思想、历史、建筑、科学、文学、戏剧、雕塑等诸多方面都有很深的造诣，对后世有着深远的影响，成为整个西方文明的精神源泉。林语堂对古希腊文化充满了崇敬，他曾说："希腊的异教世界是一个绝对不同的世界，所以他们对于人类的观念亦异。最值得注意的就是：希腊人要他们的神成为凡人一般。""希腊人并不神圣，可是希腊的神却具有人性"①。具有诗性人格的林语堂看中的就是希腊文化里人性的完整。然而，"由于工业化，人类改变了很多"，"人性不再完整了，有些东西失落了。人类原始而丰盈的人性被禁锢、压榨、脱水，在角落里皱缩成一团。劳思就是要找回我们所失去的，更多一点生命，更多一些想象，更多一些诗歌、阳光、固有的自由和个性"②。这些劳思想找回来的东西无疑就是古希腊文化曾经拥有的，也是林语堂所推崇的。当然，张扬人性，不等于纵容人性之恶。岛上居民也有人性的弱点，有争斗、好色、嫉妒、强奸、杀人等现象，惩恶扬善是岛上一贯的法则：父亲犯法，子女必须代父受过（如波文娜代父受鞭挞）；欧克色斯强奸、杀人，最后也在众目睽睽之下接受惩罚、赔上性命。林语堂强调以人为本，同时也注意到以合情合理的"理性"进行制约。这就使得笔下原始的泰诺斯岛，焕发出无与伦比的文化魅力，展现出人性自由奔放的生命热力。

　　泰诺斯岛的宗教信仰，也是《奇岛》里文化融合的一大表现。岛上基督教文化的影响虽然不如古希腊文化那么显而易见，但对岛上居民的精神世界来说仍然有着重要作用。岛上存在着分庭抗礼的两大基督教派——希腊正教和天主教，大多数人信仰希腊正教，只有少数意大利人笃信天主教；但这两个教派一直友好相处，相安无事。林语堂是极力反对宗教教派之间互相争斗的，小说里的伯爵夫人就代表了林语堂这种观点。伯爵夫人是一个虔诚的天主教徒，但她又沉醉于古希腊艺术，于是容忍并爱护希腊正教，在她看来两派最终目的其实并无区别，信的都是同一个上帝。林语堂还通过劳思，对宗教信仰进行了重建。劳思认为人都需要心灵的依托，需要

---

①　林语堂：《生活的艺术》，群言出版社，2010，第 17~18 页。
②　林语堂：《奇岛》，张振玉译，现代教育出版社，2007，第 51 页。

宗教信仰，因而他崇拜偶像、相信上帝，但他坚决反对宗教虚伪、教条的规定，反对宗教对人性的压抑。劳思熟悉基督教史，常常引用《圣经》里的教训来指导岛上的规程，但他认为重逻辑推理证明的基督教神学严重束缚了生机勃勃的宗教精神，使之脱离了感性生命，并认为因为诗歌等艺术形式与宗教分离了，"现代宗教充满了铅灰的色彩和陈腐的霉味"①。所以，劳思把古希腊神话里的狂欢精神引入岛上的宗教信仰中，希腊人一面崇拜上帝，一面尽情享受，宗教也因此成为一种愉快、明朗的宗教，一种快乐、美丽、欢乐的宗教。劳思在岛上设立艾音尼基节，就是对古希腊"雅典节"的呼应与再现，大多数岛民舍弃了圣汤玛士和圣尼古拉，改立古希腊女神雅典娜作为他们的偶像；他们还完全废弃了基督教的祈祷文，另创了艾音尼基祈祷文，祈祷文以"噢，朋友们，让我们用时间来思考"为开始，用"感谢我们已享受这个短暂又宝贵的生命赐予"作结束。在崇拜雅典娜的仪式中，一种全新的宗教感觉油然而生，基督教让人们为活着而道歉，它却让人们为生活的赐予而感激。可见，林语堂孜孜以求的宗教文化理想，是一个充满诗歌、神话幻想的感性世界，也是一个充满欢乐精神，充满宗教虔诚与艺术之美的诗性王国。

　　泰诺斯岛充满了西方古典文化气息，但这背后也潜藏着中国传统文化的痕迹。劳思是有着中国血统的希腊哲学家（其外祖父是中国人，父亲是希腊人），林语堂让这个有着中西混合血统的哲学家作为小岛的精神领袖，就侧面表明了他依旧秉持着"对外讲中"的写作策略和在创作中尝试实践其中西文化融合的理想。劳思的名字，念起来颇像"老子"，在他身上也确实有着中国道家思想的影子。劳思不但重视古希腊和基督教文化，还极其崇拜孔子和老庄，他常常把柏拉图与孔子，古希腊子民的生活同庄子的理想世界相提并论。确实，劳思所推崇的古希腊合情合理的生活与道家追求的天人合一、逍遥自适、和谐达观的生活有许多相通之处。庄子主张"法天贵真"，坚决反对物质对人性的戕害，追求人与自然和谐相处。劳思也极力痛斥工业社会对人性的压抑，纯粹物质追求对人性的扭曲；向往自然、本真，充满审美感受的宁静生活。劳思说：

---

　　① 林语堂：《奇岛》，张振玉译，现代教育出版社，2007，第355页。

"山是给人凝视、仰望的，不是要人征服的"，"不要征服自然，要和它并存。"① 收起人类好战、征服之心，代之以诗性审美，犹如庄子所讲的"与人为善，与物为春""乘物以游心"，这个世界就会减少许多纷争，增添许多祥和。泰诺斯岛的社会制度也令人想起老子"无为而治"的社会理想，因为那里没有君主之类的统治者，而是人人平等的；若有人犯下恶行，就得接受公众的审判和惩罚。劳思曾在日本研习过禅宗，他经常把这种东方的智慧与西方的神学作比较，从而更加向往东方这种重视灵性、感悟的精神境界，而坚决否定重逻辑推理的经院神学。劳思显然是林语堂"两脚踏东西文化"，融合中西古典人文传统并取得实际成效的理想人物。

在《奇岛》中，劳思吸取了"旧世界"的经验教训，从哲学、宗教、艺术、社会制度等诸多方面入手，成功地在泰诺斯岛创立了一套新的文明体系。劳思极其讨厌别人把他创立的"新世界"称为"乌托邦"，这就表明林语堂对此理想的实现是充满信心的，他相信中西合璧是一种趋势，在不远的将来，这样一个理想国必然会在现实中出现。然而，现实却是残酷的，林语堂这种中西合璧的文化理想很快就被现实击了个粉碎，他自己也在之后创作的《赖柏英》中明显表现出对中西文化合璧的失望情绪。在《赖柏英》中，林语堂特意选择了新加坡这个中西文化碰撞激烈的国度，作为人物活动的背景场所，以新洛和韩沁的结合象征着中西文化的融合；然而，韩沁最终抛弃了新洛，表明这次中西合璧的实验以失败而告终。《奇岛》中美丽的文化理想只能在泰诺斯岛这个世外桃源实现，这就证明了《奇岛》终究是林语堂的幻想小说，里面描述的是理想的文化乌托邦。

时至今日，时间已至 2017 年，比《奇岛》设定的 2004 年还多出了 13 年。回首历史，林语堂在《奇岛》中预言的事情确有实现的，如苏联政权垮台了；他担心的工业文明对人性的戕害、物质文明对人性的异化确实也越来越严重。全球化的今天，文化的交流、融合势不可挡，中西文化的合璧有其价值和意义，但合璧的标准、途径却费思量。或许，我们应该把《奇岛》设定的时间再延长一些，也许再过百年，林语堂的文化理想就不再是乌托邦，而是活生

---

① 林语堂：《奇岛》，张振玉译，现代教育出版社，2007，第 142 页。

生的现实了。

三　最华彩的诗性篇章

若仅以小说艺术方面的评判标准去衡量林语堂的小说作品，必然得出除《京华烟云》外，另外的作品根本就不值一读的结论；甚至就连获得诺贝尔文学奖提名的《京华烟云》也不见得是很优秀的经典作品。由此推之，林语堂的小说总体的可读性都不强，"好的小说一定是充满了感性的，但林的小说对人的处境没有相当复杂的把握和探讨，缺乏对人世生活的观察和感悟，他小说中的人物一个个都是某种文化、思想的化身，充满了抽象，概念化痕迹很重。这也是由于他把小说作为宣传其思想的工具的原因造成的。"① 这种单一、固定的批评标准，必然得出脱离创作实际的结论，削减了林语堂小说的价值和意义。事实上，尽管林氏小说在文化的表现上各有侧重，但都不是完全独立的，小说中不仅将中国传统文化中儒道释三家思想融合，同时还汇入了西方的现代文化，形成了一种新的文化精神。它们体现了林语堂中西融合、中西合璧的文化观，力图构建出一种新的文化境界。除了从文化上评判林氏小说的价值，还可称道的是林语堂一如既往的诗性气质，他使得小说在表述中国传统文化时，潜在地偏向文化中诗性的部分，无形中增添了东方文化的魅力，也增强了小说的魅力。

相比于《京华烟云》的人物众多、场面宏大、气魄雄伟，《红牡丹》是一部以一个寡妇为中心的另类小说。在林语堂的所有小说中，《红牡丹》最香艳缠绵，它围绕着女主人公梁牡丹，以抒情性的笔调书写了她为了追求"灵肉和谐"的理想化爱情，与多位男子间的情爱纠缠。牡丹这个角色，不要说在当时，就是放到今天来看，也是个容易产生非议的人物形象；然而在她那离经叛道的思想和行径上，读者可以清晰看到林语堂努力尝试用自然主义的表现手法去展现女子应有的女性意识觉醒的过程。从这个角度看，它更像是一部女性的成长小说，最能体现出林语堂诗性的思想。

（一）诗性的精灵

在林语堂的笔下有很多美丽动人的女性形象，而牡丹是最为特

---

① 郭海燕：《论林语堂的"小说三部曲"》，《淮阴师范学院学报》2001 年第 4 期，第 538~542 页。

别的一个。她天生娇媚多姿，对男性有着不可抵挡的魔力，与她交往的男性都被她深深吸引，不可自拔。在书中，林语堂不止一次通过其他男性的视角来表现牡丹外在的美丽动人。牡丹的出场是在其夫的丧礼上，她丈夫的同事前来吊丧，"那些男人，对这个年轻的寡妇是不胜其同情之意的，觉得她那么年轻，那么美，牺牲得太可惜"。牡丹的年轻貌美、楚楚动人，令这些人动容并对她可能的守寡产生同情与讨论。这种对外在美的侧面描写更体现在牡丹的情人眼里。在初恋情人金竹眼里，牡丹的容貌、肉体都是完美的，并视牡丹为自己的命根子。"牡丹是他的一切，他的命，他的灵魂。牡丹或是与他厮混，或是离他而去，也总是他干渴中的甘泉，心灵上的慰贴。天下伊人只有一个，只有一个牡丹。再没有另一个。"在翰林梁孟嘉眼中，"他觉得有关牡丹的一切，无一不使他觉得中意；她的眼睛，她的声音，她的头发，她的热情，她那欲笑不笑的微笑，她的理解力和精神，无不使自己着迷。从来没有一个女人这么使他动心"。在诗人安德年眼中，"牡丹真是美得使人心荡神怡，皮肤细嫩洁白，两片可爱的嘴唇，微微的开启，默默无言的注视着德年。'老天爷把她生来这个人间世，要她爱人，还要人爱她'"。①

　　牡丹这样的天生尤物，并不是个绣花枕头，她有自己的思想和独立的人格，这种内在之美更增添了她的魅力和吸引力。牡丹不仅喜欢读书，而且涉猎甚广。当她与邻居王老师辩驳寡妇不应守寡时，随口便说出了孔夫子"内无怨女，外无旷夫"的名言，令王老师颇感惊讶。与几个才子情人的交往，也显示出牡丹才华横溢。牡丹偏爱文人，她与初恋情人金竹的相识，源于她读了金竹的文章，进而被金竹的才华所吸引；而金竹也因牡丹是才女，彼此一见钟情，情书往来后才陷入热恋。牡丹扶棺回乡偶遇翰林梁孟嘉，没想到二人竟然有很多共同的观点和话题，可以自由地交流思想，令孟嘉惊异于牡丹聪慧的天资与不同流俗的奇思妙想。后来，牡丹与诗人安德年的交往也是从品论诗作开始，对牡丹诗作流露出的才情，德年非常赞赏。牡丹的灵性和聪慧还体现在她的信件、日记中。当时的女子甚少有记日记的习惯，牡丹在日记中解剖自己的思想，坦

---

① 林语堂：《红牡丹》，张振玉译，陕西师范大学出版社，2002，第4、82、50、311页。

承内心的欲望，时常作出许多惊世骇俗之论。例如，"我渐渐长大，关于成年人之秘密，所知渐多，乃决定将人生每一刻，必要充分享受，必至餍足而后已。我承认，我乃一叛徒。我一向犯上任性，反复无常，自儿童时既已如此。""人生中此等花花絮絮，所有生命力旺盛之人，我皆喜爱。我亦爱群众中之悲剧与群众充沛之活力。""对爱情之真谛我并不了解。我只知道男女之爱为宇宙中最深奥之秘密，集崇高与滑稽为一体，化兽性与心灵为一身。"① 正因为自身见识非比寻常，兼之美艳绝伦，牡丹的内心世界极为丰富。她不光追求理想化的情爱，也注重享受自然之美。当牡丹从水路送丈夫的棺木回乡安葬，她特意绕去太湖，圆了长久以来的梦想。泛舟太湖之上，牡丹为眼前的自然美景所迷醉，把这段时光视为其"一辈子顶快乐的日子"，"当晚太阳灿烂的斜晖自湖上射出，奇异，柔和无限的光波照在雪白的梅花上和鲜绿的叶子上。生自湖面的微风，赋予花香一种湖水的味道。牡丹把下巴放在茶桌上自己凹下的掌窠之中，静静的坐在那儿梦想，有时发出幸福的叹息。"又如最后她写给好友白薇的信："红日西斜，归鸦阵阵，于我左侧绕树而飞，西天云霞红紫斗艳。落照之美，竟令人不禁落泪。我心甚为凄苦。何故落泪，我亦不知其故。"② 在林语堂的细腻描摹下，一个青春靓丽、才识过人、情感丰富、生命力旺盛的奇女子渐渐跃然纸上。

作为一个清末的少妇，牡丹的言行实属另类而不具有普遍性和代表性，她最大的特点就是对封建礼教、道德的彻底反叛。小说伊始写牡丹在丈夫的丧礼上既不落泪，也无悲戚之状。因为她对死去的丈夫不仅毫无感情，甚至极其厌恶丈夫的虚伪鄙俗。牡丹不合礼俗的做法令前来吊祭的人十分吃惊，而牡丹却毫不在意。那些女客们认为牡丹要做个守节的寡妇，但牡丹却觉得"做节妇，做烈妇，全无道理"，她有权利去"寻求每个男女都感到幸福快乐的美好生活"，"她的命运是操在她自己手里，她不容许别人干涉"。牡丹的自我意识非常鲜明，对于传统的礼俗不屑一顾，连倡导"情欲自由"的梁孟嘉也十分震惊于她叛逆的思想："儒家的名教思想把女人压得太厉害了。我们女人实在受不了。男人说天下文章必须要文

① 林语堂：《红牡丹》，张振玉译，陕西师范大学出版社，2002，第210~212页。
② 林语堂：《红牡丹》，张振玉译，陕西师范大学出版社，2002，第51、415页。

以载道。由他们去说吧。可是我们女人可载不起这个道。"牡丹的
个性是如此独特，她是一个至情至性、至真至纯的女子。当得知金
竹病重时，她不顾一切地离开梁孟嘉，直面金竹的误会与粗暴，一
心只想帮助金竹治好病。当得知金竹去世后，她痛彻心扉，失魂落
魄，并不管不顾地参加了金竹的丧礼。伤心欲绝的牡丹哭倒在金竹
的棺木旁，"她再不能控制自己，以极大的悲伤痛苦之下，她也不
在乎一切了。在谁也还没弄清楚出了什么事之前，她那疯狂般的哭
泣，已经震动了整个儿的灵堂。所有的客人，立刻鸦雀无声。她的
哭，不是丧礼时照例形式的那种哭。她的哭简直是肝肠寸断的哭，
透不上气来的哭，对周围的人完全不管不顾倾泻无余一发而不可控
制的痛哭。她的头不断撞击那棺材，一边哭一边断断续续的说话，
幸而没有人听得清楚她说的是什么话"。① 自己丈夫灵前未掉一滴
眼泪，却在情人的丧礼上抚棺恸哭，这在当时或现在看来都是个丑
闻，牡丹虽然也懊悔自己的孟浪，但同时又私心快慰，因为她真心
爱金竹，情难自禁。中国传统的礼教思想要求人"发乎情，止乎
礼"，而牡丹的情感传达根本不受传统礼教的限制。通过牡丹两次
"哭丧"的细节描写，表现了牡丹任情任性的自由思想，传达出林
语堂"越名教，任自然"的道家思想文化。

　　牡丹的叛逆还体现在她对"灵肉和谐"的理想化爱情的不懈追
求上。牡丹很美，她也深知自己这个先天优势，因此她任情任性，
勇敢、执着、不屈不挠、无所畏惧地追求她期盼的爱情。在牡丹心
目中，最理想的爱情生活应该像她的好友白薇和若水那样，二人彼
此了解，看法相同，真心相爱；两人隐居在风光秀丽的山水间，远
离红尘的喧嚣，与自然融为一体。这种亲近自然，顺乎人性，满足
本性情欲需求的人生正是牡丹所追求的。牡丹不再是传统那种沉默
的、等待给予的被动女子，而是做什么事都以自我为本位的新女
性，她身上潜在的女性意识已然觉醒。牡丹扶棺返乡前，曾给情人
金竹写了一封信，信中说："我今欲摆脱一切，与君亲近。虽然礼
教习俗不以为然，无论牺牲若何，我不顾也。……就我个人而言，
我欲牺牲一切，以求以身许君。君以妾为何知，我不知也。我并无

---

① 林语堂：《红牡丹》，张振玉译，陕西师范大学出版社，2002，第10、20、48、272页。

意使君家破碎，亦无意伤害尊夫人。但我二人若疯狂相爱，又当如何？"① 金竹本是牡丹的初恋情人，因父母为他代订婚姻，他便舍了牡丹而娶了一位苏州小姐。金竹深爱牡丹，但他却没有牡丹的勇敢和决绝，他选择以偷情的方式维护他明面上的婚姻，暗中持续与牡丹的爱情。牡丹则认为既然二人如此深挚相爱，为何要各度时光，不能长相厮守，不愿再无休止地等下去。她原本计划再等金竹两三年，但她在山神庙苦等金竹不至，后又偶遇从小就仰慕的梁孟嘉。二人相处几天后，孟嘉发现两人在思想、精神上都志气相投，便对牡丹一往情深。孟嘉很优秀，虽然年长牡丹很多，但对于急于寻找知心人和归宿的牡丹来说，是除了与金竹纠缠不清，继续为爱情牺牲充当情妇之外的最好选择，牡丹动摇了。"她的心又想到金竹，想到那尚未解决而且永远解决不了的那段情。她心里这时对金竹有无限的痛苦。可是她那锐敏女性的头脑霎时看消楚了，知道金竹永远是不能够娶她的，她立刻拿定了主意。"② 牡丹选择了孟嘉。

　　然而，牡丹追求理想化爱情的脚步并未就此止步。跟孟嘉生活一段时间后，牡丹对没有名分的爱情感到了厌倦，因为两人同宗同姓不能通婚，"也许只是女人要结婚找个归宿的原始本能。在不合法的关系上似乎欠缺一种自然的满足。也许是牡丹她自己敏感的，无时不在的，对不可知的东西的梦想渴望。"牡丹对孟嘉产生了不满。孟嘉的斯文、耐心让牡丹觉得他缺少青春、生命的热力，她渐渐不满于孟嘉的"温存调情""软弱无能"，行动上的"雷声大雨点小"，认为孟嘉也并非她理想中的爱人。不久，牡丹对充满青春和力量的平民拳师傅南涛产生了好感，觉得他矫健有力的步履和健壮结实的臂膀充满了男性的魅力。"男人总是发觉少女的身体有纯生理上的诱惑力，同样，牡丹和一个肌肉健壮与自己年龄相当的年轻男子在一起，也觉得兴奋精神。这是天定的，自然的。"牡丹正视自己性的需求，并主动去追求，这是中国传统礼教决不允许的。中国封建社会是男权社会，男人可以三妻四妾，女人却必须从一而终。所以，在中国文学作品的叙事模式中，常常是一男配多女，而一女配多男就是离经叛道，会被群起而攻之。在林语堂笔下，牡丹

---

① 林语堂：《红牡丹》，张振玉译，陕西师范大学出版社，2002，第 21~22 页。
② 林语堂：《红牡丹》，张振玉译，陕西师范大学出版社，2002，第 52 页。

不是男性的玩偶与泄欲工具，她有自己的思想和追求，是有着旺盛生命力，涌动着青春魅惑的鲜活个体；她有独立的人格和强烈的女性意识，她敢于言说自己的正常欲求，并大胆地去获得快乐与满足。意外地，南涛因伤妻致死入狱，牡丹又在此时获悉金竹病重垂危，她觉得自己还是深爱金竹的，不惜与孟嘉决裂而南归。但金竹最终还是含恨离世，牡丹在伤心失落中结识了杭州诗人安德年，颇似文君相如，又一番热恋。牡丹觉得"在德年身上，终于找到一个对爱持有同样看法的男人，而且预示将来会有理想的生活，就如同白薇之和若水，甜蜜的一对，而具有相同的看法"。① 正当他们计划私奔，德年的儿子却因病去世，牡丹不忍德年之妻丧子后又遭遗弃，于是强忍着伤心，毅然与德年分手。此时，孟嘉已娶牡丹之妹素馨，牡丹虽然对孟嘉仍有情意，也只好深埋心间。后来，牡丹再次遇见刑满出狱的南涛，几经痛楚的牡丹决定嫁与南涛，归隐田园，生儿育女，做个贤妻良母。

回顾牡丹的坎坷情路，我们惊叹于她的美艳、热情，感慨于她的任性冲动，虽然对她的好恶无常、容易移情别恋不以为然，但也不忍心多加斥责。在当下，年轻漂亮的女子确实拥有更多任性的资本。牡丹的魅力在于她的美，更在于她的自然随性。也许有人会非议她的偷情、同居，但牡丹并非滥情之淫妇，她真诚而不虚伪，她对亡夫没有一点感情，便不屑于去从俗作假；她决定不爱一个人后，便决不再和他保持肉体的亲密关系，例如与金竹摊牌分手后、与孟嘉表明想法准备南归后，她就干脆利落地斩断之前的情爱，只保持普通朋友关系，可见她绝不是随便的荡妇。牡丹还很善良，她爱德年，但为了德年之妻不在丧子之后又被离弃，她选择与德年分手；她与孟嘉彼此旧情难忘，但为了不伤害妹妹，她选择离开。牡丹多情，她已觉醒的女性意识让她认为女性和男性一样可以采取主动，可以索取，可以享乐。牡丹身上充满了青春的热力，这种热力绚烂夺目，牡丹是诗性的精灵，她自由、随性、热情、放浪——这是诗性最美的地方——是旺盛生命力的呈现。牡丹追求性灵舒张，享受大自然和性爱之美，她一直向往灵肉和谐、欲理合一的爱情和

---

① 林语堂：《红牡丹》，张振玉译，陕西师范大学出版社，2002，第 145、212、164、308 页。

婚姻，但总是失败。很多时候，在幸福触手可及之时，她总是不经意地擦肩而过，最后她明白了爱情与痛苦，爱情与欢乐，如影随形，永难分离。塑造这么一个率性、勇敢、不羁的，具有独立人格的大胆女子，林语堂实际是借机将现代西方观念与道家思想进行了融合，使得他原本就具有诗性特点的思想在牡丹身上得到了艺术化、放大性的表现。"牡丹是富于想象，敏感而热情，但是在她的迷梦荒唐之下，她所追寻的，大概也是同于所有女人追寻的，也可以说是自从人类开始存在起所有的女人一直不断追寻的——那就是一个理想的丈夫。像所有的女人一样，她是急于要建筑一个她自己的巢。"随着时间的流逝，牡丹经历了生离死别，几番情感重创使她的思想渐渐成熟，那种带有现代西方观念式的影响力在消减，传统道家"顺其自然"的理念在加强。理想和现实之间是有差别的，"人有悲欢离合，月有阴晴圆缺，此事古难全"。爱总有遗憾，现实总有不足，有缺陷的才是人生。小说结尾，牡丹给白薇写了一封长信，信中说："白薇，我想我已改变。往日之相思与痛楚皆已埋葬，或已牢固封锁于心灵深处。若言及情爱，肉体之性爱，我极富有，必将生儿育女，而且，子女繁多。我之幸福理想，即在于斯。……往日你知我所感受之狂热狂喜，今已渺不可见，对情人之全然丧魂失瑰，心心相印，今已不可再有，而往日之创伤，亦不再愿触及。我爱南涛，但感觉上则已有所不同，并将以身为贤妻自勉。"[1] 牡丹嫁给识字不多的南涛——一个忠实正直、单纯可靠、健康强壮的乡村青年，认可了灵肉分离的生活现实，决心做个普通乡下人的贤妻良母，与南涛做一对平凡而快乐的夫妻。牡丹的最终选择让人有点"曾经沧海难为水，除却巫山不是云"的失落感，但牡丹的领悟会带她进入崭新的人生境界，从这个角度看，《红牡丹》可视为一部女性的成长小说。完美无缺的爱情和婚姻只是一种人生理想和人生追求，它几无可能出现在现实生活中；但没有刻骨铭心的爱情，未尝不能经营出幸福美满的婚姻，小说《红牡丹》里牡丹与南涛的婚姻如此，《京华烟云》中木兰与荪亚的婚姻亦如此；现实中，林语堂本人与夫人廖翠凤的婚姻更是如此。

---

[1]　林语堂：《红牡丹》，张振玉译，陕西师范大学出版社，2002，第217、415页。

（二）近情、达观的人生

学者万平近评价林语堂的《红牡丹》，虽然写作技巧提高了，但作品格调不高，为吸引眼球刻意渲染香艳色彩，社会意义单薄，同西洋的色情作品相差无几。①产生这样的评价，关键在于林语堂煞费心思塑造了"牡丹"这样的人物形象。作者创作，必须考虑到阅读对象的期待心理。林语堂借牡丹的日记表述过他的构思依据："世界之上，谁爱读以合法结婚夫妇为主题之爱情小说？所有历史上伟大之爱情小说，皆写偷情故事。新娘一进入花轿，抬向新郎家，小说即戛然而止，此时结束，恰当其时，因读者已无兴趣再读下文。渔人所关怀不忘者，非网中已获之鱼，乃脱网逸去之大鱼也。"②林语堂将牡丹设定为美艳无比的寡妇，与多个情人纠缠不清，这确实增加了小说的传奇性和罗曼蒂克的情调。但这种人物设定不能是生硬的，必须跟小说的主题相吻合。而林语堂无论是在论著还是小说，不管讲做人的道理还是描述世俗间男女的日常生活，都强调诗性自由、人格独立，强调天性的完好与性灵的彻底舒张是诗性自由、人格独立的大前提。以此观照《红牡丹》，人物的设定与主题的表达不存在矛盾的地方。但不容否认的是，清末的妇女确实不该是牡丹这个样子的，从文本表面看，这个"牡丹"是"西洋牡丹"而非"清末的中国牡丹"，她的思想更多呈现出西方的现代观念，如女性独立、自然主义、自由主义等思想。该书封底也有此评价："虽然，小说的时代背景是清末，但书中人物的意识却是现代的。书中实际上是借古人的衣冠表现了一种适合现代西方文化观念的女性意识，作者在书中所表现的价值观，与西方文化的价值标准十分接近。"唐弢批评林语堂笔下的人物脱离生活，是"个人概念的演绎"③，这在一定程度上也是一针见血之论。"个人概念的演绎"反映了林语堂的小说与一般摹写现实类文学作品的差异，之所以这样，一方面是因为林语堂考虑到他作品的读者主要是西人，另一方面是至关重要的，所谓的"个人概念"实则是林语堂擅长的"对外国人讲中国文化"和颇为得意的文化融合。所以，我们看到

---

① 万平近：《林语堂评传》，重庆出版社，1996，第 466 ~ 471 页。

② 林语堂：《红牡丹》，张振玉译，陕西师范大学出版社，2002，第 213 页。

③ 唐弢：《林语堂论》，子通编《林语堂评说七十年》，中国华侨出版社，2003，第 267 页。

的牡丹，她首先呈现出来的特点就是不合时宜的离经叛道和浓重的西方女性的影子。

　　林语堂所处时代的美国女性是自由的、独立的，敢于追求所爱，敢于表达自身的情欲需求。在林太乙所写的《林语堂传：我心中的父亲》曾记载，林语堂在美国出名后颇受女性的干扰，"有一次，我们一家人在小河上划船，有一位三十几岁的'林语堂迷'竟然站在岸上，把衣服脱得精光，一丝不挂跳下水里，跟着我们的船一道游泳"①。美国女性的大胆、热情在牡丹身上得到了近似式的体现。此外，林语堂一直信仰西方的人文主义，在写作上广泛学习西方作家的表现技巧，在塑造牡丹这一女性形象时，能明显看出他受到了 20 世纪英国作家劳伦斯的影响。在中国现代作家中，若是谈到与劳伦斯最为相像的，大家不约而同地都会指向郁达夫；其实，郁达夫的好友林语堂也是劳伦斯的知音，林语堂不仅研究过劳伦斯，两人之间还有许多相似的地方。林语堂在 1935 年初的《人间世》杂志上，曾发表过一篇文章，题为《闲话〈查泰莱夫人的情人〉》，文内借朱、柳两位老人之口，对劳伦斯及其作品进行了一番点评。面对当时社会上说劳伦斯的作品是诲淫之作，林语堂借朱先生的口说，"劳伦斯的话是对成年人讲的，他不太容易懂，给未成熟的社会读了，反而不得其言"。劳伦斯的作品多展现男女之间的两性关系，其实他是借书写和谐的两性关系来批判西方现代工业文明。现代工业文明带给人类物质极大丰富的同时，也大肆破坏着周遭的自然环境，而且还造成了人性的异化，使人在盲目的金钱、物质追求中丧失了生命的活力。"你不看见，当查泰莱夫人裸体给麦洛斯簪花于下身之时，他们正在谈人生、骂英人吗？劳伦斯此书是骂英人，骂工业社会，骂机器文明，骂黄金主义，骂理智的。他要人归返自然的、艺术的、情感的生活。劳伦斯此书是看见欧战以后人类颓唐失了生气，所以发愤而作的。"林语堂深刻理解劳伦斯，认为劳伦斯不是为性而写性，其作品中的性描写往往被赋予深刻的象征意义。林语堂把《查泰莱夫人的情人》与《金瓶梅》相比，认为"《金瓶梅》是客观的写法，劳伦斯是主观的写法。《金瓶梅》以淫为淫，劳伦斯不以淫为淫。这淫字别有所解，用来总不大合

---

①　林太乙：《林语堂传：我心中的父亲》，陕西师范大学出版社，2003，第 161 页。

适"。"劳伦斯是提倡肾囊的健康，但是结果肾囊二字，在他用来不觉为耻，不觉为耻，故亦无耻可言。你也许不相信，《金瓶梅》描写性交只当性交，劳伦斯描写性交却是另一回事，他把人的心灵全解剖了。在于灵与肉复合为一。劳伦斯可说是一返俗高僧吃鸡和尚吧。因有此不同，故他全书的结构就以这一点意义为主，而性交之描写遂成为全书艺术之重点，虽然没有像《金瓶梅》之普泛，他写的只有五六处，但前后脉络都贯串其中，因此而含蓄意义。而且写来比《金瓶梅》细腻透彻，《金瓶梅》所体会不到的，他都体会到了。在于劳伦斯，性交是含蓄一种主义的。这是劳伦斯与《金瓶梅》之不同。"① 在劳伦斯眼中，灵肉统一的和谐的性关系是重新建构人类社会的基础，即拯救危机四伏的现实世界的办法在于重建人与人之间的秩序，将被现代文明扭曲了的人与人之间的关系恢复到它最初的自然和谐状态；将异化了的人性导回正常状态，让人类重新焕发生机与活力。从某种意义上说，劳伦斯建构的新型的两性关系与性意识是世界及个人获得新生的必要手段，他所描写的性交活动实质上是人类获得新生的必要过程。正如某位劳伦斯的研究者所说："作为一个序幕，性交导致舍弃从前的、受到现代文明玷污的自我，达到一种纯化、升华的生活境界，摧毁以往的金钱、雇佣、占有关系，建立一种全新的平衡与和谐。"②

林语堂认同劳伦斯"灵肉统一"的和谐的性爱观，并赞美劳伦斯小说中描写两性关系的优美的文字，对于劳伦斯从中流露出的"回归自然"的观念更是颇有共鸣。劳伦斯出生于英国诺丁汉郡，在他的儿童和青少年时期，诺丁汉郡等地区正值大规模的煤矿开采时期，这种肆无忌惮的开采行为对周围农村环境造成了巨大的破坏。于是，劳伦斯憎恨西方现代工业文明，它不但极大地压抑和扭曲了人性，使人的肉体、精神都受到严重戕害，还破坏了美丽、幽静的大自然，使田园牧歌式的农村生活一去不复返。因而，劳伦斯在倡导灵肉统一的性爱观，反对理性、道德干预人性的同时，还主张崇尚自然、回归自然，尽情挥洒生命的本能和热力。劳伦斯这些

---

① 林语堂：《闲话〈查泰莱夫人的情人〉》，梦琳等编《林语堂散文经典全编》（第一卷），九州出版社，2002，第189～195页。
② 罗达十：《劳伦斯小说中的性描写》，《四川师范学院学报》（哲学社会科学版）1994年第2期，第65～68页。

234

观点在《查泰莱夫人的情人》中得到了非常充分的体现。小说中的男爵克利福因伤致疾，失去了性能力，他自私贪婪、冷酷无情。他的妻子康妮年轻貌美、生命力旺盛，只能成为他的看护妇，过着守活寡的日子。不甘心青春就此逝去，生命逐渐萎靡凋谢的康妮认识了森林看守人麦洛斯，两人从隔阂到相互吸引，并在森林中发生了性关系。这种在大自然中发生的天人合一的和谐性爱，不仅令康妮获得前所未有的激情享受，还让她感到自己的生命也就此复活了。劳伦斯认为人是大自然不可分割的一部分，人只有在大自然中才能充分舒展天性，充满生机和活力，充满灵性和自由。所以，大自然是人类的伊甸园，是人类永恒的归宿，它不仅能医治人类的各种精神创伤，还能唤醒人类的潜能和肉体具有的神秘力量。所以，劳伦斯倡导人类应该回归自然、与自然密切融合。与劳伦斯一样，林语堂也是一个自然的崇拜者、赞美者。林语堂不仅盛赞故乡的明山秀水，更提到了大自然对他的启发和引导，他对大自然的热爱也是全身心的，他说他的"高、低地人生观"就来源于此。在《红牡丹》中，我们很容易找到林语堂呼应劳伦斯的地方。牡丹和孟嘉难得的两次和谐的性爱就发生在白薇、若水隐居的山林中，一次是在月光笼罩的庐屋里；一次是在山间的小溪旁。牡丹做出嫁给傅南涛的决定，也发生在她与南涛在溪边树林中的激情性爱之后。在林语堂笔下，牡丹与康妮、傅南涛与麦洛斯颇有些相似，他们都是充满旺盛生命力的个体，女的青春靓丽、性格叛逆、行为放浪不羁，男的虽然文化不高，但正直、健壮，充满了大丈夫的气概。劳伦斯和林语堂都非常强调男性应具有大丈夫的气魄。在《闲话〈查泰莱夫人的情人〉》中，引用了林语堂对该书的汉译："那种娘娘腔的白脸的青年，没有蛋。……一人若没有一点大丈夫气，你说他没有睾丸，这人就委靡不振了。……天地间就没有看过这样小姐式的鸟，又自豪，又胆小，连鞋带结得不合适都怕人家见笑，又像陈老的野味一般霉腐，而又自以为合圣道。……而且都是一班乡愿小人，就是乡愿的小人！一代小姐式的乡愿小人，一人只有半只睾丸。"① 尽管这里是林语堂的汉译，带有浓重的中国文化色彩，但也可见劳伦斯

---

① 林语堂：《闲话〈查泰莱夫人的情人〉》，梦琳等编《林语堂散文经典全编》（第一卷），九州出版社，2002，第191~192页。

对缺乏生命力、苍白委靡的英国中等阶级嗤之以鼻。在这点上，林语堂也极力推崇顶天立地的男子，在林语堂的小品文《论泥做的男人》有这样的表述："我想以前俗语所谓汉子，决不是江南才子的小白脸。所谓好汉，也就是英雄人物，有矫健的身材与超人的毅力，有作有为，人气十足。"① 由此可见，男性必须强健、富有生命力，必须是顶天立地的大丈夫，这是劳伦斯和林语堂的共识。所以，康妮舍富贵之夫而选择守林人麦洛斯，牡丹舍学识渊博的翰林孟嘉而终嫁平民拳师傅南涛，二者具有同构性。

相比于劳伦斯的自然主义，林语堂的回归自然还多了一些中国传统的道家思想，林语堂把二者结合得顺理成章。牡丹的好友白薇、若水就是一对回归自然的道家夫妻，作为牡丹理想婚姻的范本，在小说中时时彰显出道家"任自然"的思想。若水的名字源自老子的名言"上善若水"，他对妻子极为尊重，两人看法相同、彼此了解、相亲相爱，一起隐居在桐庐人迹罕至的山林中，那里依山傍水，风光秀丽。若水不杀生，和山间的动物和谐相处，他把周围的美丽风景视为自家的花园，"景色随四时而改变，妙的是，我不费一钱去经营照顾"；在山上居住虽然物资缺乏，"我们别无所有以飨嘉宾，只有新鲜的山中空气，取之不尽用之不竭"②，颇为自适、满足。若水把自家房子题名为"不能忘情之庐"，林语堂曾说："我最好庄子'安其性命之情'的主旨。'太上忘情'虽然好，最妙还是'未能忘情'，最合人生。太上忘情，高是高了，人生就未免乏味。"③ 可见若水十分热爱生活，不因外物而损毁自己的天性，尽情地享受人生。这种超脱的、追求快乐自由的人生态度，半隐居式的生活方式，与大自然、下层民众和谐相处，就是道家所谓"天乐"。牡丹最后嫁与南涛，归隐田园，一方面是因为南涛是位健壮的大丈夫，而且能让她衣食无忧；另一方面也在于南涛的田庄位于城外，自然环境极好，牡丹从此能享有自然、自由，宁静自足的人生。这种人生富有中国传统文化的审美意蕴，颇有诗意，是劳伦斯的纯粹自然主义不可比拟的。

---

① 林语堂:《论泥做的男人》，梦琳等编《林语堂散文经典全编》（第一卷），九州出版社，2002，第133～134页。

② 林语堂:《红牡丹》，张振玉译，陕西师范大学出版社，2002，第106、104页。

③ 林语堂:《无所不谈》，海南出版社，1993，第31页。

除此之外，林语堂在《红牡丹》中还强调了中国传统文化中特别重视的家庭观，这种家庭观又是跟女性的妻性、母性意识紧密相连的。一开始，牡丹可谓是拼尽全力去追求爱情，不惜牺牲一切，被世人视为荡妇也在所不惜。这个时候，牡丹身上凸显出来的是女性"情人"的角色，更多追求的是本能的"情欲"。当爱情来临后，牡丹紧接着追求的是婚姻对爱情的保障，希望"情人"能变为"丈夫"。她非常羡慕好友白薇、若水夫妇的二人世界，希望自己也能摆脱"情妇"的身份，与心爱的人双宿双飞，过正常的夫妻生活。这是女性"妻性"意识的体现，也是女性在情欲之外的理性思维的增长。"不管一个少女做什么，都是发源于原始的天性，其目的不外寻求一个如意的郎君"，少女如此，成年女子更是如此，"成年的女人在恋爱时，自己的一举一动，心中清楚得很。牡丹自然也不例外"。然而，若是理想丈夫可遇而不可求，女性的热情就会向他处转移，如牡丹对孟嘉失望后说："我之愿望乃是做一母亲，有众多子女。"① 成为一位母亲，拥有自己的孩子们，是牡丹新的热望与追求。母性是女性天生的本能，牡丹对德年儿子的关心爱护、对素馨儿子的珍爱都可看到牡丹身上闪耀着的母性的光辉。早在《生活的艺术》里，林语堂就强调了母性之于家庭生活的重要性，"我们知道人类是动物中最喜欢表示爱情的动物。但除了这表示爱情的天性外，还具有一种同样有力的父母天性，结果即产生了人类家庭生活。……在我看来，一个女人最美丽的时候是她立在摇篮的面前的时候；最恳切最庄严的时候是在她怀抱婴儿或扶着四五岁小孩行走的时候；最快乐的时候则如我所看见的一幅西洋画像中一般，是在拥抱一个婴儿睡在枕上逗弄的时候。……我以为我对于女人的见解并非由于迷信母道所产生，而实是由中国式家庭理想之影响。"② 受儒家思想的影响，中国家庭分外重视传承和天伦之乐，那是人生快乐的源泉之一。因而，林语堂在《吾国与吾民》中专章论述女性与婚姻、家庭的密切关系。林语堂认为，女人最好的职业是婚嫁，做一个贤妻良母，生儿育女，营造一个快乐的家庭，这是女人最好的选择，也是中国文化的一大优点。由此可见，牡丹身上

---

① 林语堂：《红牡丹》，张振玉译，陕西师范大学出版社，2002，第 74、217 页。
② 林语堂：《生活的艺术》，群言出版社，2010，第 169 页。

其实融合了林语堂的中西文化观。林语堂赞同西方女性的独立自主，不做男性的附庸，女性有追求理想、满足情欲的权利，因而牡丹任情任性，放浪不羁，坚持不懈地追求灵肉统一的爱情，这是西方妇女观念占上风；当爱情向婚姻过渡，理想的丈夫不可得时，中国传统文化观念开始抬头，并最终起到决定作用。牡丹嫁给傅南涛，并不是婚姻悲剧，爱情是理想的，婚姻是现实的，这是一个现实的、理智的、合乎情理的选择。在林语堂看来，理想的女性，不应只是情妇式的浪漫女子，而应是"情人、妻子、母亲"三位一体的踏实女子。所以，小说中的牡丹，不会一直在爱情的狂潮里漂浮荡漾，终究会停下来生根发芽。牡丹在几次情爱打击后，思想日渐成熟，从开始时的浪漫"情妇"，逐渐走向现实的"贤妻"，终将会成为"良母"。

《红牡丹》写得"香艳"、抒情，颇具浪漫色彩，与传统的鸳鸯蝴蝶派小说不同，令人耳目一新；但它绝非言情小说那么简单，更不是那些粗俗不堪的"色情作品"可类比，它本身具有深厚的文化内涵与哲理思想，同时还展现了林语堂中西融合的、审美的人生观。随着时代的变迁，传统礼教对妇女的幽禁已一去不复返。理想的女性应同时具备欧美妇女的独立自由、活泼健美和中国传统妇女的温良贤淑、勤俭持家。林语堂对西方的独身主义是不以为然的，"美国容忍那么许多很可爱的女人无辜地失去嫁人的机会，因此，如有人向我称赞美国的文明对于女子是怎样仁慈，我简直不相信。""这种个人主义的现象：不婚嫁，无子息，拟从事业和个人成熟之中寻求充足满意生活的替代物和阻止虐待牲畜，在我看来，都是很愚笨可笑的。"① 女性经营家庭并不意味着放弃社会上的工作，林语堂曾在《婚嫁与女子职业》② 中提到女性可在生育孩子之后又出来参加社会工作。林语堂认为西方尊重人的自然欲望并设法满足是符合人类天性的，他一直把孔孟先儒与宋儒之后的理学严格区别，肯定先儒中与西方相通的人文精神，而极力否定后儒"存天理、灭人欲"的禁欲做法。"宇宙万物生生不息，是宇宙万物各尽其才，

---

① 林语堂：《生活的艺术》，群言出版社，2010，第160、161页。
② 林语堂：《婚嫁与女子职业》，梦琳等编《林语堂散文经典全编》（第三卷），九州出版社，2002，第415页。

各有其欲。宇宙无欲，则宇宙寂灭。人生的期望、愿望都是欲；人生没有期望、愿望，便已了无生趣，陷于死地，形存神亡。""应当相信人类，不去情欲，认清人性，不作虚伪。"① 可以说，欲望其实是人类的生命意志，是生命力旺盛的表现，同时它也是人类文明向前发展的内在驱动力。但是，林语堂也不赞成西方对欲望的放纵。如《赖柏英》里的韩沁，林语堂就把她塑造成性放纵的女性形象，牡丹只是行为上的放浪不羁，但最终还是安定下来，因而有一个好的归宿；而韩沁则是放荡不堪，吃了性放纵的苦果后，终究也只能继续漂泊。所以，林语堂常提"近情"的人生观，即"通情、遂欲、达理"，同时还倡导以达观的态度面对日常生活，享受审美的人生。这里面，有西方的人文思想，有儒家先贤的哲学精义，有道家潇洒的宇宙精神。由此观之，包容了不同思想的《红牡丹》确实是一部非同寻常的小说。

四　乡情优胜记略

若细细考量、分析林语堂在"林氏三部曲"中塑造的代表儒道释三家思想的人物形象，便会发现林语堂借此传播的儒道释三家思想与传统文化中的儒家、道家、佛家思想有着一定程度的区别。林语堂塑造的人物形象，都不是只纯粹地拥有某一家思想，但都不同程度地具有现代意识，最突出的代表就是《红牡丹》里的女主人公梁牡丹。林语堂不仅自己具有兼容并包的文化意识，他笔下的人物形象也一样，文化融合渐趋明显。不容否认，这样的小说、这样的人物是讨喜的，他们获得了西方读者的喜爱。但是，文化融合不总是和谐的，晚年时，林语堂越来越意识到文化融合所暗含的矛盾是源自不同文化根性的区别，他把目光投向乡土文化，希望能从中寻求到救赎之路。他的作品《赖柏英》不由自主地展现了这一思考过程。

（一）颇具争议的自传体小说

《赖柏英》内涵丰富，对于它的文本归属目前有着不同的看法，有的说它是爱情小说，有的说它是乡情小说，有的说它是文化小说；而林语堂在《八十自叙》中说："《赖柏英》是一本自传小

---

① 林语堂：《无所不谈》，海南出版社，1993，第40、53页。

说。"赖柏英是何许人也？"赖柏英是我初恋的女友。因为她坚持要对盲目的祖父尽孝道，又因为我要出洋留学，她就和我分离了"。"我以前提过我爱我们坂仔村里的赖柏英。小时候儿，我们一齐捉鰷鱼，捉鳌虾，我记得她蹲在小溪里等着蝴蝶落在她的头发上，然后轻轻地走开，居然不会把蝴蝶惊走。……我们俩彼此十分相爱。她对我的爱非常纯正，并不是贪图什么，但是我俩终因情况所迫，不得已而分离。后来，我远到北京，她嫁了坂仔本地一个商人。"①由此推知，赖柏英的原型是林语堂青梅竹马的初恋，这在林太乙写作的《林语堂传：我心中的父亲》中得到了佐证："父亲在几种作品中，提过他年轻时爱上在坂仔和他一起长大的一个姑娘。在《赖柏英》这部小说中，作者以第一人称写他爱赖柏英的故事。这部小说全属虚构，但赖柏英倒真像他小时喜欢过的一个名叫橄榄的女孩。"②

如果把《赖柏英》简单划归到小说的范畴，以小说的三要素：人物、故事情节、环境去考量这部作品，它真的一点也不出彩，甚至还存在着一些硬伤。以"赖柏英"为题，但主人公并不是她，而是叫"新洛"（也有译本译为"杏乐"）的男青年。新洛与赖柏英青梅竹马，随着年岁渐长，彼此之间产生了深笃的恋情。赖柏英因为种种原因未能同新洛一同出国，在新洛出国前夕，赖柏英自愿把姑娘的贞操献给了他。新洛到新加坡后对初恋情人的刻骨相思，经常魂不守舍。这时，叔叔的姨太太荒唐地爱上了他，但终未如愿；富商的女儿吴爱丽苦苦追求他，终于无成而自杀。在一片空虚迷惘中，新洛爱上了美丽的混血女郎韩沁，并与她疯狂地相恋。后韩沁受一妓女影响，去追求欧洲男士的肉欲和金钱，遗弃了新洛。在新洛精神濒临崩溃之际，在姑姑的精心安排下，赖柏英带着新洛的亲生儿子来到了新洛身边。林语堂用倒叙、插叙、回忆、联想等手法写了新洛相思、狂恋、性爱、失恋及情场的种种困扰等一系列精神层面的挣扎，对赖柏英反而刻画得不够多；在一些关键时刻也忽略了对人物心理的细致描写，如文中新洛回国同柏英见面时，二人特

---

① 林语堂：《林语堂自传》，工爻、张振玉译，陕西师范大学出版社，2005，第66、89页。
② 林太乙：《林语堂传：我心中的父亲》，陕西师范大学出版社，2002，第21页。

殊的心理状态没有给以应有的展现。总的说来，此小说里的人物都不够立体，人物塑造远不如《京华烟云》《红牡丹》那么鲜明动人。从情节模式上看，《赖柏英》讲述的是屡见不鲜的爱情故事，它安排了两条爱情线索，一条是新洛回忆中的与赖柏英的恋情，带有虚线性质；另一条是新洛在新加坡的爱情遭遇，尤其是与韩沁疯狂恋爱的经过，花了较大笔墨，这是一条实线。两条线索交叉写，但后面这条明显冲淡了前面那条，颇有喧宾夺主的感觉。从环境描写上看，由于林语堂曾被筹办中的南洋大学聘为校长，在新加坡居住过半年之久，后来因与校执委会意见不合才离去；有这段生活经历为基础，小说中对新加坡的自然风光、社会风貌的描写可算符合现实。但小说打动人的却不是这些异国情调，而是故乡朴实自然的风光。所以，如果单从小说的角度评价《赖柏英》，它的价值并不能真正的凸显出来。

　　但换一个角度，从自传的角度审视，《赖柏英》可能会呈现出更多的惊喜。杨正润在《传记文学史纲》中曾引述过安东尼·M.弗兰德森《传记的新方向》里的一句话，即"自传更加接近于小说"①。这句话可解读为，自传体小说是以作家的生活为底色，加上大量的虚构为文本内容和情节的"准小说"。这样的作品不是以自传的真实面目而是以小说的虚构名义来展现，是在纪实与虚构中展开对原生态故事的展示，借现实的一点，随意生发，构筑成完整的小说文本。有"个人化写作"之称的作家林白曾说：我很反感把我的作品说成是"自传体"，而只承认它带有自传性，回忆只是一种姿态、观察点，并不完全是回忆真实的发生过的事情，有时候是站在回忆的位置上想象并没有发生过的事情，即使是对曾经发生过的事情的回忆也不可能是完全真实的，也带上浓厚的主观色彩，是改造过了的。② 因此，读者在阅读"自传体小说"时，不要简单地把小说中叙述者"我"或主人公等同于真实作家，这只是创作者对小说的建构而非客观的写照，这种文本的魅力就存在于创作者能自由出入于自传性的"实"与虚构性的"虚"之间，这种张力为创

<hr />

① 杨正润：《传记文学史纲》，江苏教育出版社，1993，第 32 页。
② 叶志良：《现代中国传记写作的历史与叙事》，清华大学出版社，2012，第 145 页。

作者提供了一个自由的书写空间。值得注意的是，作品中主人公的语言、行为和故事情节有可能是虚构的，但贯注于字里行间的思想和情感肯定是真实的。

（二）高地人生观

从自传的角度看，《赖柏英》展现出林语堂思想文化的探寻之旅。一直游走于东西方文化之间的林语堂，他具有双重的文化视域，也意味着他的思想不可能是固定不变的。写于1959年的《从异教徒到基督徒》是其宗教思想有所改变的表征，而写于1963年的《赖柏英》则进一步体现出他对自我身份的追寻和对人生观的修正。

曾有朋友问："林语堂，你是谁？"林语堂答："我也不知道他是谁，只有上帝知道。"① "我是谁？从何处来，到何处去？"这是哲学层面的深奥问题，对于一定层次的知识精英来说，无一例外都会考虑过，因为身份的确认是人们对世界的主体性经验与构成这种主体性经验的文化历史社会环境之间的关系的认识，是个体积极或消极参与文化社会实践的结果，更是处理主体与外部世界关系的自我平衡机制。个人文化身份的建构是为了获得所有的关于自身存在价值的意识，以及回答上述这类问题。曾经，林语堂对自己的文化身份有着清醒的认识："我的头脑是西洋的产品，而我的心却是中国的。"但在国外居住近三十年后，林语堂的思想再次发生了改变，原来信仰人文主义，现在重新皈依基督教；原来主张文化融合，现在基本回到中国传统文化中。

"两脚踏东西文化"的林语堂原本对中西文化合璧的构想是充满信心的，这种轻松感在小说《奇岛》可轻易体会到；但在《赖柏英》中，林语堂则流露出对中西文化融合的失望和质疑。作品中的男主角新洛有着林语堂明显的思想印记，林语堂幼时名叫"和乐"，男主角名字有的译本译为"杏乐"，这近似的发音也容易让人产生联想。新洛的爱情经历可视为一种隐喻，它隐喻着林语堂的思想变化历程；由此引申，赖柏英和韩沁各自代表着中西两种不同的文化，是不同文化的象征。从这个角度分析，林语堂为何花费那

---

① 林语堂：《林语堂自传》，工爻、张振玉译，陕西师范大学出版社，2005，第53页。

么多笔墨渲染新洛、韩沁之间的恋情，枝枝蔓蔓地写韩沁的放浪、写新洛的痛苦，这些问题都能迎刃而解。

新洛出国的动机有着很大的盲目性，为此他放弃了和柏英之间的美好情感。我们细看新洛出国前与柏英的这段对话。

> 有一刻，她对他说："世界上还有比我们这儿更美的山谷吗？你已拥有这些山，也可以得到我。为什么你一定要出国呢？"新洛没有答腔，她又说，"就算你住在漳州，我们也有香蕉、甘蔗、朱荣、桃子和橘子。还有各种鱼类和青菜。外国港口有的东西，我们哪一样没有呢？"
>
> 新洛告诉她，在西方世界、外国有很多东西，他一定要上大学去研究，他父亲也希望他去。
>
> "你看到外国，会学到什么？"
>
> "我不知道。"
>
> "你觉得你会像我们现在一样快乐？"
>
> "我不知道。"①

新洛就像"五四"时期的林语堂，和众多青年人一样，对西方文化抱有盲目的好感和崇拜，于是他离开了柏英，来到了新加坡。林语堂选择新加坡是别有匠心的。

> 东、西方的冲击向来是痛苦的，新洛可以亲身感受得到。这里是著名的国际港口，却实行着英国的法律、公理、薪聘警察（和中国完全不同！）、公仆、银行和财政制度，等等。所有规章制度均强制施行于这些生活习惯及社会标准完全不同的人民身上。反而有些人，仅仅为了这里能找到家乡没有的法律和公理——就这唯一的理由——不惜离乡背井来此地追逐和平与安全感。
>
> 英国人在这儿，大多自比为流浪者。他们宁愿远离熟悉、了解的伦敦、比卡德利广场、汉普斯德、爱丁堡或约克郡。中国人也觉得自己是侨民，为了做生意才旅居此地，梦想有一天

---

① 林语堂：《赖柏英》，谢青云译，群言出版社，2010，第104页。

再回到故乡时，家乡的一切仍会像往日一样，依旧熟稔如昔。这都是观念使然。

当然还有马来人，他们是这儿真正的土著，他们对其他国家一点都不了解。此外，还有不少的欧亚混血人种，是东、西方文化接触的产物，他们也在这个东方大港过惯了混血杂陈的生活。①

林语堂正是看中了新加坡这样一个东西文化杂陈的背景，新洛在此可以完成他的文化融合。然而事实却是，新洛对新环境的新鲜感消退之后，经常沉醉于对家乡生活的美好回忆中。他怀念故乡的山山水水，更怀念故乡那善良、纯真、美丽的赖柏英。柏英虽然没有文化，但她具有中国妇女所拥有的一切优良品质：孝顺长辈，勤俭持家，坚强地面对生活中的一切挫折与磨难。她对新洛的爱是纯粹的，不掺杂一丝丝的功利，让新洛感到："整个新加坡还没有一个女孩子够资格吻她脚上的泥土。"② 赖柏英就像中国传统文化中最美、最真部分的化身，充满了灵性与诗性，可惜，新洛远离了她。

当新洛处于情感缺失的时候，欧亚混血儿韩沁出现在他面前，"他发觉韩沁豪放不拘的个性与他很相像，而且两个人都具有健美、活泼的外形，不仅充满活力而且富有冒险的精神，彼此嗜好也颇近似。他喜欢她的声音、脸孔、秀发，尤其那双深邃、乌黑的睫毛，在中国女孩子是很少见的。有许多方面，他们也都具有共同的喜好。她认识他也正是时候，有了她，他可以忘掉一切寂寞。年轻的他，在这位异国风情的女子身上，寻获了往日罗曼蒂克美梦的答案"。于是，新洛不管叔叔的极力反对，离开叔叔家与韩沁恋爱、同居。然而，当热情渐退，韩沁与新洛的分歧越来越明显。韩沁根本不想做勤俭持家的中国式贤妻良母，更受不了东方式家庭的拘囿，尽管新洛百般迁就，但她仍"渴望重获自由，尤其怀念往日那种在奶品店上班特独立自主的少女生涯"。她其实并不欣赏新洛的温顺，觉得平淡的生活太单调、沉闷，缺乏刺激。"她需要的不是

---

① 林语堂：《赖柏英》，谢青云译，群言出版社，2010，第38～39页。
② 林语堂：《赖柏英》，谢青云译，群言出版社，2010，第26页。

金钱，而是感官刺激，能使她逃避待在新洛身边的枯燥日子，也只有这样才使她真正体验到都市生活的刺激。积久成习，她对于自己不忠的事情自我解嘲地说是她比较喜欢欧洲男人。"她甚至发出"有些欧洲人很高大、很英俊。我想我们是同种的"感叹。[1] 最后，韩沁抛弃了新洛，又回到她放荡的生活圈里，毫无顾忌地同欧洲男子幽会、姘居，最后随一个葡萄牙籍的船长远走高飞。欧亚混血的韩沁，是东西文化接触之后的产物，她隐喻着两种不同文化畸形结合的后果，外观看似靓丽，实则内质腐烂。韩沁完全西化的认识和作风，也体现出西方文化的强势力量，韩沁喜欢欧洲男人，最终选择的也是欧洲男人，隐喻着东方文化的失落、西方文化的繁盛。但韩沁追求个性自由已到了放荡的地步，对他人、对自己都是一种伤害；韩沁后来因堕胎丧失了生育能力，她为此悔恨不已，足见缺乏制衡的西方文化其实不是最好的文化选择。新洛和韩沁恋爱的失败，虽然不能就此断言它隐喻着林语堂中西文化合璧的失败，但至少显示出林语堂中西文化融合并不如其想象那般轻而易举，他对此也有怀疑和失望。

　　新洛后来只好搬回叔叔家，但对韩沁仍痴心不改，陷入不能自拔的精神困境。只有他那年轻的姑姑秀瑛真正了解他，说他不像一个严谨的律师，倒像一位审美的诗人。于是，在她的精心安排下，柏英母子来到了新加坡与新洛团圆，新洛终于得到了他梦寐以求的爱情，精神获得了圆满。由此看来，林语堂最后还是倾向于纯粹而富有灵气、诗性的中国传统文化，他在文中不止一次地提出他的"高地人生观"：

　　　　新洛道："人有高地的人生观和低地的人生观，两者永远合不来的。"

　　　　"我有高地的人生观，叔叔却是低地的人生观。偏偏，就在地球上，人都是只知往下看，而不知向上望。"

　　　　"换一个说法。假如你生活在高山里。你用高山来衡量一切，你看到一栋摩天大楼，就在心里拿它和你以前见过的山峰

---

[1]　林语堂：《赖柏英》，谢青云译，群言出版社，2010，第 50～51、174、182、171 页。

来比高，当然摩天大楼便显得荒谬、渺小了。你懂了我的意思了吧？生活中的一切也是如此。世上的一切人啦、事业、政治、钞票啦都一样。"①

新洛所说的"高地人生观"包含了中国传统文化最精华的部分，有儒家的积极向上，也有道家的超脱自适，它与充满世俗功利的"低地人生观"形成了鲜明对比。所以，新洛赞美、追寻的"高地人生观"其实就是林语堂最终的思想文化选择。

（三）乡土情结

从自传的角度看，《赖柏英》表达了林语堂浓浓的乡情。中国人对故乡有着与生俱来的乡土情结，这种情结受千百年来文化传统的影响，已深入每一个中国游子的骨血之中。"人生旅途崎岖修远，起点站是童年。人第一眼看见的世界——几乎是世界的全部，就是生我育我的乡土。"② 林语堂的所有自传都提及过他难以忘怀的童年，童年之所以难忘，是因为他生于斯、长于斯，他难忘故乡的明山秀水，难忘故乡的人情风物，所有美好的情感与回忆都可在这里找到源头。林语堂曾在《八十自叙》中说，童年之早期对他影响最大的一是山景，二是其父，三是他的基督教家庭。排在第一的山景对林语堂的性格产生终生影响，晚年提及的"高地人生观"就成型于此："我之所以成为这样一个人，也就是因此之故。我之所以这样，都是仰赖于山。这也是人品的基调，我要享受我的自由，不愿别人干涉我。犹如一个山地人站在英国皇太子身旁而不认识他一样。他爱说话，就快人快语，没兴致时，就闭口不言。"③ 因此，在《赖柏英》中，林语堂多次浓墨重彩地勾画了故乡的山景，并借新洛之口抒发对山的强烈情感。例如下面这几段文字，不仅出现在《赖柏英》文中，在之后的《八十自叙》里又再次引用。

　　"在黛湖我们有山。可是我在你们那个地方，可没看见那

① 林语堂：《赖柏英》，谢青云译，群言出版社，2010，第88页。
② 柯灵：《乡土情结》，远帆主编《中国现代散文经典·柯灵散文》，内蒙古人民出版社，2004，第284页。
③ 林语堂：《林语堂自传》，工爻、张振玉译，陕西师范大学出版社，2005，第66页。

样的山。我们附近的山是真山，不是你在新加坡看见的那种不像样子的山。我们那儿的山令人敬，令人怕，令人感动，能够诱惑人。峰外有峰，重重叠叠，神秘难测，庞大之至，简直无法捉摸。"

他以突然兴奋的心情说话，好像倾吐出多年藏在心中的秘密一样，所以听他说话的人竟觉得突如其来，迷惑不解。他则接着说："你一点儿也不知道。你若生在山里，山就会改变你的看法，山就好像进入你的血液一样……山的力量巨大得不可抵抗。"——他停下来在思索一个适当的字。他说："山逼得你谦——逊——恭——敬。柏英和我都在高地长大。那高地就是我的山，也是柏英的山。我认为那山从来没有离开我们——以后也不会……"

"自然啦，我们的童年的日子，童年时吃的东西，我们常去捉虾捉小鲛鱼，泡泡水使脚清凉一下儿的小河——那些简单幼稚的事情，虽然你并不常想，可是那些东西，那些事情，总是存在你心坎儿的深处的，并没有消失啊。"①

这几段文字是新洛的心声，同时也是林语堂自己的心声。为何《赖柏英》比林语堂以前的任何一部作品都饱含满满溢出的乡情，这里面既有外在政治、社会的原因，也有林语堂内在个体因素的影响。在林太乙撰写的《林语堂传：我心中的父亲》第21章"乡愁"中，我们也许能窥视到其中缘故。

一九六二年，太乙之夫应聘改往香港政府新闻处工作。有一次爸爸一个人飞来看我们，他好像在寻找什么。我们带他到处玩，我说香港有山有水，风景像瑞士一般美。他说，不够好，这些山不如我坂仔的山，那才是秀美的山。我此生没有机会再看到那些山陵了。

我们带他到新界落马洲，站在那山峰望去，遥远可见一片片田地和薄雾笼罩着的山丘。眯着眼睛看，眼巴巴地看。

---

① 林语堂：《林语堂自传》，工爻、张振玉译，陕西师范大学出版社，2005，第63~66页。

不，从这里看不到坂仔的山陵。有许多游客、怀乡者，都站在那里"看中国大陆"，好象眺望那一片片的田地和笼罩着薄雾的山丘，就等于窥见了封闭的整个中国大陆，那咫尺天涯的大陆。

我问爸爸，坂仔的山是什么样子？青山、有树木的山，他说，高山。香港的山好难看，许多都是光秃秃的。……

我们带他到山顶，那里有树木，是青山，但那也不像他坂仔的山。从山顶望一下四面是水。他说，环绕着坂仔的山是重重叠叠的，我们把坂仔叫做东湖。山中有水，不是水中有山。原来他在寻找那些环绕着他的快乐的童年的山陵。那时，他还没有离开那深奥的山谷，还不识愁的滋味。[①]

《赖柏英》是林语堂 1963 年在纽约的高楼里写成的，这正是他到香港的次年，可以想见香港之行对他的触动有多么巨大。自 1944 年抗战期间从美国匆匆回国一趟，林语堂与乡土已睽违了十八个春秋。年近古稀的林语堂，有老年人耽于怀旧的普遍心理；也有传统赋予的鸟恋旧林，鱼思故渊，胡马依北风，狐死必首丘，树高千丈，落叶归根的文化情怀。由于政治选择的原因和当时社会环境的不容许，"此生没有机会再看到那些山陵"的感伤持续侵蚀着林语堂的心灵，由此演变为苦涩的乡愁；而这绵绵不断的乡愁又成为他的一种情感缺失，从而引发了他巨大的创作冲动。在《赖柏英》的创作中，林语堂借由描写新洛家乡闽南山村的自然风光、人情风物来获得情感上的补偿，以此来追寻心灵安宁的归宿。这正是《赖柏英》这部作品富含乡情的根本原因。

（四）闽南文化的传播

从自传的角度看，林语堂凭借名人自传的影响力，向西方传播了独具特色的闽南文化。林语堂爱故乡，不是将故乡美好的一切收藏起来，等独自一人时慢慢地回味；而是尽自己最大的能力，将故乡的独特之处展现在世人面前，尤其是展现在西方读者面前，让他们感受其中的美与好。对传播中国思想文化有着丰富经验的林语

---

① 林太乙：《林语堂传：我心中的父亲》，陕西师范大学出版社，2002，第 239 ~ 240 页。

堂，这次着眼的不是以前《孔子的智慧》《老子的智慧》里深邃的思想，也不像《吾国与吾民》《生活的艺术》那样泛泛而谈，而是专注于对闽南文化和人情风物的夸赞。

　　闽南文化最有特色的首先是它的语言。闽南语历史悠久，声调较多，保留了很多古汉语的词汇，是独具魅力的一种方言。林语堂在《来台后二十四快事》中，记录的第二、第三件快事就是他回到台湾聆听熟悉的闽南语时的快乐心情："二、初回祖国，赁居山上，听见隔壁妇人以不干不净的闽南语骂小孩，北方人不懂，我却懂。不亦快哉！三、到电影院坐下，听见隔座女郎说起乡音，如回故乡。不亦快哉！"① 对乡音的热爱和格外眷恋，促使林语堂在《赖柏英》中大量地使用闽南语，并根据威妥玛式拼音方案②进行了音译，尽可能地保留闽南语的原汁原味，使作品凸显出闽南地区的文化风貌，让西方读者深深体会到闽南的异国情调。如以下几处英文原文③：

　　例1　And she said to him, "Akong loved you too. If you hadn't gone away…" She left the sentence unfinished. （译文：她又对他说："阿公也爱你。如果你没有出去……"下面的话她就不说了。）

　　例2　"Uncle" Bong-ah said. （译文："阿叔"周仔说。）

　　例3　"Have you been getting on with that tsabaw ?" the uncle had asked. This was a coarse word corresponding to "that dame" or "that female" in English. （译文："你一直和那个'查某'来往？"叔叔问新洛，这句粗话"查某"相当于英语讲"臭婊子"一样。）

　　例4　He became conscious of the familiar exquisite scent of

① 林太乙：《林语堂传：我心中的父亲》，陕西师范大学出版社，2002，第257页。
② 威妥玛式拼音方案是英国驻华大使馆参赞威妥玛于1868年发明的，这种拼音方案比较贴合南方地区（如江浙、两广、江西、福建、安徽）的方言，在1958年大陆推广汉语拼音方案前，威妥玛式拼音方案被广泛用于人名、地名、物名等的注音；之后，威妥玛式拼音方案逐渐废止。林语堂的《赖柏英》仍采用威妥玛式拼音方案进行音译，它更贴近闽南语的发音，文化传播效果更好。
③ Lin Yutang. *Juniper Loa*. Dell Publishing, 1964.

hamsiao （half-a-smile）, the flower of his home town. （译文：苏醒中忽然闻到他熟悉的"含笑花"香味，那是故乡漳州的名花。）

例5 There were packages lying on the center table—packages of dried lichee and dried lungyen. （译文：大桌正中央有几个包裹——一包包干荔枝和干龙眼。）

例6 "I can't find any really flat piece. And the surface moves too much to make a hu." Juniper said. （译文："我找不到真正扁的，表面滑得太远没办法造成一个'弧'。"柏英说。

上述例句中加了下画线的词语，都是闽南语中特定的称谓或人名、物名、概念等音译的表达。闽南语阿公就是祖父的意思，英语中有"grandfather"或"grandpa"等词与它意思相同，但林语堂没有采用这种对译，而是直接音译为"Akong"，令读者感到强烈的异域气息。文中提到的"阿公""阿叔""阿婶""阿妗"等称谓，前面多加的这个"阿"，在闽南语里是表示亲近的意思，中国其他方言里也有类似的用法。又如"Bong-ah"中的"-ah"，是闽南语里极其普遍的表达，发［ɑ］音，是一个助词，通常放在称呼或人名后，有时也放在词组中间。"-ah"作为词尾时，表示"小、少"，有可爱、渺小，或卑贱之意。"Bong-ah"作为新洛和柏英的亲儿子的名字，在闽南方言里还有马马虎虎、随随便便的意思，这个名字看似土气、微贱，但很亲切，也符合乡下人给孩子取贱名以求好养活，能无病无灾成长的期望。《赖柏英》当中还有很多像这样具有闽南地域特色的称呼，鉴于单独音译时，有时候难以让西方读者领会其中的含义，林语堂便在音译后插入简单的解释，如例3。例4、例5提到了闽南特有的花和水果，林语堂依例采用音译。例6的"hu"是闽南语里特有的概念表达，其实指的是孩子们玩打水漂时石头在水面荡漾出来的水波圈，若译为"arc"，则少了几分味道，林语堂还是采用音译加解释的方法把它译为"hu"，即满足了西方读者的好奇心，又传递了文化信息。

在文学创作中适当地运用方言土语，使作品更富有地域色彩，是作家常用的创作手法之一。在《赖柏英》中，林语堂不仅大量使用闽南方言以寄托其乡土情结，还写了不少闽南的风物。例如前面提到的含笑花，小说开篇就对它进行了细致的描写。

> 苏醒中，忽然闻嗅到他熟悉的"含笑花"香味，那是故乡漳州的名花。正如它高洁清沁的香味儿，它表现出一种不同于一般环境的独有气质。它会使人在一时之间闻嗅不出，然后乍然又使你仿佛置身其中，再又不知不觉地对你迎面飘送。含笑花具有椭圆形的花朵，呈象牙色泽。这是柏英两周前寄给他的，现在花缘边上已略泛橘黄了。

含笑花的清香伴随着新洛对故乡和柏英的深刻思念，令这份情感格外地动人。林语堂还写到家乡的水果、糕点。"东门街是漳州的闹市之一，走几步路，什么都可以买得到。新洛母亲的口袋带满银币，市面上各式各样的好菜和点心，像茯苓糕啦、各种餐点、甜粿啦，春天的大桃子、夏天的盐水梨、秋天的浸渍橄榄和冬天的甜橘啦，等等，她会经常买这些东西给孙儿们吃，这是有钱的做外婆的人所免不了的。"① 林语堂在写新洛母亲慈祥亲切的同时，不忘大力渲染家乡的风味食品，例如"粿"就是闽南地区特有的用糯米制成的食品。另外，林语堂故乡漳州还是水果之乡，桃、梨、荔枝、龙眼、橄榄、甜橘是常见的时令水果，其中的"盐水梨""浸渍橄榄"则是漳州人用传统方法腌制而成的水果，口感独特，回味无穷。正是这些细小的东西，给作品增加了浓厚的闽南生活气息。也许，西方读者并不觉得小说的情节吸引人，但很容易陶醉在这种异域风貌之中。

写作《赖柏英》时，林语堂可谓垂垂老矣。身居海外，精神返乡并不难，难的是在现实中跨越大洋、重回故土。这种乡土情结随着林语堂年岁的增加，越来越深厚，也越来越彰显，我们可以由此推知林语堂在三年之后离开美国回台湾定居的原因，不管是思想选择的缘故还是情感归属的需要，林语堂的心路历程在这部作品中得到了很好的展现。《赖柏英》的确算不上是一部精致、优秀的小说，

---

① 林语堂：《赖柏英》，谢青云译，群言出版社，2010，第2、208页。

但从自传角度审视，它却是林语堂人生的总结，是他自定义的小说创作的收山之作;① 而且，这部作品为林语堂在跨文化传播中进行的文化融合工作画上了一个句号。

————————

① 林语堂在 1964 年还写了政治小说《逃向自由城》，但他在自传《八十自叙》的作品盘存时，未把它列入他的小说全集，因此《赖柏英》算是他小说全集的最后一部作品。

第八章
结　语

在跨文化传播过程中，林语堂主要是中国传统文化的解说者和传播者，这种解说和传播必然具有其个体重新建构的特征。对于西方读者而言，林语堂之所以能够调动他们的阅读兴趣，无非是因为林语堂背靠着博大精深的中国传统文化这棵大树，我们探讨的重点是林语堂所展示的中国传统文化其特殊魅力在何处。对于中国读者来说，林语堂笔下的中国传统文化或许有很多区别于"源"中国传统文化的地方，它们被打上了林语堂个人的深刻印记，我们应重点关注林语堂是如何对传统文化进行个性化阐释的。这正是本书的价值所在。通过研究林语堂的诗性人格，细致分析林语堂的著作文本，我们解读了他在跨文化传播中诗性演绎中国传统文化所散发出来的独特魅力，同时梳理了他文化融合的思想变化过程。

第一节　林语堂跨文化传播的启示

时势造英雄，作为文化传播，尤其是对外传播的成功个案，林语堂所处的时代环境不可再得，他跨文化传播取得的巨大成就，后人也难能复制；然而，英雄也造时势，在世界"全球化"的今天，我们若能从林语堂身上借鉴其取得成功的经验，集众人的智慧，未必不能创造出中国文化向外输出的崭新局面。

确切地说，林语堂的跨文化传播应该包含两方面内容：一方面是他的创作，这正是该论文着力研究的部分；另一方面是他所参与的各种涉及文化传播的社会活动。相较于林语堂在跨文化传播中所享有的得天独厚的广大社会舞台，他人难以有此幸运，不仅能适时避开各种政治影响，还能在世界各地游历；因而，对他成功经验的总结和借鉴更多的是来自他的创作经验。林语堂跨文化传播最宝贵的经验在于他对中国传统文化的坚守和个人化的阐释，他对中国传统文化的诗性演绎走的不是纯学术研讨、全盘继承的道路，而是针对广大的普通受众，在内容选择、文本构思、文字表达上皆讲求通俗易懂、平易近人。通过前文的论述，诗性人格视野下林语堂的跨文化传播给了我们一些新的认识和启示。

第一，文化传播，尤其是跨文化传播，绝对不能割裂传统。五四新文化运动之后，面对西方文化中科学技术、政治体制的强大优势，中国传统文化变成了不可亲、不可敬的老古董，人人似乎随手都可以把它扔掉；十年"文革"中，这老古董更是不受待见，直接被砸碎当作垃圾处理。中国传统文化出现了断层。虽然20世纪80年代，中国文坛上兴起了一股"文化寻根"的热潮，但它还未能弥合这个文化断层，就被滚滚而来的商业浪潮所遮蔽了。很多良好的中国文化传统，只在中国台湾、韩国、日本等地保存完好，中国年青一代却知之不详，可谓数典忘祖，这不能不说是今日中国人的悲哀。韩国端午祭申遗成功，现下又准备将"暖炕"申遗，这更是给我们敲响了警钟，我们不能再这样漠视自己的文化传统，不能在别人捷足先登的时候才意识到传统文化的珍贵。当年林语堂在国内一片批评声中，仍坚持自己对传统文化的看法；更在出国后费尽心思、坚持不懈地向外传播中国传统文化，这种难能可贵的不合时宜的精神尤其值得当下那些一切向西方看齐的国人学习。中国传统文化源远流长，博大精深，是整个人类文化最辉煌的组成部分。在全球化的今天，不同文化背景的价值观念、伦理道德、风俗习惯等彼此激烈地碰撞、交流、融合，对中国传统文化而言，既是压力、挑战，也是一种机遇。随着中国综合国力的增强，中国的国际地位会越来越重要，中国传统文化的影响力和吸引力自然也会随之水涨船高，这为中国传统文化走向世界架设了一座坚固的桥梁，搭建了一个扎实的平台。借着全球化的东风，我们应重拾自己的文化传统，努力接续上这个文化断层，才有资格向全世界介绍、推广中国传统文化，才能促进全世界更全面、更具体、更公正、更深入地了解中国的过去和现在。尊重传统、保留传统、发扬传统，这是中国的需要，也是世界的需要。

第二，允许传播者对中国传统文化进行合理的个人阐释；也允许传播者在吸收不同文化的优长处之后，做新的发挥和建构。中国传统文化不是死的，尽管它是中华民族在长期的历史发展过程中积累而成的，但每个时代都在里面添加进自己的元素，因而它是历久弥新的。林语堂对传统文化所做的主观性的选择、吸收、融合、解读值得我们每一个人学习；面对不同文化，其诗性人格中的包容性和变通性值得我们所有人效仿。每个时代都有属于它自己的价值观、审美观，对传统文化、外来文化的吸收和传播，没有一个固定的标准，关键是要把握住文化之"源"，并能与时俱进地挖掘和发挥它的魅力。这一点，林语堂做得非常好，其他如南怀瑾、星云大师、杜维明等做得也非常棒；目前国内也有类似的成功案例，例如余秋雨、易中天、于丹等；他们的文化传播都极富个性特点，传播效果也格外好。如果说过去不同背景的文化交流和传播，一定的族群或国家可能还有相当的选择权和自主权，那么，在今日全球化的时代，族群和国家的文化越来越多地显示出"跨"与"被跨"的意味，其选择权和自主权的空间越来越小。一方面，依赖于高新传播技术，世界各国的文化交流在范围、种类、速度、强度等方面都达到了以往历史上从未有过的规模和高度；另一方面，如美国之流的西方发达国家倚仗科技优势给他们带来的话语霸权，大肆推销、宣扬和传播他们认可的主流文化及价值观念。若只是一味地故步自封、刻板陈旧地做些文化宣传，没有自己的个性和特色，我们的传统文化就会在全球化的过程中失语、褪色、被边缘化。从传播媒介看，新媒体（包括数字杂志、数字报纸、数字广播、手机短信、移动电视、网络、桌面视窗、数字电视、数字电影、触摸媒体等）的崛起，给人们提供了选择和获取信息的多种渠道和无限定范围，满足了人们越来越趋向于多样化、个性化的需求。在这个"所有人对所有人传播"的时代，传播的个性化也成了社会发展的需要。

第三，要重视受众的需求，面对大众化的受众，文化传播不能走纯学术性的"高大上"路线；而要以感性为主、理性为辅，即使有理性的成分，也要让它感性化，走平易近人的通俗化道路。我们由林语堂非正统的文化观和在每次创作前，都认真考虑读者的需求，对受众进行定位，并采用散文、小说等大众喜闻乐见的体裁进行文化传播就可见一斑。人类社会的传播活动已经历了口语传播、手写传播、印刷传播、电讯传播、图像传播、网络传播，进入了数字化全媒体时代，僵硬的理论说教，不如一张清新的图片、一段婉转的音乐、一个动人的故事更具有吸引力和说服力。例如大家耳熟能详的中央电视台科教频道（CCTV－10）的《百家讲坛》栏目，自 2001 年开播以来，它收获了国内广大受众的关注和喜爱，易中天、于丹、纪连海、阎崇年等主讲人成了家喻户晓的文化明星。尽管主讲人是各位名家名师，但它一贯坚持"让专家、学者为百姓服务"的宗旨，在专家、学者和百姓之间架起一座桥梁——"一座让专家通向老百姓的桥梁"，从而达到普及优秀中国传统文化的目的。它对受众的定位是具有中学以上文化程度，具有求知欲的广大老百姓；内容选择目前大家最感兴趣、最前沿、最吸引人的选题，涉及文化、生物、医学、经济、军事等各个方面，现多以文化题材为主，并较多涉及中国历史、中国文化；栏目形式以一人主讲为主，辅之以多种电视表现手段，强调学理性与实用性并存，权威性与前卫性并重，追求学术创新，鼓励思想个性，强调雅俗共赏，重视传播互动。这样的传播怎能不受大众喜欢？又如中文国际频道（CCTV－4）重点打造的"国际化人文类高端访谈专题节目"——《文明之旅》，它立意国际化特色，秉承"传承中华文明，服务全球华人"的频道宗旨，以中华文明与世界各国、各地区文明交流沟通为主要内容，力求搭建中外文明对话的平台。虽然此栏目定位得很高端，但不少受邀的名人在做访谈时，走的却是亲民的感性路线。其中有一期是于丹聊昆曲之美，于丹那优美流畅的语言、穿插其间的个人小故事、不断与现场观众的热烈互动，使得当下已沦落为极小众之好的昆曲绽放出无限的魅力，吸引着大家走近它、了解它，达到了很好的传播效果。

第四，跨文化传播要融入日常生活，要全民动员，雅俗共赏。林语堂最欣赏日常生活中文化渗出来的自然之美，他在他作品里讲得最多，读者也最为喜爱。其实，在文化的感性空间之中，最大的感性就是我们的日常生活状态，不管是过去还是现在，我们首先着眼的还是我们的日常生活。还记得风靡全国的韩剧《大长今》，剧中的韩国美食、音乐、服饰等文化元素在中国老百姓的生活里刮起了一股"哈韩风"，我们分明感到了"润物细无声"的文化传播与文化侵略。其实，该剧将很多本属于中国文化的东西挪作了己用，如将中医说成"韩医"；把麻药、针灸、外科手术等说成是韩国人发明的；把中国清朝时才采用的人痘对付天花的方法说成由医女长今首创，这些实在是可笑。"大长今效应"提醒我们，日常生活的文化之美最能打动人，若我们自己不重视，别人发现了它的价值就会据为己有。另外，文化的最终实现是我们每一位个体的内部形象和外部形象，当负载着自己民族的文化在世界各地游走，我们身上的文化就会在我们日常生活当中显形。"人格是文化的积淀"，文化是通过我们每一位个体的人格传播而不光是通过哪些理论、哪些书籍、哪些名人、哪些活动，而最有效的是通过我们所有人的行为，要明白文化复兴就在我们自己身上，当文化全部神秘地沉淀在每一位个体人格上，这就是中华文化的复兴。2013 年 1 月，中央电视台在国家相关部门的协助下推出了一项大型文化人物评选活动《中华之光——传播中华文化年度人物评选》，第一届获奖者来自世界五大洲，代表了不同的文化领域，每一位都是推动中华文化走向世界的代表性人物，有在世界各地推广昆曲的白先勇、中美民间大使陈香梅、陈氏太极拳掌门人陈小旺、国学大师杜维明、国际钢琴巨星郎朗、泰国著名侨领梁冰、诺贝尔文学奖获得者莫言、被誉为世界级的中华文化大使姚明、在非洲推广中华文化的曾繁兴、法国友丰书店创办人潘立辉以及在世界范围内推广汉语的孔子学院总部。这些个人和团体是值得我们万分敬佩的，但文化传播不能单单靠某一个人或某一团体，当每一位中国人和华裔都行动起来，像林语堂那样，将跨文化传播中华文化视为己任，不拘一格、雅俗共赏地进行传播工作，那中华文化的复兴便能指日可待。

不管是过去还是现在，或许，对于所有的中国人来说，跨文化传播所体现的是一种和平共存的生活态度，一方面表现为对他人的尊敬，即"己所不欲，勿施于人"；另一方面则是对自己的期许，正所谓"己欲立而立人，己欲达而达人"。

第二节　这个时代需要林语堂

20 世纪三四十年代，林语堂在西方的影响力越来越大，并在较长的时间里持续着他巨大的国际影响力。"时势造英雄"，林语堂跨文化传播的成功一定程度上也是因为他契合了当时西方语境的需要。两次世界大战以后，西方更加切实地感受到他们以往推崇的现代性和工业文明带来的各种问题以及对人性的戕害，这种负面的深刻影响迫使他们追寻解决之道。当他们把目光投放到东方文明时，看似落后的中国传统文化却给了他们无限灵感与启发，像儒家的"近情"、道家的"道"，还有传统常态的生活艺术和哲学，这林林总总对西方而言都能有针对性地起到疗伤的效应。林语堂的跨文化传播刚好适应了这种时代的需求。反观林语堂在当时国内所受到的批判，可见其并不适合那时的中国国内语境。换言之，那个时代，中国与西方的语境是错位的，中国的现状是亟须学习西方的一切现代性的东西；而西方则需要中国传统的东西进行补阙。

　　时光荏苒，在当下的中国，国内似乎也呈现出西方在现代化进程中所遭遇的一些问题，而西方的后现代主义在某些方面也与林语堂的思想和生活哲学有着相通之处。以今日的眼光考量，林语堂在跨文化传播方面也许比一些现代作家更具借鉴的价值。林语堂研究专家王兆胜曾说过："林语堂的价值不在于和其他中国现代作家的相似相同之处，而是其相异相别的方面。"① 林语堂自身最大的特点，或者说与其他作家不同的地方就是他独特的人格魅力。林语堂的人格具有诗性的特点，这一诗性，从思想来源上看，它具有深厚的文化积淀，是文化融合之后的集大成者；从个性气质上看，它具有率性自由、自然真挚、浪漫多情、敏感善思、温和闲适等特点；从个人才能上看，它是天资聪颖、学识渊博、才华横溢、创造力惊人的丰富体现；从生活哲学上看，它格外追求日常生活细节处的审美。总的说来，林语堂的诗性人格体现为他对自由和美的无限追求，其中，自由更多来源于西方的人文主义、个人主义思想；美则与老庄、禅学有莫大关系。相对于儒家道统的积极入世，佛老则更关注于个体的内心世界，更倾向于从审美的层面对现实苦难人生的超脱，更容易使人在心灵上获得幸福与安宁，它从对立的角度实现了对儒家思想的补充。大学者李泽厚曾将老庄、禅学合并，讲它们对中国知识精英精神上的作用："教人们去忘怀得失，摆脱利害，超越种种庸俗无聊的现实计较和生活束缚，或高举远幕，或怡然自适，与活泼流动盎然生意的大自然打成一片，从中获得生活的力量和生命的意趣。它可以替代宗教来作为心灵创伤、生活苦难的某种

---

① 王兆胜：《林语堂与中国文化》，社会科学文献出版社，2007，第354页。

慰安和抚慰。"① 林语堂从中获益良多。

林语堂对外传播的中国传统文化思想，如儒道释思想，那肯定不是原汁原味的，不仅彼此之间有吸收融合，还兼融了西方可资借鉴、吸收的思想成分。基于林语堂的诗性人格特点，他对文化的选择、吸收、解读都具有很强的主观性。林语堂立足于西方现代观念，同时又依托中国传统文化思想，形成一种兼容并包的文化意识，这不仅使其在急剧变化的社会、文化环境中获得一种超然的立场和心态，也使其具有了一个观察现实、反思现实的独特视角。林语堂以极其个性化且难以复制的方式达到了边缘人自我心理的微妙平衡。

"外来的和尚好念经"，这是不同受众不同的批判心理和价值标准导致的结果。对于跨文化传播，林语堂的态度是温和、包容的，不会将源文化斩草除根，这也不可能；也不会把"拿来文化"全盘挪用，这不实际。林语堂文化传播的最大特点是重视目标对象本身的文化特点，在拿来的文化中寻找与目标对象"源文化"的相似、相通之处，寻找到最佳的结合点。于是，他能把握住"拿来文化"的价值点，并在文化结合、重构中焕发出"拿来文化"的生机和魅力。林语堂还有两大优势，一是通晓中英两种语言、表达能力好，二是比同时代作家更早地重视读者的阅读感受，这使得林语堂在异质文化语境中进行跨文化交流和创作时有了更广阔的包容心胸和更立体多面的诠释视角。他能够从容地对中西两种文化进行观照揣摩，从而避免作品一极化，内容和语言形式都令读者耳目一新，并从中受到启发，发现新的东西。

在《八十自叙》的译者序中，张振玉介绍说美国波士顿西门斯学院（Simmons College）图书馆学专家安德森曾给林语堂做过一份详尽的著作年表，并对林氏有一段赞词："他一身融会了东西方的智慧。只要将他的著作读上数页，谁也会觉得与高人雅士相接，智者之言，亲切有味。其思想合理中节，谦虚而宽容，开朗而友善，热情而明智。其风度，其气质，古之仁人，不能过也。其写作著述，机智而优美，巧慧而闲适，不论涉及人生任何方面，莫不如此。于人生则因林见树，由大识小，辨别重轻，洞悉本末。若谓文

---

① 李泽厚：《中国古代思想史论》，天津社会科学院出版社，2003，第 7 页。

化人中龙凤，林氏当之无愧也。"① 目前笔者掌握的国外对林语堂英文作品的评价资料，基本上是一边倒的好评。这正是本书的局限之处。囿于目前英文一手资料的匮乏，在林语堂跨文化传播的传播效果方面的研究还是不足的。尽管本书在林语堂英文著作的文本分析上做了大量细致的研究工作，但对于林著的海外受众及具体传播效果还缺乏足够的分析和研究。这是今后研究需要解决的问题和努力的方向。

林语堂的诗性是针对个体的，而且是针对有闲暇、有经济基础的个体的，这种个体有一定的文化基础，受过西方的影响，有明显的个体意识。林语堂笔下的中国不是所有人的中国，而是部分人的中国，这部分人是富有诗性的个体，虽不合时宜，但代表了文明发展的一种前景，某种层面上，林语堂的追求是领先于时代、超越时代的。看林语堂不能太近，而要远观，隔上一定的时空距离，他的价值和意义就体现出来了。

这个时代需要林语堂，在科技快速发展、人类越来越物质化的今天，林语堂的诗性人格弥显珍贵；面对世界全球化大势、民族传统文化的逐渐消亡，林语堂的文化融合，构建属于自己的文化观、人生观、价值观更加值得借鉴。我们可以不合时宜，但在日新月异的今天，我们不能丢失了自我，迷失了方向。

---

① 林语堂：《林语堂自传》，工爻、张振玉译，陕西师范大学出版社，2005，第52页。

参考文献

（一） 中文著作类

[1] 〔英〕阿伦·布洛克：《西方人文主义传统》，董乐山译，生活·读书·新知三联书店，1997。

[2] 常耀信：《美国文学史（上册）》，南开大学出版社，1998。

[3] 陈国明、安然编著《跨文化传播学关键术语解读》，中国社会科学出版社，2010。

[4] 陈德鸿、张南峰编《西方翻译理论精选》，香港城市大学出版社，2002。

[5] 陈红：《人格与文化》，安徽教育出版社，2009。

[6] 陈平原：《陈平原小说史论集（上、中、下册）》，河北人民出版社，1997。

[7] 陈平原：《从文人之文到学者之文：明清散文研究》，生活·读书·新知三联书店，2004。

[8] 陈平原：《中国现代学术之建立：以章太炎、胡适之为中心》，北京大学出版社，1998。

[9] 陈平原：《在东西方文化的碰撞中》，浙江文艺出版社，1997。

[10] 陈平原：《中国小说叙事模式的改变》，北京大学出版社，2003。

[11] 陈桐生：《楚辞与中国文化》，陕西人民教育出版社，1997。

[12] 陈桐生：《孔子诗论研究》，中华书局，2004。

[13] 陈桐生：《礼化诗学》，学苑出版社，2009。

[14] 陈桐生：《七十子后学散文研究》，暨南大学出版社，2011。

[15] 陈万雄：《五四新文化的源流》，生活·读书·新知三联书店，1997。

[16] 陈煜斓：《林语堂的民族文化精神》，中国华侨出版社，2007。

[17] 陈煜斓编《林语堂研究论文集》，河南人民出版社，2006。

[18] 陈煜斓编《走近幽默大师》，中国社会科学出版社，2008。

[19] 戴嘉枋等：《雅文化——中国人的生活艺术世界》，中州古籍出版社，1998。

[20] 邓晓芒：《中西文化比较十一讲》，湖南教育出版社，2007。

[21] 杜维明：《东亚价值与多元现代性》，中国社会科学出版社，2001。

[22] 董大中：《鲁迅与林语堂》，河北人民出版社，2003。

[23] 董衡巽：《美国文学简史》（下册），人民文学出版社，1986。

[24] 杜运通：《伊甸园之歌——林语堂现象透视》，河南大学出版社，1997。

[25] 段峰：《文化视野下文学翻译主体性研究》，四川大学出版社，2008。

[26] 方同文：《中国智慧的精神》，人民出版社，2003。

[27] 〔荷兰〕费瑟斯通：《消费文化与后现代主义》，刘精明译，译林出版社，2000。

[28] 费孝通：《费孝通九十新语》，重庆出版社，2005。

[29] 冯林编《重新认识百年中国：近代史热点问题研究与争鸣》，改革出版社，1998。

[30] 冯契：《智慧的探索》，华东师范大学出版社，1994。

[31] 冯友兰：《中国哲学简史》，新世界出版社，2004。

[32] 冯羽：《林语堂与世界文化》，江苏文艺出版社，2005。

[33] 〔德〕弗里德里希·尼采：《人性的，太人性的：一本献给自由精灵的书》，杨恒达译，中国人民大学出版社，2005。

[34] 傅佩荣：《哲学与人生》，东方出版社，2006。

[35] 高鸿：《跨文化的中国叙事——以赛珍珠、林语堂、汤亭亭为中心的讨论》，上海三联书店，2005。

[36] 高健：《翻译与鉴赏》，高等教育出版社，2006。

[37] 高瑞泉编《中国近代社会思潮》，华东师范大学出版社，1996。

[38] 高小刚：《乡愁以外：北美华人写作中的故国想象》，人民文学出版社，2006。

[39] 葛校琴：《后现代语境下的译者主体性研究》，上海译文出版社，2006。

[40] 葛兆光:《中国思想史 (1—3)》,复旦大学出版社,2004。

[41] 辜鸿铭:《中国人的精神 (英汉对照版)》,陕西师范大学出版社,2007。

[42] 郭建中编著《当代美国翻译理论》,湖北教育出版社,2000。

[43] 郭久麟:《中国二十世纪传记文学史》,山西人民出版社,2009。

[44] 郭延礼:《中西文化碰撞与近代文学》,山东教育出版社,1999。

[45] 郭著章主编《翻译名家研究》,湖北教育出版社,1999。

[46] 何寅、许光华:《国外汉学史》,上海外语教育出版社,2002。

[47] 何天爵:《真正的中国佬》,鞠方安译,中华书局,2006。

[48] 何兆武、柳玉林编《中国印象——世界名人论中国文化 (上、下)》,广西师范大学出版社,2001。

[49] 〔德〕威廉·冯·洪堡特:《论人类语言结构的差异及其对人类精神发展的影响》,商务印书馆,1988。

[50] 胡庚中编《翻译与跨文化交流:转向与拓展》,姚小平译,上海外语教育出版社,2007。

[51] 黄曼君:《中国近百年文学理论批评史 (1895—1990)》,湖北教育出版社,1997。

[52] 黄鸣奋:《英语世界中国古典文学之传播》,学林出版社,1997。

[53] 黄希庭:《人格心理学》,浙江教育出版社,2002。

[54] 黄兴涛:《文化怪杰辜鸿铭》,中华书局,1995。

[55] 黄忠廉:《变译理论》,中国对外翻译出版公司,2002。

[56] 黄忠廉:《翻译变体研究》,中国对外翻译出版公司,2000。

[57] 姜飞:《跨文化传播的后殖民语境》,中国人民大学出版社,2005。

[58] 金惠康:《跨文化交际翻译续编》,中国对外翻译出版公司,2004。

[59] 金元浦:《文学解释学》,东北师范大学出版社,1997。

[60] 李何林:《近二十年中国文艺思潮论》,光华书店,1938。

[61] 李何林:《中国文艺论战》,陕西人民出版社,1984。

[62] 李少丹:《林语堂的语言理论与语言运用》,中国华侨出版社,2007。

[63] 李勇:《本真的自由:林语堂评传》,南京师范大学出版社,2005。

[64] 李泽厚:《实用理性与乐感文化 (修订本)》,生活·读书·新知三联书店,2008。

[65] 李泽厚:《中国古代思想史论》,人民出版社,1985。

［66］李泽厚：《中国近代思想史论》，天津社会科学院出版社，2003。

［67］李泽厚：《中国现代思想史论》，天津社会科学院出版社，2003。

［68］梁启超：《饮冰室诗话》，人民文学出版社，1959。

［69］林太乙：《林语堂传：我心中的父亲》，陕西师范大学出版社，2002。

［70］栾栋：《感性学发微——美学与丑学的合题》，商务印书馆，1999。

［71］刘成纪：《青山道场——庄禅与中国诗学精神》，东方出版社，2005。

［72］刘登阁、周云芳：《西学东渐与东学西渐》，中国社会科学出版社，2000。

［73］刘禾：《跨语际实践——文学、民族文化与被译介的现代性》，生活·读书·新知三联书店，2002。

［74］刘士林：《西洲在何处——江南文化的诗性叙事》，东方出版社，2005。

［75］刘士林：《中国诗性文化》，江苏人民出版社，1999。

［76］刘炎生：《林语堂评传》，百花洲文艺出版社，1994。

［77］凌继尧：《美学十五讲》，北京大学出版社，2003。

［78］吕若涵：《"论语派"论》，上海三联书店，2002。

［79］〔英〕史蒂文·卢克斯：《个人主义》，阎克文译，江苏人民出版社，2001。

［80］〔英〕罗素：《中国问题》，秦悦译，学林出版社，1996。

［81］楼宇烈、张西平：《中西哲学交流史》，湖南教育出版社，1998。

［82］明恩溥：《中国人的气质》，中华书局，2006。

［83］欧阳哲生：《新文化运动的传统：五四人物与思想研究》，广东人民出版社，2004。

［84］彭歌编《回顾林语堂：林语堂先生百年纪念文集》，正中书局，1994。

［85］钱理群：《周作人正传》，江苏文艺出版社，2010。

［86］〔美〕萨默瓦、波特：《跨文化传播》（第四版），中国人民大学出版社，2004。

［87］〔美〕萨义德：《东方学》，王宇根译，生活·读书·新知三联书店，2000。

［88］〔美〕萨义德：《文化与帝国主义》，李琨译，商务印书馆，2003。

[89] 〔美〕萨义德：《人文主义与民主批评》，朱生坚译，新星出版社，2006。

[90] 沈福伟：《西方文化与中国》，上海教育出版社，2003。

[91] 沈金耀：《林语堂的理想文化人格》，中国华侨出版社，2007。

[92] 沈苏儒：《对外传播的理论与实践》，五洲传播出版社，2004。

[93] 施建伟：《林语堂研究论集》，同济大学出版社，1997。

[94] 施建伟：《林语堂在大陆》，北京十月文艺出版社，1991。

[95] 施建伟：《林语堂在海外》，百花文艺出版社，1992。

[96] 施建伟编《名人笔下的林语堂·林语堂笔下的名人》，东方出版中心，1998。

[97] 施萍：《林语堂：文化转型的人格符号》，北京大学出版社，2005。

[98] 师永刚、冯昭、方旭：《移居台湾的九大师》，百花洲文艺出版社，2008。

[99] 〔德〕斯宾格勒：《西方的没落（全译本）》，上海三联书店，2006。

[100] 舒芜编《中国近代文论选》，人民文学出版社，1981。

[101] 孙翠宝主编《智者的思路——20世纪西方哲学思维方式》，复旦大学出版社，1989。

[102] 孙尚扬、刘宗坤：《基督教哲学在中国》，首都师范大学出版社，2002。

[103] 孙英春：《跨文化传播学导论》，北京大学出版社，2008。

[104] 谭桂林：《百年文学与宗教》，湖南教育出版社，2002。

[105] 〔英〕汤因比·阿诺德：《历史研究》，刘北成、郭小凌译，上海人民出版社，2000。

[106] 〔美〕V. 巴尔诺：《人格：文化的积淀》，周晓虹等译，辽宁人民出版社，1989。

[107] 万平近：《林语堂论》，陕西人民出版社，1987。

[108] 万平近：《林语堂评传》，重庆出版社，1996。

[109] 汪晖：《中国现代思想的兴起（1—2）》，生活·读书·新知三联书店，2008。

[110] 王南：《中国诗性文化与诗观念》，四川民族出版社，2002。

[111] 王琦：《明清之际中学之西渐》，台北商务印书馆，1977。

[112] 王元化：《文学沉思录》，上海文艺出版社，1983。

[113] 王兆胜：《林语堂的文化情怀》，中国社会科学出版社，1998。

［114］王兆胜：《林语堂两脚踏东西文化》，文津出版社，2005。

［115］王兆胜：《林语堂与中国文化》，社会科学文献出版社，2007。

［116］王兆胜：《闲话林语堂》，中国国际广播出版社，2002。

［117］〔德〕马克斯·韦伯：《儒教与道教》，洪天富译，江苏人民出版社，2005。

［118］韦政通：《中国的智慧》，岳麓书社，2003。

［119］〔奥地利〕维特根斯坦：《哲学研究》，陈嘉映译，上海人民出版社，2001。

［120］萧南选编《衔着烟斗的林语堂》，四川文艺出版社，1995。

［121］辛红娟：《〈道德经〉在英语世界：文本旅行与世界想象》，上海译文出版社，2008。

［122］谢友祥：《幸福是一项成就：林语堂人生智慧解读》，中山大学出版社，2006。

［123］〔英〕休谟：《人性论》，关文运译，商务印书馆，1980。

［124］徐复观：《中国艺术精神》，广西师范大学出版社，2007。

［125］许纪霖：《中国知识分子十论》，复旦大学出版社，2003。

［126］许苏民：《比较文化研究史》，云南人民出版社，1992。

［127］〔美〕亚伯拉罕·马斯洛：《动机与人格（第三版）》，许金声等译，中国人民大学出版社，2007。

［128］杨柳：《林语堂翻译研究——审美现代性透视》，湖南人民出版社，2005。

［129］姚公鹤著、吴德铎标点《上海闲话》，上海古籍出版社，1989。

［130］〔德〕姚斯、〔美〕霍拉勃：《接受美学与接受理论》，金元浦、周宁译，辽宁人民出版社，1987。

［131］〔美〕姚斯：《审美经验与文学解释学》，顾建光、顾静宇、张乐天译，上海译文出版社，1997。

［132］叶朗：《胸中之竹——走向现代之中国美学》，安徽教育出版社，1998。

［133］衣俊卿：《文化哲学十五讲》，北京大学出版社，2004。

［134］伊罗生：《美国的中国形象》，中华书局，2006。

［135］殷国明：《20世纪中西文艺理论交流史论》，华东师范大学出版社，1999。

［136］尹晓煌：《美国华裔文学史》，徐颖果主译，南开大学出版

社，2006。

[137] 余英时：《现代学人与学术》，广西师范大学出版社，2006。

[138] 余英时：《中国思想传统的现代诠释》，江苏人民出版社，2006。

[139] 喻天舒：《五四文学思想主流与基督教文化》，昆仑出版社，2003。

[140] 乐黛云：《跨文化之桥》，北京大学出版社，2002。

[141] 乐黛云：《比较文学与比较文化十讲》，复旦大学出版社，2004。

[142] 张柏然等编《中国译学：传承与创新》，上海外语教育出版社，2008。

[143] 张国良编《20世纪传播学经典文本》，复旦大学出版社，2003。

[144] 张弘：《中国文学在英国》，花城出版社，1992。

[145] 张隆溪：《中西文化研究十论》，复旦大学出版社，2005。

[146] 张琢：《中国传统社会剖析》，陕西人民出版社，1991。

[147] 章培恒、陈思和主编《开端与终结——现代文学史分期论集》，复旦大学出版社，2002。

[148] 章培恒、梅新林主编《中国文学古今演变研究论集》，上海古籍出版社，2002。

[149] 章太炎：《国故论衡》，上海古籍出版社，2003。

[150] 章太炎：《国学概论》，上海古籍出版社，1997。

[151] 章太炎：《章太炎讲国学》，东方出版社，2007。

[152] 漳州师范学院编《漳州籍现代著名作家论集》，人民文学出版社，2006。

[153] 宗白华：《宗白华全集》，安徽教育出版社，1994。

[154] 朱光潜：《朱光潜全集》，安徽教育出版社，1990。

[155] 朱立元：《接受美学》，上海人民出版社，1989。

[156] 朱立元：《接受美学导论》，安徽教育出版社，2004。

[157] 朱谦之：《中国哲学对欧洲的影响》，河北人民出版社，1999。

[158] 周海波、阎开振：《漂泊的书斋：林语堂的读书生活》，中原农民出版社，1999。

[159] 周作人著、刘应争编选《知堂小品》，太白文艺出版社，1999。

[160] 子通编《林语堂评说七十年》，中国华侨出版社，2003。

[161] 子通、亦清主编《张爱玲评说六十年》，中国华侨出版社，2001。

（二） 中文期刊类

[1] 包通法：《论汉典籍哲学形态身份标识的跨文化传输》，《外语学刊》2008 年第 2 期。

[2] 陈平原：《林语堂与东西方文化》，《读书》1985 年第 3 期。

[3] 陈平原：《林语堂的审美观与东西文化》，《文艺研究》1986 年第 3 期。

[4] 陈平原：《两脚踏东西文化——林语堂其人其文》，《读书》1989 年第 1 期。

[5] 陈漱渝；《"相得"与"疏离"——林语堂与鲁迅交往史实及其文化思考》，《新文学史料》1995 年第 2 期。

[6] 陈旋波：《汉学心态：林语堂文化思想透视》，《华侨大学学报》（哲学社会科学版）1997 年第 4 期。

[7] 陈旋波：《林语堂的文化阐释学浅析》，《学术论坛》2001 年第 5 期。

[8] 陈旋波：《论林语堂的基督教思想与中国传统文化的联系》，《华侨大学学报》（哲学社会科学版）1992 年第 1 期。

[9] 陈旋波：《〈奇岛〉与林语堂的文化地理观》，《外国文学评论》1995 年第 4 期。

[10] 邓俊能：《论林语堂对中国现代自传文学的贡献》，《四川教育学院学报》2008 年第 11 期。

[11] 冯智强：《语言哲学视阈下的林语堂翻译思想溯源》，《高师英语教学与研究》2008 年第 4 期。

[12] 冯智强：《"一捆矛盾"的双重解读：林语堂的变与不变》，《吉林师范大学学报》（哲学社会科学版）2008 年第 6 期。

[13] 郭洪雷：《林语堂与中国现代传记文学》，《华文文学》2008 年第 4 期。

[14] 辜正坤：《中国外语学术自主创新：学术研究理路和前途展望——从单向殖文主义到双向互动的比较文化转向》，《中国外语》2007 年第 1 期。

[15] 胡沧泽：《闽文化概说》，《政协天地》2011 年第 1 期。

[16] 赖勤芳：《林语堂传记创作的现代性诉求》，《浙江师范大学学报》（社会科学版）2007 年第 6 期。

［17］李勇：《边缘的文化叙事》，《江淮论坛》1997 年第 6 期。

［18］刘锋杰：《承继与分离——〈京华烟云〉对〈红楼梦〉关系之研究》，《红楼梦学刊》1996 年第 3 期。

［19］孟建煌：《从"后殖民主义"话语看林语堂的东西文化观》，《赣南师范学院学报》2001 年第 1 期。

［20］施建伟：《林语堂研究综述》，《福建论坛》（人文社会科学版）1990 年第 5 期。

［21］万平近：《从文化视角看林语堂》，《东南学术》1988 年第 6 期。

［22］吴梓明、陶飞亚：《晚清传教士对中国文化的研究》，《文史哲》1997 年第 2 期。

［23］谢天振：《当代西方翻译研究的三大突破和两大转向》，《四川外语学院学报》2003 年第 5 期。

［24］谢友祥：《林语堂的文化批判和文化选择》，《文学评论》2001 年第 3 期。

［25］谢友祥：《林语堂人文思想的几个特征》，《北方论丛》2001 年第 1 期。

［26］杨义：《林语堂：道家文化的海外回归者》，《华文文学》1991 年第 2～3 期。

［27］周可：《反智主义与林语堂文化理想的人文偏至》，《河北学刊》1996 年第 4 期。

［28］周可：《林语堂中西文化比较观的内在理路及其矛盾论析》，《汕头大学学报》（人文社会科学版）1995 年第 4 期。

（三）外文参考文献

［1］Diran John Sohigian. *The Life and Times of Lin Yutang*. Thesis (Ph. D), Colunmbia University. 1991.

［2］Jun Qian. *Lin Yutang*: *Negotiating Modernity Between East and West*. Thesis (Ph. D), University of California, Berkeley. 1996.

［3］Shen Shuang. *Self*, *Nations*, *and the Diaspora*: *Re-reading Lin Yutang*, *Bai Xianyong*, *and Frank Chin*. Thesis (Ph. D), City University of NewYork. 1998.

（四） 林语堂英文著译（英文创作与汉译英翻译作品）

［1］ Lin Yutang. *Kaiming English Grammar*：《开明英文文法》，开明出版社，1933。

［2］ Lin Yutang. *Letters of Chinese Amazon and War-time Essays*. Shanghai：The Commercial Press. Limited. 1930.

［3］ Lin Yutang. *Confucius Saw Nancy and Essays about Nothing*. Shanghai：The Commercial Press. Limited. 1935.

［4］ Lin Yutang. *The Little Critic*：*Essays，Satires and Sketches on China （First Series*：*1930 – 1932）*. Shanghai：The Commercial Press. Limited. 1935.

［5］ Lin Yutang. *The Little Critic*：*Essays，Satires and Sketches on China （Second Series*：*1933 – 1935）*. Shanghai：The Commercial Press. Limited. 1935.

［6］ Lin Yutang. *My Country and My People*. NewYork：The John Day Company，Inc.. 1935.

［7］ Lin Yutang. *A History of the Press and Public Opinion China*. Chicago：The University of Chieago Press. 1936.

［8］ Lin Yutang. *A Num of Tai Shan and Other Translations*. Shanghai：The Commercial Press. Limited. 1936.

［9］ Lin Yutang. *The Importance of Living*. New York：The John Day Company，Inc.. 1937.

［10］ Lin Yutang. *The Wisdom of Confucius*. New York：Random House. 1938.

［11］ Lin Yutang. *Moment in Peking*. New York：The John Day Company，Inc.. 1939.

［12］ Lin Yutang. 浮生六记（汉英对照）. 上海：西风社，1939.

［13］ Lin Yutang. 冥寥子游（汉英对照）. 上海：西风社，1940.

［14］ Lin Yutang. 古文小品（汉英对照）. 上海：西风社，1940.

［15］ Lin Yutang. *A Leaf in the Storm*. New York：The John Day Company，Inc.. 1940.

［16］ Lin Yutang. *With Love & Irony*. New York：The John Day Company，Inc.. 1940.

[17] Lin Yutang. *The Wisdom of China and India*. New York: Random House. 1942.

[18] Lin Yutang. *Between Tears & Laughter*. New York: The John Day Company, Inc.. 1943.

[19] Lin Yutang. *The Vigil of a Nation*. NewYork: The John Day Company, Inc.. 1944.

[20] Lin Yutang. *The Gay Genius: The Life and Time of Su Tungpo*. New York: The John Day Conpany, Inc.. 1947.

[21] Lin Yutang. *Chinatown Family*. New York: The John Day Company, Inc.. 1948.

[22] Lin Yutang. *The Wisdom of Laotse*. New York: Random House. 1948.

[23] Lin Yutang. *On the Wisdom of America*. New York: The John Day Company, Inc.. 1950.

[24] Lin Yutang. *Widow, Nun and Courtesan: Three Novelettes from the Chinese Translated and Adapted by Lin Yutang*. New York: The John Day Company, Inc.. 1951

[25] Lin Yutang. *Famous Chinese Short Stories, Retold by Lin Yutang*. New York: The John Day Company, Inc.. 1952.

[26] Lin Yutang. *The Vermilion Gate*. New York: The John Day Company, Inc.. 1953.

[27] Lin Yutang. *Looking Beyond*. Prentice Hall. 1955.

[28] Lin Yutang. *Chuangtse Translated By Lin Yutang*《英译庄子》. 台北世界书局, 1957.

[29] Lin Yutang. *Lady Wu*. Ohio: World Publishing Company, Inc.. 1957.

[30] Lin Yutang. *The Secret Name*. Farra, Straus and Cudahy. 1958.

[31] Lin Yutang. *From Pagan to Christianity*. Ohio: World Publishing Company. 1959.

[32] Lin Yutang. *The Chinese Way of Life*. Ohio: World Publishing Company. 1959.

[33] Lin Yutang. *Imperial Peking: Seven Centuries of China*. Crown Publishers. 1960.

[34] Lin Yutang. *The Importance of Understanding.*《古文小品译英》Ohio：World publishing Company. 1960.

[35] Lin Yutang. *The Red Peony.* Ohio：World Publishing Company. 1961.

[36] Lin Yutang. *The Pleasure of a Nonconformist.* Ohio：World Publishing Company. 1962.

[37] Lin Yutang. *Juniper Loa.* Ohio：World Publishing Company. 1963.

[38] Lin Yutang. *The Flight of Innocents.* G. P. Putnam's Sons. 1964.

[39] Lin Yutang. *The Chinese Theory of Art*：*Translation from the Master of Chinese Art*（《中国画论：译自国画名家》）G. P. Putnam's Sons. 1967.

[40] Lin Yutang. *Memoirs of an Octogenaria.* New York：Mei Ya Publications，Inc. 1975.

（五） 林语堂中文著译（中文创作、英译汉翻译作品及由他人翻译的英译汉作品）

[1] 林语堂：《林语堂经典名著（35卷）》，台北金兰文化出版社，1986。

[2] 林语堂：《林语堂名著全集（30卷）》，东北师范大学出版社，1994。

[3] 林语堂：《林语堂文集（22卷）》，陕西师范大学出版社，2005。

[4] 林语堂：《林语堂文集（26卷）》，群言出版社，2010。

[5] 林语堂：《瞬息京华》，郁飞译，湖南文艺出版社，1991。

[6] 林语堂：《中国人》，郝志东、沈益洪译，学林出版社，1994。

[7] 林语堂：《林语堂自传》，江苏文艺出版社，1995。

[8] 林语堂：《林语堂评说中国文化.（1—2集）》，中共中央党校出版社，2001。

[9] 林语堂：《中国印度之智慧（上、下册）》，陕西师范大学出版社，2006。

[10] 林语堂：《美国的智慧》，陕西师范大学出版社，2006。

[11] 林语堂：《林语堂书话》，浙江人民出版社，1998。

[12] 〔俄〕奥格约夫：《新俄学生日记》，林语堂、张友松合译，春潮书局，1929。

[13] 〔丹麦〕布兰地司：《易卜生评传及其情书》，林语堂译，春潮书局，1929。

[14] 〔英〕萧伯纳：《卖花女》，林语堂译，开明书店，1929。

［15］〔英〕罗素夫人:《女子与知识》,林语堂译,北新书局,1930。

［16］〔英〕史宾冈、〔意大利〕克罗齐、〔英〕王尔德:《新的文评》,林语堂译,北新书局,1930。

［17］林语堂:《林语堂文集(二十六卷)》,群言出版社,2010。

［18］林语堂:《从异教徒到基督徒》,谢绮霞译,陕西师范大学出版社,2004。

［19］林语堂:《林语堂自传》,工爻、张振玉译,陕西师范大学出版社,2005。

［20］林语堂著、李辉主编《林语堂自述》,大象出版社,2005。

(六) 网络资源

台湾林语堂故居,http://www.linyutang.org.tw/user/main.asp。

图书在版编目（CIP）数据

诗性林语堂及其跨文化传播／刘奕华著. -- 北京：
社会科学文献出版社，2017.9
（羊城学术文库）
ISBN 978 - 7 - 5201 - 1203 - 1

Ⅰ.①诗…　Ⅱ.①刘…　Ⅲ.①林语堂（1895 - 1976）
- 人物研究　Ⅳ.①K825.6

中国版本图书馆 CIP 数据核字（2017）第 191453 号

·羊城学术文库·

诗性林语堂及其跨文化传播

著　　者／刘奕华

出 版 人／谢寿光
项目统筹／王　绯
责任编辑／孙燕生

出　　版／社会科学文献出版社·社会政法分社（010）59367156
　　　　　地址：北京市北三环中路甲 29 号院华龙大厦　邮编：100029
　　　　　网址：www.ssap.com.cn
发　　行／市场营销中心（010）59367081　59367018
印　　装／三河市尚艺印装有限公司

规　　格／开　本：787mm × 1092mm　1/16
　　　　　印　张：18　字　数：283 千字
版　　次／2017 年 9 月第 1 版　2017 年 9 月第 1 次印刷
书　　号／ISBN 978 - 7 - 5201 - 1203 - 1
定　　价／78.00 元

本书如有印装质量问题，请与读者服务中心（010 - 59367028）联系